古典文獻研究輯刊

三八編

潘美月・杜潔祥 主編

第60冊

宋元明清文獻研究（下）

陳開林 著

國家圖書館出版品預行編目資料

宋元明清文獻研究（下）／陳開林 著 -- 初版 -- 新北市：花
木蘭文化事業有限公司，2024〔民 113〕
目 2+258 面；19×26 公分
（古典文獻研究輯刊 三八編；第 60 冊）
ISBN 978-626-344-763-9（精裝）
1.CST：文獻學 2.CST：中國文學 3.CST：研究考訂
011.08   112022627

ISBN-978-626-344-763-9

古典文獻研究輯刊
三八編 第六十冊   ISBN：978-626-344-763-9

宋元明清文獻研究（下）

作   者　陳開林
主   編　潘美月、杜潔祥
總 編 輯　杜潔祥
副總編輯　楊嘉樂
編輯主任　許郁翎
編   輯　潘玟靜、蔡正宣　美術編輯　陳逸婷
出   版　花木蘭文化事業有限公司
發 行 人　高小娟
聯絡地址　235 新北市中和區中安街七二號十三樓
　　　　　電話：02-2923-1455 ／傳真：02-2923-1452
網   址　http://www.huamulan.tw 信箱 service@huamulans.com
印   刷　普羅文化出版廣告事業
初   版　2024 年 3 月
定   價　三八編 60 冊（精裝）新台幣 156,000 元

宋元明清文獻研究（下）

陳開林　著

目次

《明人詩品》考論

摘　要

　　杜蔭棠《明人詩品》評點有明一代詩歌，涉及到 253 位詩人的生平及詩作，內容宏富，因而屢被學界徵引。今人蔣寅、徐國能先生對該書價值評價較高。然而，通過比勘文本，不難發現《明人詩品》係杜蔭棠據朱彝尊《明詩綜》等書輯錄而成，而非如學者所言「文獻多出自第一手資料」。該書乃纂鈔類文獻，內容沿襲前人，無甚發明。且文本在輯錄、傳抄、刊刻過程中謬誤百出，其價值須重新估定。

關鍵詞：杜蔭棠；《明人詩品》；清代詩話；《清詩話考》

　　《明人詩品》二卷，清代杜蔭棠輯。清穆宗同治十三年（1874），常熟顧湘刊刻《小石山房叢書》，即收有此書〔註1〕。書前題為一卷，實則內中分為二卷。該書刊行流播後，屢見著錄和徵引。如清代丁仁《八千卷樓書目》卷 20、劉錦藻《清續文獻通考》卷 272、《清史稿》志 130、《湘水校經堂書目》〔註2〕均有著錄。然丁仁、劉錦藻、《湘水校經堂書目》均著錄為一卷，當是未檢書中內容，因封頁題作一卷而致誤。葉德輝《郋園讀書志》卷 10 曾引此書「錢秉鐙」條內容，誤題作者為杜蔭〔註3〕，亦失之考訂。

　　今人所編清詩話書錄對此書亦有相關介紹。蔣寅《清詩話考》上編《清詩話見存書目》載「《明人詩品》1 卷」，列有相關版本；下編《清詩話經眼

〔註1〕 臺灣新文豐出版公司《叢書集成續編》、上海書店《叢書集成續編》、明文書局《明人傳記叢刊》均據以影印。本文所引《明人小傳》採用明文書局《明人傳記叢刊》本。

〔註2〕 （清）張亨嘉《校經書院志略》，嶽麓書社 2012 年版，第 74 頁。

〔註3〕 （清）葉德輝《郋園讀書志》，上海古籍出版社 2010 年版，第 472 頁。

錄》載「《明人詩品》2卷」，並有解題。吳宏一主編《清代詩話考述》載有
徐國能所撰《〈明人詩品〉考述》，分「版本館藏」、「作者小傳」、「成書年代及
寫作動機」、「內容提要」四部分。尋繹蔣寅、徐國能所述（內容詳見下文），
對《明人詩品》極為推崇。本文擬從文獻的角度考察該書的文本，以揭櫫其
真實情況，重新評價其價值。

一、《明人小傳》內容輯自《明詩綜》

常熟顧氏刊《小石山房叢書》時，王朝忠曾為《明人詩品》撰《引》。
《引》作於道光24年（甲辰，1844年）。今欲瞭解《明人詩品》一書的相關
情況，惟有《引》可供參考。其文不長，故備錄如下：

> 道光癸卯冬，父執季菘耘先生於吳郡市肆購得吳興高君湘所抄
> 書數帙，中有《明人詩流品藻》一種，檢以畀余。書題為杜君蔭棠
> 所輯。杜不知為何許人，有自書跋尾，謂：「余既輯有明一代之詩，
> 成二十四卷，曰《洵雅集》。又見《靜志居詩話》及各家論明人詩堪
> 為一代文獻之徵者，撮其大要錄之，聊備讀明詩者知所由來，姑名
> 之曰《明人詩流品藻》。亦謂諸名公品藻之精，前人亦當服膺」云云。
> 余繙閱之，大約取諸小長蘆為多，其採擇簡當，足被談詩之助。又
> 卷帙不多，便於舟車觀覽。為授之梓，並識其緣起如此。甲辰仲冬
> 望日吳縣王朝忠書。〔註4〕

由王朝忠《引》可知，《明人詩品》為杜蔭棠所輯，原名為《明人詩流品藻》。
蔣寅《清詩話考》言：「劉聲木《桐城文學淵源考》『補遺引用書目』著錄此
書，作《明人詩流品藻》，或其別名也」〔註5〕，稱《明人詩流品藻》為《明
人詩品》之別名，顯誤。杜蔭棠，王朝忠稱「不知為何許人」，其生平始末
今亦無從考究。《小石山房叢書》刊本《明人詩品》題「吳興杜蔭棠輯錄，
常熟顧湘校刊」，則其為浙江吳興（今浙江省湖州市）人。杜氏原本《明人
詩品》已不存，王朝忠所見乃為吳興高湘抄本。杜蔭棠原有跋，今亦不存，
惟有數句保留於王朝忠《引》中。雖非全文，然彌足珍貴。

關於《明人詩品》的成書原因，杜蔭棠所作跋語中已有明確交代，「余
既輯有明一代之詩，成二十四卷，曰《洵雅集》。又見《靜志居詩話》及各

〔註4〕（清）杜蔭棠《明人詩品》，周駿富輯《明代傳記叢刊》第16冊，明文書局
1991年版，第5頁。
〔註5〕蔣寅《清詩話考》，中華書局2005年版，第546～547頁。

家論明人詩，堪為一代文獻之徵者，撮其大要錄之，聊備讀明詩者知所由來，姑名之曰《明人詩流品藻》。亦謂諸名公品藻之精，前人亦當服膺」。據此可知，杜蔭棠曾輯有明詩總集《洵雅集》二十四卷。然而，此書未見公私書目著錄，今亦不傳。在輯錄《洵雅集》完成之後，杜蔭棠又撮錄《靜志居詩話》及各家論明人詩而成此書。王朝忠《引》中也提及「余繙閱之，大約取諸小長蘆為多」。小長蘆即是朱彝尊別號。而《靜志居詩話》乃朱彝尊所撰，未獨立成書，散附於其所編《明詩綜》之中〔註6〕。後人有《靜志居詩話》輯本多種〔5〕。《明詩綜》內容分詩人傳記和選詩。詩人傳記含小傳、輯評和詩話三個部分；選詩含詩作和詩話二部分。輯評部分乃輯錄有關詩人的相關評論文字，如錢謙益《列朝詩集小傳》、陳子龍《皇明詩選》等。

　　據《小石山房叢書》刊本《明人詩品》統計，其引文卷一共 88 則，卷二共 102 則。杜蔭棠在輯錄相關資料時，或一人一則，或數人一則。一人一則大抵抄錄原文，時有字句增刪。數人一則每於篇首有領起語、句中有銜接語、篇末有總結語。此類乃杜蔭棠原創，但為數較少。經文本比勘，可知《明人詩品》的內容幾乎取資於朱彝尊《明詩綜》〔註7〕，足證王朝忠之言不誤。今略舉兩例，以見一斑。《明人詩品》卷 1 第 45 則云：

表一　《明詩綜》、《明人詩品》所載張古城傳記對比表

《明詩綜》卷 25〔註8〕、《靜志居詩話》卷 8〔註9〕	《明人詩品》卷 1〔註10〕	張吉《古城集》卷 4《新刊晦庵詩略序》〔註11〕
古城窮理講學，其詩罕傳。觀其序《晦翁感遇詩》，謂：「兼蘇李之體制、陶孟之風調、韋柳之音節，非漢晉以下詞人所及。生乎後者，不根於此而能	張古城吉窮理講學，其詩罕傳。序晦翁《感遇詩》謂：「兼蘇李之體制、陶孟之風調、韋柳之音節，非漢晉以下詞人所及。生乎	姑以是編言之：蓋兼蘇李之體制、陶孟之風調、韋柳之音節，而其理趣則直與風雅正聲相為表裏。非漢晉而下詞人所及。生乎其後，不根

〔註6〕　（清）李詳《愧生叢錄》卷一：「朱竹垞《靜志居詩話》，本為《明詩綜》作。故詩話散入諸人姓氏下，而未有專書。餘姚盧抱經、烏程周鄭堂，皆有輯本，未刊。」

〔註7〕　《明人詩品》的內容，除卷一第 38 則引自《列朝詩集小傳》、卷二第 33 則出處不詳外，其他條目均據朱彝尊《明詩綜》輯錄

〔註8〕　（清）朱彝尊《明詩綜》，中華書局 2006 年版，第 1265 頁。

〔註9〕　（清）朱彝尊《靜志居詩話》，人民文學出版社 1990 年版，第 223 頁。

〔註10〕　（清）杜蔭棠《明人詩品》，周駿富輯《明代傳記叢刊》第 16 冊，明文書局 1991 年版，第 37 頁。

〔註11〕　（明）張吉《古城集》，《景印文淵閣四庫全書》第 1257 冊，臺灣商務印書館 1983 年版，第 667～668 頁。

有詩聲，我不敢知也」。（下略）	後者，不根乎此而有能詩稱，我不敢知也」。	於此而有能詩聲者，我不敢知也。

朱彝尊在徵引張吉《新刊晦庵詩略序》時，對其文本略作刪削。《明人詩品》依據《靜志居詩話》予以輯錄時，一仍其舊，未作修改。

再如《明人詩品》卷 1 第 50 則云：

表二　《明詩綜》、《明人詩品》所載張唐寅、祝枝山傳記對比表

《明詩綜》卷 27 上〔註12〕、《靜志居詩話》卷 9〔註13〕	《明詩綜》卷 27 下〔註14〕、《靜志居詩話》卷 9〔註15〕	《明人詩品》卷 1〔註16〕
六如居士畫、枝指生書，允稱絕品。至於詩，遜昌穀三十籌。然如「莫食汨羅魚，腸中有靈均」、「小山侵竹尾，細水護松根」、「麥響家家碓，茶提處處筐」、「人家低似岸，湖水遠於天」，置之《歡歡集》中，正自難辨。	六如淪落明時，恒賣畫為活。故其詩云：「領解皇都第一名，猖披歸臥舊茅衡。立錐莫笑無餘地，萬里江山筆下生」，又云「青衫白髮老癡頑，筆硯生涯苦食難。湖上水田人不要，誰來買我畫中山」，誦之淒然，足以悲矣。然於畫頗自矜貴，不苟作。而詩則縱筆疾書，都不經意，以此任達，幾於遊戲。（下略）	弘治間唐六如居士畫、祝枝指生書，允稱絕品，詩少遜。然如「莫食汨羅魚，腸中有靈均」、「人家低似岸，湖水遠於天」，置之《歡歡集》中，正自難辨。六如則淪落時時賣畫活計，有云「青衫白髮老癡頑，筆硯生涯苦食難。湖上水田人不要，誰來買我畫中山」，誦之淒然，亦足悲矣。而詩則放筆直書，多不經意，以此作達幾於遊戲。

由於唐寅、祝枝山同列名「吳中四才子」，杜蔭棠將併合二人的資料，加以合論。然抄撮的過程中，錯訛，以致文意不明。如「淪落明時」作「淪落時時」、「以此任達」作「以此作達」等。

前舉葉德輝《郋園讀書志》卷 10 曾據《明人小傳》引錢秉鐙的資料，實際上葉氏藏有《明詩綜》並撰有提要〔註17〕。周作人先生在《陶筠庵論竟陵

〔註12〕　（清）朱彝尊《明詩綜》，中華書局 2006 年版，第 1363 頁。
〔註13〕　（清）朱彝尊《靜志居詩話》，人民文學出版社 1990 年版，第 241 頁。
〔註14〕　（清）朱彝尊《明詩綜》，中華書局 2006 年版，第 1409 頁。
〔註15〕　（清）朱彝尊《靜志居詩話》，人民文學出版社 1990 年版，第 247 頁。
〔註16〕　（清）杜蔭棠《明人詩品》，周駿富輯《明代傳記叢刊》第 16 冊，明文書局 1991 年版，第 41 頁。
〔註17〕　（清）葉德輝《郋園讀書志》，上海古籍出版社 2010 年版，第 722 頁。

派》一文中引錄《靜志居詩話》卷廿二「李沂」條的內容，然後指出「杜蔭棠輯《明人詩品》，卷二亦抄引此條，蓋亦深表贊同也。」〔註18〕葉德輝、周作人均為海內通人，腹笥豐贍，竟然未能窺破《明人小傳》與《明詩綜》的關係，可謂失之考索。

二、《明人詩品》訛誤舉例

明確了《明人詩品》的引文來源，將《明人詩品》的內容與《明詩綜》比勘，不難發現《明人詩品》的文本存在諸多謬誤。由於今存者乃《小石山房叢書》刊本，而杜蔭棠《明人詩品》原本、高湘鈔本今皆不存，文本謬誤究係杜蔭棠輯錄之誤、高湘抄錄之誤，抑或顧氏刊刻之誤，今無法予以分辨。姑且一併討論。

（一）人名之誤。古人言及人物時，往往人名、表字、別號、官職、諡號、籍貫一併提及，故此處人名之誤乃包括相關的表字、別號、官職、諡號、籍貫等。此類謬誤極多，典型的如《明人詩品》卷一第16則：

> 吳中高士三人，一為長洲王賓光仲，一為崑山王履道安，一為
> 吳人韓洽君望。二王詩多俚率，必以君望為巨擘。（後略）〔註19〕

按：此則出自《明詩綜》卷11韓奕傳記《詩話》，其文曰：

> 《詩話》：明初，吳中高士三人，一為長洲王賓仲光，一為崑山
> 王履安道，其一則公望也。……仲光詩多俚率，安道遊華山，作詩
> 一百五十首，然無足錄者。必以公望為巨擘焉。〔註20〕

對比可見，《明詩綜》所言「吳中高士三人」乃王賓、王履、韓奕。而《明人詩品》中「韓奕」作「韓洽」，另王賓、王履表字均相反。王賓，字仲光，見《明詩綜》卷11；王履，字安道，見錢謙益《列朝詩集小傳》甲集。《明詩綜》不誤。而韓洽，字君望，見《明詩綜》卷79。其傳中《詩話》曰：「崇禎之際，言詩於吳下，吾必以君望為巨擘焉。」「吾必以君望為巨擘焉」與韓奕傳中《詩話》「必以公望為巨擘焉」極為相似。杜蔭棠不察，牽混為一。另「詩多俚率」者乃王賓，《明人詩品》言「二王詩多俚率」，亦誤。

〔註18〕 鍾叔河編訂《周作人散文全集》第7卷，廣西師範大學出版社2009年版，第82頁。

〔註19〕 （清）杜蔭棠《明人詩品》，周駿富輯《明代傳記叢刊》第16冊，明文書局1991年版，第18～19頁。

〔註20〕 （清）朱彝尊《明詩綜》，中華書局2006年版，第490頁。

他如第 58 則「顏惟喬」誤作「顏喬惟」；第 70 則「鄧文度斅」，「鄧」誤作「鄭」；第 76 則「高蘇門叔嗣」誤作「蘇高門」，而不知《蘇門集》乃高叔嗣的集名；均為顯誤。

（二）書名、篇名、引詩多誤字。《明詩綜》小傳中會提及相關的詩文集，輯評、詩話中也會徵引相關文獻。《明人詩品》在輯錄、傳抄、刊刻過程中，相關的書名、篇名、引詩訛誤亦不少。如卷一中第 13 則引楊基詩多有誤，「芳草漸於歌館密，落花偏向舞筵多」，「密」作「沒」；「細柳雨已黃千萬縷，小桃初白兩三花」，「柳」作「雨」、「縷」作「柳」；「且自細聽鶯宛宛，落教深惜燕匆匆」，「細」作「紅」、「宛宛」誤作「緩緩」；「燕子綠蕪三月雨，杏花春水一群鵝」，「杏」作「桃」、「春」作「深」、「群」作「溪」；「小雨送花青見萼，輕雷催筍碧抽尖」，「輕」作「春」。

另如卷一中第 17 則，劉駉《同安歡》作《同安歌》；第 41 條「《鶴岑隨筆》」，「岑」誤作「吟」；第 84 則潘季馴著「《河防一覽》」，「河」誤作「江」；等等。

（三）漏鈔或衍鈔之誤。古人引書比較寬鬆，徐仁甫《古書引語研究》曾概括為「依照引」12 類、「變異引」12 類〔註21〕，更何況此書作者自言「撮其大要錄之」，必不求同於原文。然而，《明人詩品》「增引」、「省引」的時候，每有不當之處。如卷一第 23 則許繼：

> 取其寓於目而樂於心者為《觀生樂九詠》。九者何？青天也，白
> 雲也，初日也，丹霞也，滄海也，遠山也，澄淵也，古書也。〔註22〕

文中既言「九詠」，然文後所列舉的只有八種，名實不符。考《明詩綜》卷 16，「初日也」下有「霽月也」三字，《明人詩品》漏鈔。

再如卷一第 38 則：

> 世稱景泰十才子者，吳下劉溥、中都湯胤勣、崐山沈愚、海寧
> 蘇平、蘇正、西蜀晏鐸、四明王淮，戚里王貞慶善甫，或云洞庭徐
> 震德重也。〔註23〕

所列之人顯與「十才子」之數不符。此則見於錢謙益《列朝詩集小傳》「蔣

〔註21〕徐仁甫《古書引語研究》，中華書局 2014 年版，第 23～66 頁。
〔註22〕（清）杜蔭棠《明人詩品》，周駿富輯《明代傳記叢刊》第 16 冊，明文書局 1991 年版，第 26 頁。
〔註23〕（清）杜蔭棠《明人詩品》，周駿富輯《明代傳記叢刊》第 16 冊，明文書局 1991 年版，第 34 頁。

淮南忠」。經核檢，《列朝詩集小傳》原文為：

> 當時所稱景泰十才子者，吳下劉溥、中都湯胤績、崑山沈愚、
> 海昌蘇平、蘇正、西蜀晏鐸、四明王淮，其三人為主忠兄弟，戚里
> 王貞慶善甫，或云洞庭徐震德重也。〔註24〕

可知，「湯胤勣」當作「湯胤績」、「海寧」當作「海昌」。主忠兄弟即蔣忠及
其兄蔣主孝，另加劉溥、湯胤績、沈愚、蘇平、蘇正、晏鐸、王淮、王貞慶，
或徐震，恰為十人。此為「當時所稱」，與實際有出入，錢謙益下文有相關
辯證。

（四）其他失誤。今擇要論列。(1)因音同而致誤，如卷二第2則謝榛
條「王元美別定「五子」，「子」誤作「字」；(2)因形近而致誤，如卷二第
23則區大相條「大曆十子，「十」作「七」；(3)前後倒置，如卷二第2則王
世貞條，「七絕高華七律典麗」，當為「七律高華七絕典麗」；(4)分合不當。
卷一第9、10同論貝瓊，第54、55則同論湛若水，卷二第57、58則同論
「前七子」，第67、68則同論陸寶，當合為一則。卷一第8則論徐尊生、王
彝，卷二第91則論韓洽、朱鶴齡，則無甚關聯，亦無撰者過度詞句相連，
當分列。

三、學界評價質疑

通過文本比勘，考察了《明人詩品》的文本來源，辨正了書中的諸多訛
誤，該書的整體價值有必要重作評估。目前，學界關於《明人詩品》的評論，
集中體現在張寅彭《新訂清人詩學書目》、蔣寅《清詩話考》、徐國能《〈明人
詩品〉考述》。蔣寅說：

> 所採文獻多出自第一手資料，間亦微引《靜志居詩話》與郡邑
> 類詩總集，搜羅甚富，可與朱書相互發明。自清初以來，明詩向為
> 論者所薄，專論明詩之書，僅錢謙益《列朝詩集小傳》、朱彝尊《靜
> 志居詩話》以下若干種，然皆不如此書下迄明末遺民顧炎武、陳恭
> 尹之為齊備。其間於前後七子及歷朝著名詩人論述皆詳，可資參考
> 處不一。〔註25〕

徐國能《〈明人詩品〉考述》內容提要云：

〔註24〕（清）錢謙益《列朝詩集小傳》，上海古籍出版社1983年版，第214頁。
〔註25〕蔣寅《清詩話考》，中華書局2005年版，第546～547頁。

　　　　書中略以時代為先後，評述明代詩人，以泛論明代宗室貴胄詩
　　　　人詩集為始，接以開國之宋濂、劉基等人，終於陳恭尹（元孝），
　　　　凡涉入清代事蹟，一概不論。論述詩人多以其生平學術為主，引詩
　　　　據文，頗為公允博洽，偶加入逸事、批駁傳說。本書最精之處在於
　　　　品藻明代諸大家，對於其詩學源流，優劣得失皆有評斷，如論陳白
　　　　沙……論李攀龍……觀其論詩，並未如明人一味祧唐尊宋，復古革
　　　　新而囿於門戶之見，亦未刻意褒貶某人某派，故可謂其客觀、公
　　　　正。〔註26〕

前文已考訂了《明人小傳》與《明詩綜》的關係，揭豬了該書引文的出處，
則蔣寅「所採文獻多出自第一手資料，間亦徵引《靜志居詩話》與郡邑類詩
總集，搜羅甚富，可與朱書相互發明」之說自然不能成立。朱彝尊《明詩綜·
自序》稱「合洪武迄崇禎詩甄綜之」〔註27〕，決定了《明詩綜》的選錄範圍。
徐國能言《明人詩品》「凡涉入清代事蹟，一概不論」，在清楚了《明人詩品》
主要取資於《明詩綜》這一事實之後，則其不收錄清人的緣由就不言而喻。
至於收羅人物齊全、品藻詩學源流、評斷優劣得失」等，只能算是朱彝尊的
詩學貢獻。

　　其實，《明人詩品》與《明詩綜》的關係，杜蔭棠跋、王朝忠《引》均已
言明。蔣寅、徐國能對《明人詩品》的考察，失誤在於並未詳考其內容，於杜
蔭棠跋、王朝忠《引》似未注意，因而忽略了《明人詩品》一書的鈔纂性質。
相比而言，郭紹虞認為「杜蔭棠就《明詩綜》中輯出《明人詩品》」〔註28〕、
張寅彭說《明人詩品》乃杜蔭棠「從朱彝尊《靜志居詩話》及各家論明詩者，
撮其大要而錄之」〔註29〕，較得其實。

四、小結

　　總之，《明人詩品》是杜蔭棠觀覽明詩及詩話，「撮其大要錄之」，目的在
於「聊備讀明詩者知所由來」。因此，對於《明人詩品》一書的詩學價值，應
該客觀的審定。首先，該書乃抄撮刪合《明詩綜》而成，並無原創性質，其

〔註26〕吳宏一《清代詩話考述》，中央研究院中國文哲研究所 2006 年版，第 942 頁。
〔註27〕（清）朱彝尊《明詩綜》，中華書局 2006 年版，第 5 頁。
〔註28〕郭紹虞《照隅室雜著》，上海古籍出版社 1986 年版，第 255 頁。
〔註29〕張寅彭《新訂清人詩學書目》，上海古籍出版社 2003 年版，第 118 頁。

詩學價值不宜拔之過高。不過，纂鈔為古代載籍的三大體制之一〔註30〕，歷代的纂鈔文獻數量較為豐富，從《四庫全書總目》子部雜家類著錄情況即可窺一斑。《明人詩品》刪合《明詩綜》的評論，不失為一部簡練的明代詩人評點要錄，其價值也不容完全抹殺。

　　開林按：17（3）班鄧嘉佳同學曾詳考《明人詩品》每條之出處，並錄其史源，加以比勘，撰成《〈明人詩品〉史源考》，作為本科畢業論文。

〔註30〕張舜徽《廣校讎略》，華中師範大學出版社 2004 年版，第 12 頁。

《明人小傳》辨偽

摘　要

　　國家圖書館藏清乾隆鈔本《明人小傳》一書，題署檇李曹溶編輯。該書收錄 3000 多位明代人物的傳記，內容宏富，學界屢見徵引。通過文本比勘，可以發現《明人小傳》內容全襲朱彝尊《明詩綜》的傳記部分，二者關係即如《列朝詩集小傳》之於《列朝詩集》。《明人小傳》成書時間在《明詩綜》刊行之後，學界稱其「乃《明詩綜》之底本」的說法不能成立。結合曹溶的存世時間、《明詩綜》的編纂刊刻時間來考察，可知《明人小傳》的編輯者絕非曹溶。

關鍵詞：曹溶；朱彝尊；《明人小傳》；《明詩綜》；辨偽

　　《明人小傳》鈔本五冊，每冊首題書名，次行下標「檇李曹溶編輯」，鈐國家圖書館藏書印。原書無序跋、無題識、無藏書人印記，藉以考察版本的信息較少。書中「玄」、「胤」、「弘」缺末筆，「曆」字多作「歷」，或代以空格，間有作「曆」者。對於嘉慶皇帝名諱顒、琰二字，則徑直書寫，不加迴避。由避諱可見此書顯為乾隆時期鈔本。

　　2003 年，全國圖書館文獻縮微中心將《明人小傳》與《明季烈臣傳》合編，題曰《孤本明代人物小傳》出版，以廣流佈。整理者在《前言》中提及此二書「均為國家圖書館館藏僅存孤本，從未刊行」，且對《明人小傳》的價值頗有揄揚，稱「《明人小傳》是洪武到崇禎的匯傳集，入傳者三千餘人。這樣多的人物傳集，在《明史・列傳》中恐怕也達不到……更何況，可在《明

人小傳》中找到不少稀見的明人傳記資料」〔註1〕。同年，該書又被收入《稀見明史史料輯存》第 20～22 冊，線裝書局刊行；2008 年，又見錄於《明代傳記資料叢刊》第一輯第 15～16 冊，北京圖書館出版社刊行。

　　儘管該書為海內孤本，但收錄明代人物眾多，故屢被學界徵引。1932 年哈佛燕京學社編纂《八十九種明代傳記綜合引得》，1976 美國亞洲研究協會（Association for Asian Studies）編纂《明代名人傳》，均引用《明人小傳》。涉及到明代人物資料彙編、明代人物研究的相關專著、論文，也多援引此書。一般而言，在引錄某人資料、或注明某人知見資料時，《明人小傳》與《明詩綜》（或《靜志居詩話》）大多同時並舉，且《明人小傳》位於《明詩綜》之前〔註2〕。

　　隨著傳記資料索引等工具書的影響及此書的刊布，學者徵引此書的頻率日益增多。儘管在並錄《明人小傳》和《明詩綜》（或《靜志居詩話》）的傳記時，二者內容相同，但這一現象並未引起徵引者的注意。本文對此進行深入探討，以揭櫫二書的關係，藉以辨析《明人小傳》的相關疑義。

一、《明人小傳》與《明詩綜》內容比較

　　《明詩綜》100 卷，秀水朱彝尊（1629～1709）輯錄，仿傚元好問《中州集》「以詩繫人，以人繫傳」的體例，收錄有明一代 3000 多位詩人的詩作，並撰有傳記。今比勘《明人小傳》和《明詩綜》〔註3〕傳記部分，可以發現二書內容幾乎完全相同。探究二者的關係，先需對二書內容作一比照。茲就二者之異同，比較如下：

〔註1〕曹溶《明人小傳》第 1 冊，《孤本明代人物傳記》，全國圖書館文獻縮微中心 2003 年版，第 2 頁。下引《明人小傳》均用此本，並隨文括注出處。

〔註2〕如鄧之誠先生 1946 年《日記》記南通州范國祿撰稿本《十三樓稿》二十卷，論及其父，稱：「其父鳳翼，字異羽。萬曆中，掌吏部文選，為黨人之魁。此集第二十卷，有《行狀》甚詳，《明史》無傳，唯見曹溶《明人小傳》，朱彝尊《明詩綜》、《詞綜》，陳田《明詩紀事》，俱選其詩詞。」（鄧之誠著、鄧瑞整理：《鄧之誠文史箚記》上冊，鳳凰出版社，2012 年，第 402 頁）另外，朱一玄、劉毓忱編《〈西遊記〉資料彙編》錄吳承恩、董說的傳記，劉蔭柏編《西遊記研究資料》錄吳承恩的傳記，均同此例。張忠綱、趙睿才、綦維、孫微編《杜集敘錄》「明代編」中言及撰者傳記，提及此書達 21 次之多。

〔註3〕本文中言及《明詩綜》，如無特別說明，均採用康熙四十四年（1705）吳門白蓮涇刻本。

表一 《明人小傳》與《明詩綜》人物、卷次異同表

《明詩綜》卷次及類名		人　數		《明人小傳》類　名	人　數		備　註
卷1～卷82		2867		不分卷	2859		《明人小傳》少8人
卷83：樂章		10篇		慶典	10篇		注：非人物傳記
卷84：宮掖		6		女官	6		
卷85：宗潢	秦藩	2	28	秦藩	2	28	
	周藩	4		周藩	4		
	齊藩	3		齊藩	3		
	魯藩	2		魯藩	2		
	遼藩	1		遼藩	1		
	寧藩	7		寧藩	7		
	沈藩	6		沈藩	6		
	唐藩	2		唐藩	2		
	益藩	1		益藩	1		
卷86：閨門		79		列女	79		
卷87：中涓		6		中涓	6		
卷88：外臣		8		外臣	8		
卷89：羽士		20		羽士	20		
卷90～92：釋子（上、中、下）		14 69 24	107	釋子	106		《明人小傳》少1人
卷93：女冠、尼		5		女冠、尼	5		
卷94：土司		4		土司	4		
卷95～95：屬國（上、下）	高麗	9	106	高麗	9	106	
	朝鮮	83		朝鮮	83		
	安南	7		安南	7		
	占城	1		占城	1		
	日本	6		日本	6		
卷96：無名子		52		無名子	52		
卷97：雜流		11		雜流	11		
卷98：妓女		23		妓女	23		
卷99：神鬼（物怪附）		22		神鬼（物怪附）	22		
卷100：雜謠歌辭、雜歌謠里諺		155首		無			注：非人物傳記

　　由上表可知：（1）二書收錄人物數目大體相同，《明詩綜》共收 3337 人
〔註4〕，《明人小傳》較《明詩綜》少 9 人，計 3328 人。《明詩綜》卷 80 下
順次有「張履祥、董橋、王岩、周容、李沂、雷士俊、陶澂、姜安節」8 人，
姜安節為卷末之人，《明人小傳》均無。《明詩綜》卷 92「釋子」（下）中有
「智觀」，《明人小傳》無。

　　（2）二書收錄人物、排列順序大致相同。只有三處順序略有調整。《明
詩綜》卷 44 正文部分人物順序為「馮皋謨、孫應鼇、王一鶚、張狲、潘季
馴、梁夢龍、曹梅、庞尚鵬」，而目錄順序為「馮皋謨、潘季馴、梁夢龍、
曹梅、孫應鼇、王一鶚、張狲、庞尚鵬」，《明人小傳》與《明詩綜》目錄同；
《明詩綜》卷 60 正文部分人物順序為「朱大啟、郭忠寧、崔世名、孫元化、
卓爾康、李衷純」，而目錄順序為「朱大啟、孫元化、卓爾康、郭忠寧、崔
世名、李衷純」，《明人小傳》與《明詩綜》目錄同；《明詩綜》卷 72 正文部
分人物順序為「周鳳翔、劉理順、吳麟徵、汪偉、吳甘來、許直、王章」（目
錄順序同），《明人小傳》的順序為「周鳳翔、汪偉、許直、劉理順、吳麟徵、
吳甘來、王章」。

　　（3）傳主及文本內容基本相同。只有二處略有差異。《明詩綜》卷 99 神
鬼（物怪附）有「清真觀童子」，《明人小傳》作「嘉興乩仙」；《明詩綜》卷
60「李衷純」傳中《詩話》部分後半段文字，二書所載不同。

　　（4）《明詩綜》按類分卷次，《明人小傳》不分卷。二者類名稍有出入。
卷 83「樂章」，《明人小傳》作「慶典」；卷 84「宮掖」，《明人小傳》作「女
官」；卷 86「閨門」，《明人小傳》作「列女」；卷 85「宗潢」、卷 95～95「屬
國」（上、下），《明人小傳》則無類名。卷 100「雜謠歌辭」、「雜歌謠里諺」
乃仿傚郭茂倩《樂府詩集》之例，摭採雜謠歌辭，與人物傳記無關，《明人小
傳》無。

　　另外，就文本內容而言，《明詩綜》文本純熟，內容完善，而《明人小
傳》較之《明詩綜》則錯誤較多，文本脫、訛、衍、倒現象比較頻繁。對這
些謬誤，且行間多有是正，更改後則與《明詩綜》同。

〔註4〕按：關於《明詩綜》的選錄詩人人數，朱彝尊《明詩綜》自序、趙慎畛《靜志
　　　　居詩話序》稱 3400 餘家，阮葵生計為 3257 人（《客窗餘話》卷 11），容庚計
　　　　為 3324 人（《論〈列朝詩集〉與〈明詩綜〉》）。楊松年統計為 3306 人（《中國
　　　　文學評論史編寫問題論析——晚明至盛清詩論之考察》附表三：《朱彝尊〈明
　　　　詩綜〉各卷所選詩人詩篇統計表》）。今筆者重新統計為 3337 人。

二、《明人小傳》與《明詩綜》關係考辨

關於《明人小傳》與《明詩綜》的關係，以近人謝國楨先生（1901～1982）的看法較為典型。謝先生所著《晚明史籍考》，北平圖書館 1932 年刊行，後續有增訂。該書蒐羅明代史料典籍甚豐，《明人小傳》見載於卷十七傳記上，云：

> 明人小傳五冊　曹溶編輯　北京圖書館藏鈔本
> 清携李曹溶秋岳編輯
> 　按：是書起萬曆，迄崇禎，每人各繫一小傳，後附詩話，與朱
> 　彝尊《靜志居詩話》略同，蓋恐《明詩綜》之底本也。〔註5〕

謝先生認為《明人小傳》是《明詩綜》的底本，並指出「是書起萬曆，迄崇禎」。然而，此斷語頗有失察之處，實則《明人小傳》所錄人物，起自明太祖朱元璋，迄於明末，而非「起萬曆」。

其後，王桂雲先生（1932～）撰《曹溶與〈靜惕堂宋元人集目〉》，文中介紹曹溶著述，亦提及此書：「編輯《明人小傳》五冊，是書起萬曆，訖崇禎，每人各繫一小傳，後附詩話，與朱彝尊《靜志居詩話》略同，蓋恐《明詩綜》之底本。」〔註6〕有關《明人小傳》的斷限及性質，王桂雲所言和謝國楨先生幾無不同，當是逯襲《晚明史籍考》之說，而未實考其書。

王紹曾先生（1910～2007）編纂《清史稿藝文志拾遺》，匡補《清史稿·藝文志》之闕誤，於「史部·傳記類」對此書亦予以收錄，稱：「明人小傳五冊　曹溶編輯　北京圖書館藏鈔本　晚明」〔註7〕王紹曾先生關於此書的介紹，列為有關「晚明」的史籍，亦是沿襲《晚明史籍考》「起萬曆，迄崇禎」之說，而實未考究書中內容。

謝國楨先生和王桂雲先生均認為《明人小傳》為《明詩綜》的底本。由上節二書內容比較可知，《明人小傳》相較於《明詩綜》內容不夠完善，闕誤較多，符合底本的一般情況，此說似有可能。但是，仔細比勘《明人小傳》與《明詩綜》的文本，可以發現一些線索，足以說明《明人小傳》的抄錄時間是在《明詩綜》刊刻之後，學界所謂《明人小傳》「乃《明詩綜》之底本」的說法並不能成立。茲辯證如下：

〔註5〕謝國楨《增訂晚明史籍考》，上海古籍出版社 1981 年版，第 742 頁。
〔註6〕吉林省圖書館學會編《王桂雲論文選》，東方圖書館學研究所 1988 年版，第 80 頁。
〔註7〕王紹曾《清史稿藝文志拾遺》，中華書局 2000 年版，第 341 頁。

（1）如果《明人小傳》為《明詩綜》底本的話，則說明朱彝尊在編纂《明詩綜》的時候，其編纂工作是分兩步進行的，即首先確定收錄詩人的名單，並纂錄其傳記，然後在此基礎上，再在各人傳記之下附以詩作。今檢《明詩綜》卷86「朱大韶婢」：

> 朱大韶婢一首
>
> 題壁
>
> 無端割愛出深閨，猶勝前人換馬時。他日相逢莫惆悵，春風吹盡道旁枝。
>
> 《詩話》：華亭朱吉士大韶，嘉靖丁未進士。性好藏書，尤愛宋時鏤板。訪得吳門舊姓有宋槧袁宏《後漢紀》係陸放翁、劉須溪、謝疊山三君手評，飾以古錦玉籤，遂以一美婢易之。蓋非此不能得也。婢臨行時題詩於壁，吉士見詩惋惜，未幾捐館。予聞之李高士延昰云。

《明人小傳》「朱大韶婢」條（第三冊第394頁）的內容與《明詩綜》相比，只少所選《題壁》詩。《明詩綜》包括傳記和選詩兩個部分：傳記部分含小傳、輯評和詩話；選詩部分含詩作和詩話。而《明人小傳》所載竟有《明詩綜》選詩部分的內容，顯與前面假設不符。

三九四

簡：字文漪嘉興人休寧吳璵小妻有珮蘭閣

草夢居集
詩話文漪緣情有餘風
格未老然亦閨中之秀

江媖
媖宗室来鯤侍兒年十三能詩

朱大韶婢
詩話華亭朱吉士大韶嘉靖丁未進士性好藏書尤愛宋時鏤板訪得
吳門舊姓有宋槧袁宏後漢紀係陸放翁劉須溪謝疊山三居手評飾
以古錦玉籤透以一美婢易之盡非此不能得也婢臨行時
題詩于壁吉士見詩悵惜未幾捐館予聞之李高士延昰云

中涓
靜志居詩話明制設內書堂以教小內侍用史官四員主之從學者約
四十人其後擢入讀書者有多至三百人所以教之者有方矣而三百年
来此輩善詩文者蓋寡予為挖訪僅得六人焉此外若楊友呂憲
戴羣李學華雜間有詩句流傳多不成章雖欲廣之而未得也

另外，更為顯著的例子，如《明詩綜》卷23「姚翼」：

姚翼二首

翼字廷輔嘉興人有桂巖集

春日與懷用和遊鴛鴦湖

鴛鴦湖上春波平，鴛鴦飛入菰蒲鳴。秀州女兒肌骨輕，蘭舟蕩
漾微風生。何人打鴨鴛鴦驚，春雲遠郭花冥冥。夕陽落盡初月明，
誰家小閣聞調箏。

《明人小傳》「姚翼」條（第一冊第319頁）曰：

姚翼

翼字廷輔嘉興人遊鴛鴦有桂巖集

德政字平子杭州人流寓南皮國子監生有餘

生草

姚翼

翼字廷輔嘉興人游鴛鴦有桂巖集

陸琦

琦字公璐嘉善人有友蘭集

周漳

漳莆田人號小溪官河橋主簿有夢草集

蘇大

大字景元休寧人審輯洪武以來詩為皇明正音

三一九

其中「遊鴛鴦」三字顯係涉下行詩題《春日與懷用和遊鴛鴦湖》而衍。這足以說明《明人小傳》的鈔寫是在《明詩綜》的傳記和選詩均已完成之後。

《明人小傳》衍文的情況比較多，就涉上而衍、涉下而衍而言，說明《明人小傳》在抄錄的時候，必有一已成型的文本作依據。傳記部分的「輯錄資料」是纂輯諸家之說，此中有衍文不足為奇，但傳記的主體部分中的衍文就頗值推敲。因為這個部分乃朱彝尊剪裁舊聞，推陳出新而成。《明人小傳》抄錄所依據的資料來源，無疑即是《明詩綜》。

（2）再就格式而言，《明詩綜》選詩頂格，行21字。傳主人名頂格，名為一字者與姓之間空一格。傳記部分低姓2格，行18字，輯錄資料、詩話部分小字雙行，行27字。輯錄資料附傳記之後，詩話另起。與《明詩綜》相較，《明人小傳》格式與之保持一致。有脫、衍情況的，多於下文作縮放處理，以保持格式齊整。

《明詩綜》卷60「左光斗」，今依刻本格式錄入：

　左光斗
　　　光斗字共之桐城人萬曆丁未進士授中書舍
　　　人擢浙江道御史升大理寺丞進少卿終左僉
　　　都御史死璫禍贈太子少保右副都御史諡忠
　　　毅有集

　　《明人小傳》「左光斗」條（第三冊第 20 頁），格式、文本與之完全一致，獨缺「都御史死璫禍贈太子少保右副都御史諡忠」句。這就說明《明人小傳》是據《明詩綜》的刊本抄錄的。

左光斗

光斗字共之桐城人萬歷丁未進士授中書舍人擢浙江道御史升大理寺丞進少卿終左僉

毅有集

詩話萬忠貞之死忠毅哭之以詩有云我有白簡繼君何能已與君同游杖下矢丹心留在天壤間默之之生不如死是亦不娉其言者也詩多晚唐風韵如湿雲留對樹晴雪征衣來犬迎人返如飢烏下食弊一觴邊老及隨意發新歌通兩煤鐵長將炎水償添野墻藤蓋冤艸落樹為橋問節鷲初度思觀政藏華疲馵銜道路破帽出都門完然鄭都官姚少監遺格

子至日光彩映人環視逾六辦見者僉吉兆顧公歎曰芝瑞草也而生于獄其狀乎未我六君子皆覽于獄楊公之邱槻也貞以二騾其子及一二蒼頭皆為飲泣道上行路皆為飲泣云

二〇

頋大章

大章字伯欽嘗熟人萬歷丁未進士除泉州推

　　（3）《明詩綜》卷 86「閨門」、卷 87「中涓」、卷 93「女冠、尼」、卷 94「土司」、卷 95～95「屬國（上、下）」之「高麗」、「朝鮮」、「安南」、卷 97「雜流」、卷 98「妓女」前均有《詩話》，類似傳統目錄中的類序。「雜流」卷前引《靜志居詩話》曰「故錄雜流。自谷淮以下而兼從之。能詩者附焉」，則可知此類詩話是撰於入選詩人名錄確定之後。再尋繹其他詩話，似為選詩確定後所作。

　　予為搜訪，僅得六人焉。此外若楊友、呂憲、戴義、李學輩，
雖間有詩句流傳，多不成章，雖欲廣之而未得也。（卷 87「中涓」）

　　迨天啟、崇禎之季，始有付巾拂立禪林者。因合女冠為一卷。
（卷 93「女冠、尼」）

　　《靜志居詩話》：高麗文教，遠勝他邦。自元以前詩，曾經大
司成雞林崔瀣彥明父選目錄曰《東人之文》，凡二十五卷。度必有
可觀，惜無從訪求。今之存者，僅會稽吳明濟子魚《朝鮮詩選》而
已。近又有人為王氏諸臣白冤，可謂發潛德之幽光矣。予更證以《高
麗史》、《東國通鑒》、《東國史略》、《殊域周諮錄》、《皇華集》、《輶
軒錄》，訂其異同，補其疏漏，論次稍加詳焉。（卷 94「高麗」）

　　《詩話》：安南曾為郡縣，漸文治者深。而其國人詩選，家多置
不錄。予從李文鳳《越嶠集》擇其詞旨馴雅者著於篇。（卷 95「安
南」）

　　　於是北里鮮有不作韻語者，其偽真無由而辨識矣。姑從諸家選
本綴錄成卷。（卷 98「妓女」）

由此可以發見，《明詩綜》「因合女冠為一卷」、參稽眾本方言「訂其異同，補
其疏漏」、就李文鳳所編總集「擇其詞旨馴雅者著於篇」、「從諸家選本綴錄成
卷」等，此類總論性的《詩話》當為詩人、詩作均選錄完成之後方才撰成。
而《明人小傳》也抄錄了這些「詩話」中的文字，僅「閨門」前的一段失收，
也說明了《明人小傳》不可能是《明詩綜》的底本。

　　（4）另外，《明人小傳》文本偶有圈改之處，核對內容，即是對《明詩綜》
的錯訛予以補正。如《明詩綜》卷 39：

李舜臣二首

　　舜臣，字懋欽，一字夢虞，樂安人。嘉靖癸未會試第一，由戶
部主事改吏部。歷考功員外郎，出為江西提學僉事，改南國子司業，
轉尚寶卿。久之，召為太僕卿。有《愚谷集》。

傳後輯有孔汝錫和錢謙益的相關評介資料。茲錄《明詩綜》所引錢說如下：

　　錢受之云：懋欽伯華才名相頡頏，並由吏部左遷並以京堂罷免
皆為權貴人齮齕。伯華縱酒度曲，頹然自放。懋卿壹意經術。兩人
學業不同，而志趣訢合。三齋之士屈指先輩，必稱二李焉。

《明詩綜》所引「舜臣，字懋欽」、「懋卿壹意經術」，前後不同。錢謙益《列

－261－

朝詩集小傳》並作「懋欽」〔註 8〕，《明詩綜》抄錄有誤。《明人小傳》「李舜臣」條中「卿」字上加圈，旁注小字「欽」（第二冊第 93 頁），是正《明詩綜》之誤。

另《明詩綜》卷 57「謝肇淛」傳後引「李本寧云」，中有「絕句意在筆為，韻在言外」。《明人小傳》「為」字加圈，改為「先」（第一冊第 407 頁）。李維楨字本寧，隆慶二年進士，著《大泌山房集》。上引文見其所作《謝工部詩集序》，「為」正作「先」〔註 9〕。《明詩綜》抄錄有誤。中華書局點校本《明詩綜》因為整理者僅施加標點，未作考訂，故爾未查考李維楨原文，徑直點作「絕句意在筆，為韻在言外」〔註 10〕，顯為破句。

如果《明人小傳》為《明詩綜》的底本的話，何以這些正確的訂正成果都沒有在《明詩綜》中得到體現呢？

綜上所論，《明人小傳》一書乃是在《明詩綜》刊刻之後，乾隆時某一人抄撮《明詩綜》傳記而成。此前，錢謙益編《列朝詩集》，選錄明代 2000 位詩人的詩作，並分別撰寫了傳記。其族孫陸燦曾據《列朝詩集》中的小傳輯成《列朝詩集小傳》一書。《明人小傳》的編者可能與錢陸燦的想法相同，意識到《明詩綜》傳記的價值，因此從事《明詩綜》傳記的輯錄工作，予以別行。

然而《明人小傳》內容龐雜，體例不純，如「慶典」類所錄，依次為「慶成宴」、「太廟時享」、「太學釋奠」、「雩祀」、「立春特享武宗」、「圜丘」、「升祔」、「改上成祖諡號」、「伐倭告祭南郊」、「告祭北郊」，均非傳記。「無名子」卷所錄之「廣東歌堂詞」、「翰林館課」、「粉墨春秋」、「潼川碑」、「黃州志」、「昌平州志」、「廣西舊志」……則更與傳記渺不相關。或由於輯錄者只顧鈔錄《明詩綜》，而未暇細審其內容，以致失於刪削。

三、《明人小傳》輯者考辨

由於鈔本《明人小傳》每冊書名下標有「檇李曹溶編輯」，故此書輯者向來被認為是清初學者曹溶。學界對此深信不疑。筆者所見，迄今只有吳曉鈴先生曾對此提出過質疑。吳先生在《〈輟耕錄通檢〉序文》文尾的注釋（六）中，著錄「陶氏事蹟」，所列書目之八即《明人小傳》。吳先生指出：

〔註 8〕錢謙益《列朝詩集小傳》，上海古籍出版社 1983 年版，第 382 頁。
〔註 9〕謝肇淛《小草齋集》，福建人民出版社 2009 年版，第 1446 頁。
〔註10〕朱彝尊《明詩綜》第 5 冊，中華書局 2007 年版，第 2873 頁。

　　　　清曹溶《明人小傳》卷一，有舊抄本，國立北京圖書館普通書
　　　庫入藏。此書作者於卷五中稱朱茂曙為父，朱茂曜、朱茂皖及朱茂
　　　晌為叔，似非出諸曹氏之手。〔註11〕

吳先生據書中人物稱謂對《明人小傳》的作者產生了懷疑，可謂別具隻眼。
然而，正如張舜徽先生所言，著作、編述、鈔纂三者體制有別〔註12〕，而《明
人小傳》標明「曹溶編輯」，顯非著作。吳先生似未注意到《明人小傳》的鈔
纂性質。不過，吳先生提及的人物稱謂恰可為探究《明人小傳》的編者提供
一條線索。「作者於卷五中稱朱茂曙為父，朱茂曜、朱茂皖及朱茂晌為叔」，
則此材料出於朱茂曙（1601～1663）之子。朱茂曙有三子：朱彝尊、朱彝鑒、
朱彝玠〔註13〕。朱彝鑒（1635～1665），「字千里，精篆刻，善畫，兼工藝
事。……詩長於送別，有《笏在堂遺稿》」〔註14〕。朱彝玠（1639～1698），
「字彥琛，太學生。著有《苧村詩稿》」〔註15〕。朱茂曙三子中，朱彝鑒、朱
彝玠名不甚顯，惟有朱彝尊以鈔纂典籍著稱。由此而言，《明人小傳》所載的
材料當與朱彝尊有關。

　　由於吳先生對此問題只是附帶論及，並未進行專門探討，故爾在學界未
引起相應的反響，未能改變學界對曹溶輯《明人小傳》這一傳統的認知。但
是這一質疑值得深入研究。

　　曹溶（1613～1685），字潔躬，又字鑒躬，號秋岳，晚號倦圃老人、鉏萊
翁，浙江秀水人。明崇禎十年（1637）進士。撰有《崇禎五十宰相傳》、《流通
古書約》、《靜惕堂宋元書目》、《續獻徵錄》60卷等。《清史稿》中有傳。曹溶
家富藏書，為江浙一帶名藏書家。朱彝尊編纂《詞綜》，曾利用曹溶的藏書。
他在《詞綜·發凡》中記載：「是編所錄，半屬抄本，白門則借之周上舍雪客、
黃徵士俞邰，京師則借之宋員外牧仲、成進士容若，吳下則借之徐太史健庵，
里門則借之曹侍郎秋岳，餘則汪子晉賢購諸吳興藏書家，互為參定。」〔註16〕
曹侍郎秋岳即是曹溶。此外，朱彝尊曾鈔錄過不少曹溶的藏書〔註17〕。康熙二

〔註11〕吳曉鈴《吳曉鈴集》（第2卷），河北教育出版社2006年版，第75頁。
〔註12〕張舜徽《廣校讎略》，中華書局1963年版，第8頁。
〔註13〕張宗友《朱彝尊年譜》，鳳凰出版社2014年版，第18頁。
〔註14〕徐世昌等編纂：《清儒學案》卷32《竹垞學案》，中華書局2008年版，第1186頁。
〔註15〕張宗友《朱彝尊年譜》，鳳凰出版社2014年版，第29頁。
〔註16〕朱彝尊《詞綜》，中華書局1975年版，第6頁。
〔註17〕崔曉新《朱彝尊曝書亭藏書來源新探》，《圖書館理論與實踐》2012年第8期，
　　　　第50頁。

十四年，曹溶去世，朱彝尊作《曹先生溶挽詩六十四韻》，「簽帙無由借，人琴自此掊」〔註18〕，個中感慨可見一斑。

曹溶長朱彝尊十六歲，二人交好。崔曉新考論朱彝尊、曹溶交遊，認為曹溶「是朱彝尊政治的庇護者，經濟的援助者，交遊的引薦者，創作的引導者，學術的協助者」，進而指出「曹溶對朱彝尊一生有巨大的影響，是朱氏交遊中最重要的一位」〔註19〕。

關於朱彝尊編纂《明詩綜》的時間，容庚先生曾有論及。容先生指出：「此書作於何年，未得而詳。其與韓菼書（《曝書亭集》三三：八）云：『彝尊自知檮杌，見棄清時，老而厄窮，兼又喪子，無以遣日，……因仿鄱陽馬氏《經籍考》而推廣之，……編成《經義考》三百卷。……近又輯《明詩綜》百卷，亦就其半。』彝尊之子昆田卒於康熙三十八年，則《明詩綜》之編輯，約在此時。書成自序在四十四年月正人日。然以《詩綜》之巨著，非倉卒六年之間所能成。考朱氏至粵兩次，一在順治十三年，一在康熙三十二年。今《詩綜》多收粵人之作，則其搜集材料，早在三十八年以前矣。」〔註20〕馬漢欽先生《明代詩歌總集與選集研究》考論《明詩綜》亦同此說〔註21〕。《明詩綜》的刊刻情況，據楊謙《朱竹垞先生年譜》記載，康熙四十一年（1702），「輯《明詩綜》。開雕於吳門白蓮涇之慧慶寺」。四十三年（1704），「《明詩綜》一百卷開雕竣工」〔註22〕，並於四十四年刊行，即是白蓮涇刻本。上文已證今傳本《明人小傳》成書在《明詩綜》編纂完成甚至刊刻行世之後，而曹溶生於萬曆四十一年（1613），卒於康熙二十四年（1685）。《明詩綜》輯成之時，曹溶已離世十數年。就時間而論，《明詩綜》絕非曹溶所及見。曹溶據《明詩綜》輯《明人小傳》顯為不可能之事。

【其次，明清名家鈔本亦有考究，多用統一格式的紙。這些鈔書紙的特點，如同雕印本的牌記和版式一樣，為鈔本的鑒定提供了有利的證據。葉德輝《書林清話‧明以來之鈔本》備錄明代以來諸家鈔本用紙的特點，指出「曹

〔註18〕朱彝尊《曝書亭集》，世界書局1937年版，第164頁。

〔註19〕崔曉新《朱彝尊交遊考論》，山東大學博士論文，2012年，第29頁。

〔註20〕容庚《論〈列朝詩集〉與〈明詩綜〉》，傅傑編：《20世紀中國文史考據文錄》上冊，雲南人民出版社2001年版，第280頁。

〔註21〕馬漢欽《明代詩歌總集與選集研究》，哈爾濱工程大學出版社2009年版，第143頁。

〔註22〕楊謙《朱竹垞先生年譜》，《北京圖書館藏珍本年譜叢刊》第79冊，北京圖書館出版社1999年版，第547、554頁。

潔躬鈔本，板心有『檇李曹氏倦圃藏書』八字〔註23〕」。葉氏之記載為鑒別明清鈔本提供了有力的佐證。然而《明人小傳》用紙並無甚特色，與葉德輝記載不符。當然，現存《明人小傳》可能是重抄本，所以用紙的板心無『檇李曹氏倦圃藏書』標識。然而，曹溶的詩文作品、與之相關的傳記、資料，均未提及曹溶編輯《明人小傳》之事。《明人小傳》乃乾隆鈔本，歷代公私目錄亦未見著錄。】〔註24〕

綜上所述，可知《明人小傳》的輯者非曹溶，而是乾隆時期的一無名氏，其姓名尚不可考。曹溶為清初著名學者，富於藏書，曾輯錄叢書《學海類編》，且與朱彝尊交好，朱彝尊輯書多依賴曹氏的藏書。這重重因素的疊加可能就是此書託名曹溶的原因。

〔註23〕葉德輝《書林清話》，復旦大學出版社 2008 年版，第 242 頁。

〔註24〕開林按：此一節發表時被編輯刪除，今補入。

《桐城文學淵源考》補闕考誤

摘　要

　　劉聲木《桐城文學淵源考》載錄了以桐城派為中心的 1206 位作家的生平,為探尋桐城文派的淵源與流變提供了豐贍的資料。然而,書中所載錄的文字闕漏較多,內容涉及到作家的名、字、號、里貫、科考、仕宦、著述名稱及卷數等方面,並且傳記內容時有錯訛。通過爬梳載籍,對 26 位作家的名、字加以考補,對傳記中的錯訛加以辨正,以補其闕,以正其訛。

關鍵詞:劉聲木;《桐城文學淵源考》;桐城文學;補闕;考誤

　　近人劉聲木(1876～1959)家富藏書,有感於「桐城文學流傳至廣,支流餘裔蔓衍天下,實為我朝二百餘年文學一大掌故,關係匪細,非一人一家所得毀譽」,因此「窮搜冥討,綴輯舊文」,編成《桐城文學淵源考》十三卷,自許為「生平差堪自信者」〔註1〕。其後,又為之增輯考證,成《補遺》十三卷。二書的撰述,前後綿歷三十餘年。

　　《桐城文學淵源考》及《補遺》載錄了以桐城派為中心的 1206 位作家的生平,為探尋桐城文派提供了豐贍的資料,被譽為「研究桐城文派最佳之工具」〔1〕3。然而,書中文本多有闕漏,內容涉及到作家的名、字、號、里貫、科考、仕宦、著述、卷數等方面。汪祚民先生曾作過統計,發現書中有「68 位作家缺名,僅載錄姓氏與字號;2 位作家姓名皆缺,只錄字號」,並指出「這些缺名作家字號絕大部分未被《清人室名別稱字號索引》等工具書

〔註1〕劉聲木《桐城文學淵源考》,黃山書社 1989,年版,第 3 頁。

收錄，整理校點本又未作校補」〔註2〕。針對此一問題，汪先生作《〈桐城文學淵源考〉作家缺名考補》一文，對42名缺名作家進行了考證和校補，創獲甚多。〔註3〕

除了汪先生指出的作家缺名之外，作家缺表字的現象也非常普遍，筆者統計，共有148例。另外，尚有名、字互置，字、號互置等錯訛，汪先生亦有《〈桐城文學淵源撰述考〉作家姓名著錄辨正》加以考索。〔註4〕有鑑於此，本文擬對缺名、缺字及相關的錯訛加以考補。文章體例依仿《〈桐城文學淵源考〉作家缺名考補》一文，先摘錄黃山書社校點本《淵源考》及其補遺作家條目原文，並標出其卷數與頁碼，然後予以考證。

1. 顧戀宏，字□□，崑山人，師事沈孝。撰《炳燭軒詩集》五卷、《南雍草》□□卷。（《淵源考》卷一，P69）

按：馮桂芬《同治蘇州府志》卷137著錄顧戀宏《炳燭軒詩集》五卷、《南雍草》，稱「號蓉山，夢圭子，萬曆十六年舉人。」〔註5〕張大復《皇明崑山人物傳》卷7有顧夢圭傳，並附其子顧允默、顧戀宏傳。傳云：「顧戀宏，字靖甫，白皙虯髯，語逡巡如寒士，而氣雄萬夫。時有封狼居胥之意，馳驟諸生間。久之，多口過，竟以此秧毀，詿誤繫獄。」〔註6〕可知顧戀宏字靖甫，號蓉山。

2. 龔用廣，字□□，嘉定人，所學得婦翁婁堅指授。全稿已佚，僅存《清容齋遺稿》二卷，錄詩七十餘首。（《淵源考》卷一，P70）

按：王昶等纂修《嘉慶直隸太倉州志》卷28《人物》有龔用圓傳，稱其在響應黃淳耀的抗清鬥爭中，「與兄用廣相抱赴水死」。傳中並云：「用廣，

〔註2〕 汪祚民《〈桐城文學淵源考〉作家缺名考補》，鮑恒主編《古籍研究》總第59卷，安徽大學出版社2013年版，第69頁。

〔註3〕 汪先生所用材料尚有可補之處，如《〈桐城文學淵源考〉作家缺名考補》第二則「張□□，字漢瞻」條，運用《樸村文集自序》、《光緒嘉定縣志》、柯愈春《清人詩文集總目提要》進行考證，知此條缺名人物為張雲章。實則方苞《望溪集》卷十有《張樸村墓誌銘》，載其生平甚詳。

〔註4〕 汪祚民《〈桐城文學淵源撰述考〉作家姓名著錄辨正》，《安慶師範學院學報》2014年第5期。

〔註5〕 （清）李銘皖、譚鈞培修，馮桂芬纂《同治蘇州府志》成文出版社1970年版，第3264頁。

〔註6〕 （明）張大復《皇明崑山人物傳》，《四庫全書存目叢書》史部第95冊，齊魯書社1996年版，第722頁。

字儉化，諸生。方嚴有志操，兄弟自相師友。」〔註7〕可知，龔用廣，字儉化。

> 3. 董元賡，字□□，□□人。□□□□□□□□□□□。師事鞠濂，受古文法。濂講授《史席閒話》，元賡為之述纂成書。（《淵源考》卷一，P96）

按：鞠濂傳見《淵源考》同卷（92～93 頁），曾官平原縣學訓導。今檢成瓘《道光濟南府志》卷 32《宦跡一》於「平原訓導」中，雍正朝載：「鞠濂，字叔溪，海陽人。廩貢，五年正月任，有傳。」〔註8〕《淵源考》未言鞠濂出任平原訓導的時間，據此可知為雍正五年（1727）。雍正八年（1730）十二月由劉掄代任。傳見卷 38《宦跡六》，稱：「雍正閒任平原訓導。工古文辭，尤邃於性理之學。誨人不倦，請益者日眾，署齋至不能容，乃假學西張郡守炯生園居以相授受。從遊率成佳士，邑人多佩其教焉。」〔註9〕據此可知鞠濂在平原任職期間，曾授徒講學。同書卷 64《經籍》著錄：「《冷澗集》。平原人董元賡撰。元賡，號冷澗。太學生」〔註10〕，而與《淵源考》「師事鞠濂，受古文法」所載相符，當為同一人無疑。

> 4. 馮立方，字□□，太倉人，偉子，□□□□□□□□□□□能為馮氏一家之學。撰□□□文集□卷，常熟張□□觀察□□為之刊行。（《淵源考》卷一，P97）

按：柯愈春《清人詩文集總目提要》著錄《馮立方文鈔》一卷，稱「馮恒撰。恒字立方，號竹墟，江蘇太倉人。俊子。南京圖書館藏其集三種：《馮立方文鈔》一卷，道光十一年刻；《竹墟逸篇》一卷，清鈔本；《靜學齋文鈔》不分卷，太倉錢氏聽芬館鈔本。」〔註11〕

李靈年、楊忠主編《清人別集總目》著錄馮偉《馮仲廉文抄》2 卷附《馮立方文抄》1 卷，稱「馮偉（1744～1791），字偉人，號仲廉，太倉人。乾隆 32

〔註7〕 （清）王昶等纂修《嘉慶直隸太倉州志》，《續修四庫全書》697 冊，上海古籍出版社 1996 年版，第 473 頁。

〔註8〕 （清）王增芳、王鎮修，成瓘、冷烜纂《道光濟南府志》，《中國地方志集成》山東府縣志輯，鳳凰出版社 2004 年版，第 79 頁。

〔註9〕 （清）王增芳、王鎮修，成瓘、冷烜纂《道光濟南府志》，《中國地方志集成》山東府縣志輯，鳳凰出版社 2004 年版，第 237 頁。

〔註10〕 （清）王增芳、王鎮修，成瓘、冷烜纂《道光濟南府志》，《中國地方志集成》山東府縣志輯，鳳凰出版社 2004 年版，第 344 頁。

〔註11〕 柯愈春《清人詩文集總目提要》，北京古籍出版社 2001 年版，第 984 頁。

年舉人，馮恒叔。」〔註12〕依據為馮恒《馮立方文抄》中的《行狀》。據此可知馮恒，字立方，馮俊之子，馮偉之姪。《淵源考》將馮立方名、字互置，同時將其叔父誤作其父。

另外，孫原湘《天真閣集》中有《馮立方〈貞蕤錄〉序》，則馮立方尚著有《貞蕤錄》一書。

　　5. 邵懷粹，字□□，□□人，諸生。與彭紹升、秦瀛尤善，以文學相切磋，所為詩、古文詞欲追躡古作者，不屑苟囿於世俗。（《淵源考》卷一，P99）

按：劉聲木標注此則材料的來源為《小峴山人文集》。今檢秦瀛有《贈邵秀才序》一文〔註13〕，所載與此則材料內容差同，當為劉聲木所本。然而，秦瀛集名《小峴山房詩文集》，而非《小峴山人文集》。

因為秦瀛文中僅稱「邵子懷粹」，未及其表字、里貫，以故《淵源考》均闕而失考。實則秦瀛另有《邵懷粹哀辭》，稱：「嘉慶己未春正月十有三日，邵子懷粹過余，顏色黯慘，余詰之，曰：『病甚，懼不獲常事公，故來別。』余怪其言，亟趣之歸，越二日而懷粹死。……懷粹名志純，自號右莘，仁和縣學生。年僅四十有四。」〔註14〕據此則邵懷粹，字志純，號右莘，仁和人。卒於嘉慶己未，即嘉慶四年（1799）年，可推其生年為乾隆二十一年（1756）。

另外，陳鱣《吳山雅集圖記》云：「嘉慶三年夏六月，鱣與嘉定錢晦之大昭、桐城胡雒君虔、鄞袁秉谷鈞、仁和邵懷粹志純、慈谿鄭書常勳，同在杭州。時歙程易疇瑤田適至，遂相約遊吳山之上。」〔註15〕吳錫麒詞《霓裳中序第一·題鄭書常勳〈吳山雅集圖〉》，小序云：「程易疇瑤田，歙人；袁陶軒鈞，鄞人；錢晦之大昭，嘉定人；陳仲魚鱣，海寧人；胡雒君虔，桐城人；邵懷粹志純，仁和人；書常以鄞人而寓居吳山，蓋為之主者。七人皆以嘉慶元年徵舉孝廉方正，是日則三年夏六月二十七日，為書常生日也。至今又十年，雒君、懷粹俱已化去，書常出示此卷，為之憮然，因屬題此詞以志之。」〔註16〕所載

〔註12〕李靈年、楊忠主編《清人別集總目》，安徽教育出版社2000年版，第345頁。

〔註13〕（清）秦瀛《小峴山房詩文集》，《清代詩文集彙編》第407冊，上海古籍出版社2010年版，第535頁。

〔註14〕（清）秦瀛《小峴山房詩文集》，《清代詩文集彙編》第407冊，上海古籍出版社2010年版，第628頁。

〔註15〕（清）陳鱣《簡莊文鈔》，《清代詩文集彙編》第436冊，上海古籍出版社2010年版，第46頁。

〔註16〕（清）吳錫麒《有正味齋詞》，陳乃乾編《清名家詞》第5卷，上海書店出版

邵懷粹表字、里貫並同，可為參證。

6. 陳寶璐，字□□，號□□，閩縣人。光緒庚寅進士，官刑部□□□主事。私淑歸有光、姚鼐，撰述未刊。(《淵源考》卷一，P101)

按：陳三立曾撰有《誥授奉直大夫翰林院庶吉士刑部主事陳君墓誌銘》，陳君即陳寶璐。文稱「君諱寶璐，字叔毅，姓陳氏」〔註17〕，未及其號。馬其昶《抱潤軒文集》卷十二有《閩縣陳君家傳》，亦稱「君陳氏，諱寶璐，字叔毅」，亦不言其號。

7. 陳仁，字□□，武宣人。雍正癸丑進士，官□□道監察御史。師事方苞，受古文法十有餘年。(《淵源考》卷2，P128)

按：法式善《清秘述聞》卷5於「雍正十年壬子科鄉試」載：「解元陳仁，字元若，武宣人。癸丑進士。」〔註18〕同書卷15載：「編修陳仁，字元若，廣西武宣人。癸丑進士。」〔註19〕其表字可知。

8. 王誦芬，字□□，□□人，□□□□舉人，□□□□□□，師事沈廷芳，受古文法。撰《濰縣志》□卷，搜羅遺佚，尤以忠孝廉潔為尊貴，敘述加詳。(《淵源考》卷二，P132)

按：王誦芬所撰《濰縣志》共六卷，今存。書首有沈廷芳序。《修志姓氏》中列：「編纂，歷城舉人王誦芬。」〔註20〕馮桂芬《同治蘇州府志》卷65《選舉七》於「乾隆二十四年己卯科」載：「王誦芬千里，山東籍。開化知縣。」〔註21〕成瓘《道光濟南府志》卷42《選舉四》於「乾隆二十四年己卯科」載：「王誦芬，字千里。歷城人。官宜良、楚雄知縣。」〔註22〕均言王誦芬為山東人。

而《雲南辭典》圖書類著錄《宜良縣志》共六部，第四部為王誦芬輯，

社1982年版，第168頁。

〔註17〕（民國）陳三立《散原精舍詩文集》，上海古籍出版社2003年版，第1008頁。

〔註18〕（清）法式善《清秘述聞》，《清秘述聞三種》本，中華書局1982年版，第149頁。

〔註19〕（清）法式善《清秘述聞》，《清秘述聞三種》本，中華書局1982年版，第454頁。

〔註20〕（清）王誦芬《濰縣志》，《中國方志叢書》華北地方第388號，成文出版社1976年版，第67頁。

〔註21〕（清）李銘皖、譚鈞培修，馮桂芬纂《同治蘇州府志》成文出版社1970年版，第1644頁。

〔註22〕（清）王增芳、王鎮修，成瓘、冷烜纂《道光濟南府志》第2冊，《中國地方志集成》山東府縣志輯，鳳凰出版社2004年版，第349頁。

云：「4 卷。湧芬字千里，號蘭舟，江蘇吳縣人，舉人，乾隆三十二年（1767）官宜良知縣，成是書，雲南省圖書館有傳抄本。」〔註23〕民國時期，許實修《宜良縣志》卷 8《官制題名》載「清知縣」，稱「王誦芬，江蘇蘇州府吳縣，乙卯舉人」〔註24〕，「乙卯」當是「己卯」之誤。

9. 劉廷舉，字□□，長樂人，□□□□□□，力崇明德，孝能永慕。子永標，字□□，□□□□□□，宅心和厚，詩文爾雅，尤精數理諸樸學。父子均師事沈廷芳，受古文法。（《淵源考》卷二，P132）

按：陳世鎔纂《福州西湖宛在堂詩龕徵錄》載：「永標，字良瑞，一字次北。長樂人。乾隆丁未進士。官江蘇江浦縣知縣。有《鹽白齋集》。」並引錄《同治長樂縣志》中劉永標本傳，云「永標，父廷舉。安貧力學，篤行工文，由二劉村遷會城家焉。永標幼承家學，與弟永樹並擅文名，有二難之鑒。登乾隆丁未進士，即用江蘇。值林爽文滋事，奉檄運糧，浮海至廈門。差竣，授江浦知縣，邑小民疲，前官虧帑金二萬餘，永標受之，躬行節儉，隨時彌補。宅心仁恕，罪犯在大辟者，必原其不得已之情，以故遇赦輒減等，十餘年未嘗決一囚。嘉慶四年，補款已足，遂引疾歸，卒於家。」〔註25〕劉永標的表字、中舉時間及生平大略，於此可知。而劉廷舉的相關情況尚待查考。

10. 楊兆璜，字殀□，亦字渭漁，號古生，邵武人。嘉慶己巳進士，官廣平府知府。師事吳賢湘，受古文法，頗悉古文利病得失。喜為詩，手校二十四史，凡歷代職官及輿地沿革縷縷能詳，而於國朝掌故尤瞭如指掌。撰《太霞山房詩集》六卷，《文集》□卷。（《淵源考》卷二，P133）

按：陳慶鏞《籀經堂類稿》卷 22 有《廣平府知府楊君墓誌銘》，稱「君諱兆璜，字殀秋，號古生，系出關西」，並云「嘉慶戊辰舉於鄉，己巳捷南宮。目疾乞假，卒未補殿試。」楊氏著述，《墓誌銘》載「著有《太霞山房詩集》六卷，梓行。其餘文編存於家，未輯。」〔註26〕劉錦藻《清朝續文獻通考》卷

〔註23〕 《雲南辭典》編輯委員會編輯《雲南辭典》，雲南人民出版社 1993 年版，第585 頁。

〔註24〕 （民國）袁嘉穀修，許實纂《宜良縣志》，《中國方志叢書》第卅號，成文出版社 1967 年版，第 157 頁。

〔註25〕 （清）陳世鎔《福州西湖宛在堂詩龕徵錄》，福建人民出版社 2007 年版，第780 頁。

〔註26〕 （清）陳慶鏞《籀經堂類稿》，《清代詩文集彙編》第 587 冊，上海古籍出版社2010 年版，第 654～655 頁。

280《經籍考二十四》著錄《太霞山房詩》六卷，稱「楊兆璜撰。兆璜，字殤秋，號古生，福建邵武人。嘉慶已巳進士，官至直隸廣平府知府。」〔註27〕而徐世昌《晚晴簃詩話》卷125，載「楊兆璜，字古生，邵武人。嘉慶辛未進士，歷官廣平知府，有《東霞山館詩鈔》。」〔註28〕徐氏所載中進士的年份、別集名皆不確。〔註29〕

　　11. 張孟詞，字□□，□□人，□□□□進士，□□□□□□，師事伊朝棟，撰《山海精良》□卷。（《淵源考》卷二，P134）

　　按：法式善《清秘述聞》卷8乾隆四十八年癸卯科鄉試，載「解元張騰蛟，字孟詞，寧化人。癸丑中式。」〔註30〕黎景曾、黃宗憲修纂《民國寧化縣志》卷13《藝文志》著錄「張騰蛟《山海精良》廿卷、《張孟詞遺集》一卷。騰蛟。乾隆癸卯解元，癸丑進士。見《列傳》。」〔註31〕卷14《列傳》有其傳，緊承伊朝棟、伊秉綬父子傳後，亦稱「張騰蛟，字孟詞」〔註32〕。

　　12. 姜炳璋，字□□，象山人，乾隆甲戌進士，官石泉縣知縣。師事雷鋐，受古文法。（《淵源考》卷二，P134）

　　按：姜炳璋，字石貞，號白岩，象山人。乾隆甲戌（1754）進士，清代著名經學家，傳見《清史列傳》卷68《儒林傳》、徐世昌《清儒學案》卷201。

　　13. 程敦，字□□，歙縣人，□□。師事汪梧鳳。受古文法，最為篤愛，卒能成梧鳳之志。負才有狂名，亦工詩、古文詞。（《淵源考》卷三，P149）

　　按：鄭虎文《吞松閣集》卷35《汪明經松溪行狀》稱：「書既成，取夫子謂伯魚語，名曰《詩學女為》，授其子灼及其徒程敦。程敦者，懷唐里人。少常遊學於武林、吳門間，負才有狂名。一日至西溪，見君《西湖紀遊》，大折服，遂師君。」〔註33〕楊鍾羲《雪橋詩話》卷7載汪梧鳳之事，與此大

〔註27〕（清）劉錦藻《清朝續文獻通考》，民國景十通本。
〔註28〕（清）徐世昌著，傅卜棠編校《晚晴簃詩話》，華東師範大學出版社2009年版，第901頁。
〔註29〕陳開林《〈晚晴簃詩話〉考辨七則》，《保定學院學報》2016年第1期。
〔註30〕（清）法式善《清秘述聞》，《清秘述聞三種》本，中華書局1982年版，第267頁。
〔註31〕（民國）黎景曾、黃宗憲修纂《民國寧化縣志》，廈門大學出版社2009年版，第512頁。
〔註32〕（民國）黎景曾、黃宗憲修纂《民國寧化縣志》，廈門大學出版社2009年版，第555~557頁。
〔註33〕（清）鄭虎文《吞松閣集》，《四庫未收書輯刊》10輯第14冊，北京出版社1997年版，第346頁。

體相同，但補充了程敦的表字，稱「《爾雅》、《說文》、《三禮》、《三傳》皆有論說，其成者惟《詩學女為》一書，授其子灼及程敦。敦，字厚孫，懷唐里人。少常遊學於武林、吳門，負才有狂名。一日至西溪，見松溪，大折服，遂師松溪。」〔註34〕許承堯《歙事閒譚》卷9載「程敦《秦漢瓦當文字》」條，文末注云：「敦字厚孫，汪松溪高第弟子」〔註35〕，亦可為佐證。

14. 孫欽昂，字□□，滎陽人，□□□□□□，官興泉永道。師事張調元，受古文法最早。調元授學於本邑鄉間佩渠精舍，欽昂少即受業。(《淵源考》卷三，P155)

按：王家相《清秘述聞續》卷12載：「孫欽昂，字師竹，河南滎陽人。咸豐丙辰進士，同治三年以編修任。」〔註36〕表字、中舉時間均可補。

15. 王定安，字□□，號□□，□□人，□□□□□□，官□□候補道。師事曾國藩，受古文法，最為篤信謹守。輯錄曾國藩所為經史評注，成《師訓匯記》□卷；敘國藩生平言行為《求闕齋弟子記》三十二卷，省之為《曾文正公大事記》四卷；記戰事則為《湘軍記》□□卷。(《淵源考》卷四，P198)

按：劉錦藻《清續文獻通考》卷264《經籍考八》，著錄「《宗聖志》二十卷，王定安撰」〔註37〕。注云「定安，字鼎臣，湖北東湖人。同治壬戌舉人。官至安徽鳳穎六四道。」同書卷264《經籍考八》著錄「《求闕齋弟子記》三十二卷」、卷265《經籍考九》著錄「《鹽法志》一百六十卷」、卷274《經籍考十八》著錄「《湘軍記》二十卷」。

16. 郭傳璞，字□□，鄞縣人，□□。師事吳德旋，受古文法，亦能古文。(《淵源考》卷六，P234)

按：汪超宏著《姚燮年譜》於道光二十五年乙巳（1845年）載「郭傳璞來師事姚燮。為其《墨影樓碎故》作序。」並附載郭傳璞的相關資料。逐錄如下：

　　忻江明《四明清詩略續稿》卷三：「郭傳璞，字怡士，號晚香，又號伽又，鄞人，景行曾孫。咸豐辛酉拔貢，同治丁卯並補甲子科舉人。馮貞群曰：晚香先生工駢文，著有《金峨山館甲乙集》、《四

〔註34〕（民國）楊鍾羲《雪橋詩話》，人民文學出版社2011年版，第397頁。
〔註35〕（民國）許承堯《歙事閒譚》，黃山書社2001年版，第296頁。
〔註36〕（清）王家相《清秘述聞續》，《清秘述聞三種》本，中華書局1982年版，第812頁。
〔註37〕（清）劉錦藻《清朝續文獻通考》，民國景十通本。

明金石志》，編刻叢書凡十二種，初署金峨山館，後更號望三益齋者
是也。忻江明曰：先生為姚復莊先生高弟，駢儷文得其嫡傳，兼工
詩詞。身後遺稿流落他氏。」

　　《民國鄞縣通志・文獻志》：「郭傳璞，字恬士，號晚香，同治
六年補科舉人。少從姚燮遊，工駢文，能詩。著有《金峨山館文甲
乙集》、《四明金石志》，又編刻叢書凡十二種，初署金峨山館，後更
稱望三益齋。《四明清詩略》稱，曾見傳璞所作詩殘稿曰《遊心於口
室詩鈔》，凡兩冊。曰《吾悔集》一冊，曰《汀左遊草》一冊，總為
詩二百五十餘首。稿中附有駢文、詩餘及應制詩。此已刪定者，餘
稿流落他氏，尚不少云。」〔註38〕

劉錦藻《清續文獻通考》卷278《經籍考二十二》著錄「《金峨山館文集》無卷
數，郭傳璞撰」，注云：「傳璞，字晚香，浙江鄞縣人。同治丁卯舉人。」劉錦
藻稱其「字晚香」〔註39〕，與前舉二書所載不同。

　　17. 賈敦艮，字□□，號芝房，平湖人，諸生。與顧廣譽、沈曰富等為
　　　　師友，受古文法。善論古文，一以桐城為宗，胚胎家學，以古人相
　　　　期許。論詩三十年，立追古人。撰《採荇詩集》□卷、《文集》□
　　　　卷，稿本藏其婿胡月樓家。（《淵源考》卷六，P239）

　　按：來新夏《近三百人物年譜知見錄》著錄清賈敦艮自編《賈芝房自纂年
譜》（平湖陸氏求是齋抄本），稱：「譜主賈敦艮，原名溥，字博如。江蘇玫溪
人。清嘉慶十三年（1808）生，卒年不詳。幼學，諸生。一生鄉試不第，先後
在新溪、揚州、乍浦、卜海開館格往・以詩會友。」〔註40〕

　　18. 王大經，字□□，號曉蓮，平湖人。道光癸卯舉人，官湖北布政使。
　　　　師事方坰，顧廣譽，受古文法，奉其言論以為準則。學有家法，私
　　　　淑陸清獻。撰《哀生閣初稿》四卷、《續稿》三卷。（《淵源考》卷
　　　　六，P240）

　　按：馮桂芬《同治蘇州府志》卷22《公署二》載：「王大經，字曉蓮，
浙江平湖人。舉人。」〔註41〕而潘衍桐《兩浙輶軒續錄》卷38：「王大經，
字夢蓮，又號曉蓮，平湖人。道光癸卯舉人。官至湖北布政使，著《哀生閣

〔註38〕汪超宏《姚燮年譜》，中國社會科學出版社2011年版，第224～225頁。
〔註39〕（清）劉錦藻《清朝續文獻通考》，民國景十通本。
〔註40〕來新夏《近三百人物年譜知見錄》（增訂本），中華書局2010年版，第366頁。
〔註41〕（清）李銘皖、譚鈞培修，馮桂芬纂《同治蘇州府志》成文出版社1970年版，
　　　　第535頁。

初稿》四卷、《續稿》三卷。」〔註42〕徐世昌《晚晴簃詩話》卷 144 亦不載其表字〔註43〕。

19. 項可舟，字□□，□□人，□□□□□□。師事王家桂，受古文法，稱高第弟子。（《淵源考》卷六，P242）

按：王家桂，字辛益，一字冬花，吳江人。《淵源錄》同卷有其傳。柯愈春《清人詩文集總目提要》卷 51 著錄其《冬花遺集》五卷，載其生卒年為 1843～1913 年。〔註44〕今檢喬曉軍編著《中國美術家人名辭典·補遺二編》載：「項保桂（？～1913），字可舟，號味辛。秀水人，寓居江蘇盛澤。清末諸生。工詩文，善山水，晚歲多病，遺作甚少。」〔註45〕《淵源考》所載或即其人，則有名、字互置之誤。其師王家桂卒時得年 71 歲，項保桂卒於同年，則其享壽不永。

20. 龔煦春，字□□，井研人，諸生。師事王樹枬，受古文法。孝悌好修能，為桐城古文之學。（《淵源考》卷十，p298）

按：陽海清主編《中南西南地區省市圖書館館藏古籍稿本提要》著錄龔煦春《幾山老人古泉精品》，稱：

> 龔煦春，字熙臺，號幾山老人，四川井研縣人。清光緒廩生。平生好古，有《四川郡縣志》。〔註46〕

今檢薛新力主編《巴渝古代要籍敘錄》著錄《四川郡縣志》，稱：

> 《四川郡縣志》十二卷，清末民初龔煦春撰。龔煦春（1863～1937），字熙臺，號幾山，四川井研縣人。清光緒廩生。其祖父龔震東，其父龔炳奎均為地方知名學者。龔煦春自幼好學，博聞強記，既得家學之傳，後又受業於新城（山東桓臺）王樹南，更與其時知名學者廖平、劉師培、謝無量等學術往來密切。龔煦春精於古文，擅長史學，曾在眉山、成都等地執教多年。龔煦春在光緒年間曾主

〔註42〕（清）潘衍桐《兩浙輶軒續錄》，《續修四庫全書》第 1686 冊，上海古籍出版社 1996 年版，第 443 頁。

〔註43〕（清）徐世昌著，傅卜棠編校《晚晴簃詩話》，華東師範大學出版社 2009 年版，第 1048 頁。

〔註44〕柯愈春《清人詩文集總目提要》，北京古籍出版社 2001 年版，第 1770 頁。

〔註45〕喬曉軍編著《中國美術家人名辭典》（補遺二編），三秦出版社 2007 年版，第 373 頁。

〔註46〕陽海清主編《中南西南地區省市圖書館館藏古籍稿本提要》，華中理工大學出版社 1998 年版，第 185 頁。

持《井研縣志》的修纂，民國初期又參加了《四川通志》的重修。
其早期著作有《洪範舊義》、《陵陽水道考》、《蘇文定公年譜》、《國
朝四家文選》、《古文詞彙約編》、《幾山文集》等。〔註47〕

二處記載龔煦春的生平行實較詳，其表字可據以補充。

21. 曾克端，字□□，侯官人，□□□□□□。師事吳闓生，受古文法。
亦工詩、古文詞。（《淵源考》卷十，p300）

按：陳衍《石遺室詩話》卷29載：

> 近賢詩清脆者多，雄俊者少。潮安石銘吾（維屏）、潮州劉仲英
> （仲英）、閩縣曾履川（克端）皆可以走僵籍、湜者。履川，龥叟（宗
> 魯，後更名福謙）孫。龥叟字伯厚，以即用知縣官蜀，兩袖清風，遺
> 子孫以清白而已。履川少劬學，間關數千里，自蜀至京師，請業於一
> 時聞人，肆力詩古文辭。前歲餘有子之喪至都，履川來見，出示舊作
> 散體文數首，則才氣有餘，范以方、姚梁嫘；並撰五言古三首為贄，
> 兀傲不群，讀之使人氣王。其一云（案：詩長不錄）……其二云……
> 其三云……三詩勃鬱煩冤，末篇直不啻千回百轉矣。〔註48〕

陳衍喪子，曾履川作詩之事，又見《石遺室詩話續編》卷1：

> 履川初及余門時，余適喪長子在都，慰余三詩，首云：「老去亂
> 屢經，名高禍踵至。」已鹽其腦；末云：「浩劫看已來，蒼生日凋瘵。
> 哀此垂危軀，眾手爭一試。死時誰復知，瞠目視諸帥。」雙關語，
> 有手揮目送之致。〔註49〕

此則前後兩條亦載曾履川，稱：

> 曾履川（克端），肆力詩古文詞甚偉，而性情篤摯，所為詩對於
> 骨肉師友，寬博中時有沉痛語，如《哭畏盧》、《上堯生》、《上芸子》
> 諸篇。〔註50〕

> 履川取昌黎稱樊紹述「海涵地負」語名其樓，丐余作記。余謂
> 涵負談何容易，紹述即不足以當之，有志者當勉為其難而已。〔註51〕

可知曾克端，字履川。柳北野《芥藏樓詩抄》中《秣陵邗上講學遊草題辭》

〔註47〕 薛新力主編《巴渝古代要籍敘錄》，中州古籍出版社2008年年，第118頁。
〔註48〕 （民國）陳衍《石遺室詩話》，人民文學出版社2010年版，第451頁。
〔註49〕 （民國）陳衍《石遺室詩話》，人民文學出版社2010年版，第455頁。
〔註50〕 （民國）陳衍《石遺室詩話》，人民文學出版社2010年版，第455頁。
〔註51〕 （民國）陳衍《石遺室詩話》，人民文學出版社2010年版，第455頁。

載：「予在渝州，吾友曾履川克耑，吳北江先生高弟。著《涵負樓詩集》，與章孤桐唱和詩疊韻至四五十首」，亦可參證。

今檢錢鍾書《石語》載：「曾履川嘗欲學文於畏廬，畏廬高坐而進之曰：「古文之道難矣，老夫致力斯事五十年，僅幾乎成耳。」履川大不悅，以為先生五十年所得爾爾，弟子老壽未必及先生，更從何處討生活耶？去而就吳北江。北江託乃翁之蔭，文學造詣，實遜畏廬，而善誘勵後進，門下轉盛於畏廬也。」劉夢芙《石語評箋》此處按語云：「手邊殊乏資料，未知曾履川其人其事，有待考索」〔註52〕。前舉《石遺室詩話》載曾履川之事甚多，稍一翻檢即可知曉，可謂失之眉睫。

22. 王守恂，字□□，□□人，□□□□□□。師事范當世，受古文法，從遊甚眾。（《淵源考》卷十，p313）

按：王勇則《王守恂生平職官考》稱王守恂，字仁安，又字紉庵，號筱槐、阮南，曾署拙老人，天津人，清光緒二十四年（1898）戊戌科進士。近代著名學者、詩人，曾編纂過《天津政俗沿革記》，有《王仁安集》等詩文著作傳世。〔註53〕

范當世，字肯唐。今檢《王仁安集》，內多唱和、追懷之作，如《呈范肯堂先生》、《次韻范肯堂師論詩之作兼呈俞君恪士》、《范肯堂師賜書冊賦此感謝兼呈范夫人得二十六韻》、《懷范肯堂師及俞君恪士》、《上元夢范肯堂師》、《讀范集覺詩興日好追懷往事不勝今昔之感因而有詩》、《過范肯堂師故宅》、《肯堂師許我詩可到遺山追憶感賦》等。

23. 宮島誠一郎，字□□，日本□□□□。師事張裕釗，受古文法，稱高第弟子。（《淵源考》卷十一，P318）

按：宮島誠一郎和黃遵憲交往密切，二人集中俱有唱和之作。黃遵憲曾對宮島誠一郎《養浩堂詩集》作過批註。今檢《黃遵憲題批日人漢籍》，載：「宮島誠一郎（1838～1911年），字栗香，日本羽前米澤藩士。」〔註54〕可補闕字。

〔註52〕劉夢芙《〈石語〉評箋》，馮芝祥編《錢鍾書研究集刊》第二輯，上海三聯書店2000年版，第211頁。

〔註53〕王勇則《王守恂生平職官考》，陳樂人主編《北京檔案史料》2008年第4期，新華出版社2008年版，第268頁。

〔註54〕郭真義、鄭海麟編著《黃遵憲題批日人漢籍》，中華書局2009年版，第65頁。

24. 何熔，字□□，富陽人，□□□□□□。私淑桐城文學，治古文甚勤，尤嗜昌黎文。（《淵源考》卷十一，p337）

按：夏家鼐《百步三進士》載錄夏震武、朱彭年、何熔三人行實頗詳。文載何熔（約 1833～1908），字冶甫，富陽縣靈峰十莊石塔塢（今里山鄉民強村）人。同治九年（1870）中舉，光緒六年（1880）中進士。遺著有《澹怡齋文稿》〔註55〕。

25. 顏昌嶢，字□□，號□□，湘鄉人，諸生，□□□□□□。師事王先謙受古文法。撰《息庵文錄》一卷、《詩錄》□卷。（《淵源考》卷十一，p346）

按：顏家龍先生《回憶叔祖顏昌嶢先生》載：「先生原名可鑄，字仙岩，號息庵，1868 年（同治七年）生於湘鄉縣神童鎮，即今之漣源市石狗鄉。1944 年卒，享年 76 歲。」〔註56〕而尋霖、龔篤清編著《湘人著述表》著錄其著作多部，稱其「字息庵」〔註57〕，不確。

26. 于省吾，字□□，海城人，□□□□□□。專治桐城古文有年，於古文義法素有研究。撰《雙劍誃文集》□卷、《詩集》□卷。（《淵源考》卷十一，P347）

按：于省吾為近代著名學者。今檢王申明《記著名的古文字學家于省吾教授》，載：「于省吾教授，字思泊，號夙興叟：齋名雙劍誃、澤螺居。一八九六年十二月二十三日生於遼寧省海城縣中央堡」〔註58〕，表字可補。

以上僅就見聞所及，在前人基礎上之上對《淵源考》的闕文和失誤進行了補正。通過考補辨誤，能夠使《淵源考》的文本更加完整、內容更加準確，以便發揮更大的學術價值。除此之外，《淵源考》尚有部分條目，因資料不足及見聞的限制，暫時無從考訂，尚待學界的進一步努力。

開林補：「〔26〕顏昌嶢」一條，另可參其子女所撰《先父顏昌嶢先生事略》一文。（載顏昌嶢《管子校釋》，嶽麓書社 1996 年版，第 10～12 頁）

〔註55〕夏家鼐《百步三進士》，中國人民政治協商會議富陽縣委員會、文史資料委員會編《富陽文史資料》第 4 輯 1991 年版，第 22～23 頁。
〔註56〕顏家龍《得德樓文稿》，湖南大學出版社 2004 年版，第 106 頁。
〔註57〕尋霖、龔篤清編著《湘人著述表》，嶽麓書社 2010 年版，第 1222 頁。
〔註58〕王申明《記著名的古文字學家于省吾教授》，《文獻》第 19 輯，書目文獻出版社 1985 年版，第 132 頁。

《桐城文學淵源考》闕誤補訂

摘　要

　　劉聲木《桐城文學淵源考》載錄了以桐城派為中心的 1206 位作家的生平，為探尋桐城文派的淵源與流變提供了豐贍的資料。然而，書中所載錄的文字闕漏較多，內容涉及到作家的名、字、號、里貫、科考、仕宦、著述名稱及卷數等方面。另外，記載不無失誤之處。通過爬梳載籍，考補作家缺名 8 例、作家缺字 8 例、作家名考異 2 例、作家名傳不符 1 例、作家重收 1 例。

關鍵詞：劉聲木；《桐城文學淵源考》；桐城文學；補闕；考誤

　　劉聲木（1876～1959）乃清末民初安徽著名的學者和藏書家，窮搜冥討，前後綿歷三十餘年編成《桐城文學淵源考》十三卷及《補遺》十三卷。該書載錄了以桐城派為中心的 1206 位作家的生平，為探尋桐城文派提供了豐贍的資料，被譽為「研究桐城文派最佳之工具」〔註1〕。

　　然而，書中上存在一些不足之處。一方面，記載多有闕文，其內容涉及到作家的名、字、號、里貫、科考、仕宦、著述、卷數等方面。其中，「68 位作家缺名，僅載錄姓氏與字號；2 位作家姓名皆缺，只錄字號」，另有 148 名作家缺表字。汪祚民先生曾指出「這些缺名作家字號絕大部分未被《清人室名別稱字號索引》等工具書收錄，整理校點本又未作校補」〔註2〕。另一方面，記載不無訛誤，如作家名字有異同、作家名字號誤置、傳主與內容不符、作家重

〔註1〕劉聲木《桐城文學淵源考》，黃山書社，1989 年版，第 3 頁。
〔註2〕汪祚民《〈桐城文學淵源考〉作家缺名考補》，鮑恒主編《古籍研究》總第 59 卷，安徽大學出版社 2013 年版，第 69 頁。

收等。因此，考補《桐城文學淵源考》中的作家缺名缺字，辨析其相關訛誤，很有必要。

針對此一問題，汪先生作《〈桐城文學淵源考〉作家缺名考補》一文，對42 名缺名作家進行了考證和校補，創獲甚多。汪先生亦有《〈桐城文學淵源撰述考〉作家姓名著錄辨正》一文，對著錄作家名、字互置，字、號互置等錯訛加以考索〔註3〕。此外，學界在聯帶的成果中，對書中的闕字也偶有補正。如《桐城文學淵源考》卷 10（頁 305）載「孟君燕，字□□」，胡露、周錄祥在《范門弟子小考》一文中就考定「孟有麐，字君燕」〔註4〕，劉聲木誤置名、字。

筆者曾撰《〈桐城文學淵源考〉補闕考誤》，對書中 26 位作家的名、字加以考補，並對相關傳記中的錯訛加以辨正〔註5〕。筆者新近又檢得一些材料，擬對該書中的闕文、訛誤再次進行考訂，茲分為五類，予以條辨。文章體例依仿《〈桐城文學淵源考〉作家缺名考補》一文，先摘錄黃山書社校點本《淵源考》及其補遺作家條目原文，並標出其卷數與頁碼，然後加以考證。

一、作家人名考補

1. 吳□□，字鏡齋，□□人，□□□□□□。師事方苞，受古文法。（《淵源考》卷 2，P128）

按：馮桂芬《同治蘇州府志》卷 65《選舉七》載「同治六年丁卯科並補行辛酉科」，吳縣名單中有吳清標，注云「鏡齋。高淳訓導。」〔註6〕可知《淵源考》此處所載當為吳清標。

今檢《清代朱卷集成》第 146 冊於同治丁卯（六年，1867）科並補行辛酉科（十一年，1861）鄉試載吳清標履歷，稱：「字建霞，號錦齋。行六。道光甲午年十二月二十一日吉時生。江蘇蘇州府吳縣增生。民籍。」〔註7〕據此可知吳清標生於道光甲午年（1834）。履歷載其「字建霞，號錦齋」，而《淵源考》、

〔註3〕汪祚民《〈桐城文學淵源考〉作家姓名著錄辨正》，《安慶師範學院學報》2014 年第 5 期，第 93～97 頁。

〔註4〕胡露、周錄祥《范門弟子小考》，《南通大學學報》2005 年第 2 期，第 136 頁。

〔註5〕陳開林《〈桐城文學淵源考〉補闕考誤》，《重慶工商大學學報》，2016 年第 6 期。

〔註6〕（清）李銘皖、譚鈞培修；馮桂芬纂《同治蘇州府志》，成文出版社 1970 年版，第 1662 頁。

〔註7〕顧廷龍主編《清代朱卷集成》第 146 冊，成文出版社 1992 年版，第 71 頁。

《同治蘇州府志》載其「字鏡齋」，略有差異。張裕釗總纂《光緒高淳縣志》二十八卷，吳清標曾協修。

2. 陳曇，字□□，番禺人，□□□□□□，師事伊秉綬，以詩受業，親承指綬。（《淵源考》卷二，P133）

按：陳璞《尺岡草堂遺文集》卷四《擬廣東文苑傳》，中有陳曇小傳，云：「陳曇，字仲卿，番禺人，充府學生員。天資穎異，襁褓中能屬對。年十三，已讀十三經。稍長，通史學，尤熟兩漢南北史。汀州伊秉綬見其詩，奇之。南城曾燠藩粵亦器重曇，以小鳳皇為喻。」〔註8〕史澄《光緒廣州府志》卷一百三十一《列傳二十》、張維屏《國朝詩人徵略二編》卷五十八均據此引錄陳曇的傳記。

3. 徐□□，字心庵，□□人，□□□□□□，師事李宗傳，受古文法，稱高第弟子，足以傳師文學。（《淵源考》卷四，P192）

按：陳用光《太乙舟文集》卷6《徐心葊文稿序》，載：「心葊侍講領鄉試第一，成進士，入翰林。嘗出典江南試，督廣東學。既還朝，擢贊善，乞病歸。余來浙科，試嘉興竣，心葊以書寄其古文，屬餘論定。蓋心葊之領鄉薦，出桐城李海帆觀察之門。海帆嘗請業於姬傳先生。」〔註9〕李海帆即李宗傳，傳見《桐城文學淵源錄》卷四（頁164）。

4. 沈□□，字蘭卿，平湖人，□□□□□□。師事方坰，受古文法。其詩情詞富麗，才氣橫溢。撰《□□□詩集》□卷。（《淵源考》卷7，p241）

按：秦緗業《沈蘭卿詩序》載：「聞出所刻《紫茜山房詩》一卷示余，其思淵然以深，其氣沛然以蒼」，又載「丙寅秋，蘭卿復郵其近詩三卷，請為之序而授之梓。」〔註10〕

今檢徐世昌《晚晴簃詩匯》卷158錄沈金藻詩二首，小傳云：「沈金藻，字石生，號蘭卿，平湖人。諸生，官嘉定巡檢。有《紫茜山房詩鈔》。」〔註11〕就著述而言，與秦緗業《沈蘭卿詩序》所言相符。

〔註8〕（清）陳璞《尺岡草堂遺集》，《清代詩文集彙編》第676冊，上海古籍出版社2010年版，第700頁。

〔註9〕（清）陳用光《太乙舟文集》，《清代詩文集彙編》第489冊，上海古籍出版社2010年版，第645～646頁。

〔註10〕任訪秋主編《中國近代文學大系》（1840～1919）第3集第11卷：散文集2，上海書店1992年版，第235頁。

〔註11〕徐世昌編，聞石點校《晚晴簃詩匯》，中華書局1990年版，第6922頁。

柯愈春《清人詩文集總目提要》卷 47 著錄沈金藻《紫茜山房詩鈔》六卷，亦稱「字石生，號蘭卿」〔註12〕。據此則可知《淵源考》此處所載當為「沈金藻」，不過稱其「字蘭卿」，有誤。

5. 洪□□，字魯軒，□□人，諸生。師事方宗誠，稱高第弟子。(《淵源考》卷 8，p272)

按：《湖北藝文志補遺》卷 6《集部三》著錄清代洪子彬撰《魯軒詩稿》，並據《漢陽縣志》載：「子彬，字魯軒，涇縣人，占籍夏口。附貢，候選道。」〔註13〕

洪子彬乃好書之人，與莫友芝時有過從，張劍先生《莫友芝年譜長編》多有記載。今檢傅增湘《藏園群書經眼錄》卷 14《集部三》著錄胡銓《胡澹菴先生文集》6 卷，稱鈐有「洪子彬」、「魯軒」、「師竹齋藏」各印〔註14〕。王國維編《大雲書庫藏書目》下卷《宋元本部》於經部中著錄《附釋音尚書注疏》20 卷，稱「序首有『洪魯軒讀書記』」、「卷二十末有『魯軒曾讀』」印〔註15〕。故闕名、里貫均可補充。

6. 陸□□，字雲九，錢塘人，□□□□□□。私淑桐城文學，治古文甚勤。(《淵源考》卷 11，p337)

按：潘衍桐《兩浙輶軒續錄》卷 37 載：

> 陸璈，字雲九，仁和諸生。
>
> 丁丙曰：雲九先生少孤貧，母賢而能文，授以小學，後從魏春松、芸閣兩先生遊。治經淹貫，注疏略能背誦。史熟兩漢三國，旁涉壬、遁，多奇中。中年後，放於酒，發為歌詩，沉鬱頓挫，醉後輒喜誦其舊作，如：「濃煎竹葉湯清肺，快拔芙蓉劍斫牀」、「槁餓空山宜我輩，束經高閣爾何人」等句。其悲吒為何如也！〔註16〕

譚獻有《張先生傳》，載：

> 張先生名炳傑，一名道，字伯幾，錢塘人。父徼謂，力學致疾，

〔註12〕柯愈春《清人詩文集總目提要》，北京古籍出版社 2001 年版，第 1566 頁。

〔註13〕湖北通志局編著《湖北藝文志附補遺》，湖北教育出版社 2002 年版，第 1289 頁。

〔註14〕傅增湘《藏園群書經眼錄》，中華書局 1983 年版，第 1223 頁。

〔註15〕王國維編《大雲書庫藏書目》，羅振玉撰述《雪堂類稿》戊《長物簿錄》，遼寧教育出版社 2003 年版，第 1006 頁。

〔註16〕（清）潘衍桐《兩浙輶軒續錄》，《續修四庫全書》第 1686 冊，上海古籍出版社 1996 年版，第 415 頁。

絕意仕進，著《南園詩集》，故先生又字少南。幼慧，有神童稱。十六歲補諸生，後學使者下車，無不以國士待之。師陸墩雲九，得詩文法。〔17〕56

　　論曰：雲九陸先生，振奇人也。獻年十三，見陸先生於秋鴻館。時盛暑，陸先生散髻，搖兒童所弄赤紙小扇，右手持酒杯，談諧百態。客有敏《後漢書》、《三國志》者，陸先生誦史文如流。俄而佐以稗官家言，闔坐絕倒。獻雖童子，甚敬畏之。陸先生終已不遇，竟死於酒，旅葬德州。高第弟子如張先生，復老諸生，晚丁亂離，以身殉孝，著書等身，曾不中壽。天乎！〔註17〕

譚獻親見其人，所載陸墩之諸事，如「談諧百態」、「誦史文如流」、「終已不遇，竟死於酒」等，可補《兩浙輶軒續錄》之不足。李榕《民國杭州府志》卷146《文苑三》載：「張道，原名炳傑，字少南，錢塘人。幼慧，有神童稱。補諸生，師事陸墩，得詩文法」〔註18〕，當是本之譚獻所作傳文。

7. 許□□，字道秉，晉江人，□□。師事朱仕琇，受古文法，仕琇甚賞之。嘗欲使六藝子史之精英，天地萬物之情狀，悉著見於文，以與四百年作者較其毫釐分寸。撰《就正編》□卷。（《淵源考》卷12，p353）

按：陳衍《民國閩侯縣志》卷48《藝文下》著錄「《暨茨詩稿》」，稱「許懿善著。字道秉，號繼之，乾隆辛卯舉人，廣東歸善縣知縣。」〔註19〕

鄭傑《國朝全閩詩錄初集續》卷11載錄許懿善詩三首，小傳稱：「懿善，字道秉，號繼之，侯官人。乾隆三十六年辛卯舉人，官廣東陸豐知縣。有《暨茨詩稿》」〔註20〕可知此處所載當為許懿善。

8. 高□□，字幼瞻，光澤人，澍然子，□□。習聞其父言文之法，古文亦斐然。（《淵源考》卷12，p363）

按：高澍然，傳見《淵源考》同卷（p359），另見《光緒光澤縣志》卷15《列傳》。今檢《光緒光澤縣志》卷16《儒林傳》，載：

〔註17〕（清）譚獻著；羅仲鼎、俞浣萍點校《譚獻集》，浙江古籍出版社2012年版，第57頁。

〔註18〕龔嘉儁修；李榕纂《民國杭州府志》，《中國方志叢書》華中地方第199號，成文出版社1983年版，第2790頁。

〔註19〕歐陽英修；陳衍纂《民國閩侯縣志》，《中國方志叢書》福建第13號，成文出版社1966年版，第155頁。

〔註20〕（清）鄭傑《國朝全閩詩錄》，《福建人民出版社》2011年版，第703頁。

　　高孝敔，字幼瞻，澍然季子也。少能志淡薄，父奇其識，珍之。學務研理，事必求是。人與之辯皆詘，聞者畏焉。孝敔益窮六經諸史，蘄以理貫物情，久之得要，於是周徹畢合，畏之者愛且敬之焉。蓋自治勇，而恕以待人也。生平少言慎交，安貧寡過，憂如也。為文有家法，善敘事，措辭如鑄，而平淡簡逸，如其為人。然作之不多，自言不名集，藉可行，末附於先著云。年四十五，未竟其志，卒。歲貢生。〔註21〕

　　傳文所載與《淵源考》適相符合，可知此處所載當為高孝敔。

二、作家表字考補

　　1. 袁鈞，字□□，號□□，鄞縣人。諸生，□□□□孝廉方正。師事秦瀛，受古文法，強志勵學。（《淵源考》卷四，P195）

　　按：丁紹儀《清詞綜補》卷 32 載：「袁鈞，字陶軒，鄞縣人，諸生。有《西廬詞》。」〔22〕596 潘衍桐《兩浙輶軒續錄》卷 18，載：「袁鈞，字秉國，一字陶軒，號西廬，鄞縣拔貢。嘉慶元年舉孝廉方正。著《琉璃居稿》六卷、《瞻袞堂集》十一卷。」〔註22〕徐世昌《晚晴簃詩匯》卷 115 同〔註23〕。劉錦藻《清續文獻通考》卷 281《經籍考二十五》著錄「《四明近體樂府》十五卷，袁鈞編」，云「鈞，字秉國，一字陶軒，浙江鄞縣人。乾隆中拔貢，嘉慶丙辰舉孝廉方正。」〔註24〕

　　2. 涂宗瀛，字□□，號閬仙，六安人，□□□□進士，官湖南巡撫。師事王檢心，受古文法。（《淵源考》卷四，P196）

　　按：涂宗瀛，《清史稿》列傳 235 有傳，稱「涂宗瀛，號朗軒，安徽六安人。」〔註25〕不言其表字。涂宗瀛曾自編《涂大司馬年譜》，後經涂承儒、涂懋儒補編。譜後附有其子涂習恪所撰《朗軒府君行述》，稱：「顯考姓涂氏，諱宗瀛，字海三，號朗軒，一號師行，居安徽六安州南鄉」〔註26〕，於字、號記

〔註21〕（清）鈕承藩修；何修淵纂《光緒光澤縣志》，《中國方志叢書》華南地方第 221 號，成文出版社 1974 年版，第 1101 頁。

〔註22〕（清）潘衍桐《兩浙輶軒續錄》，《續修四庫全書》第 1686 冊，上海古籍出版社 1996 年版，第 444 頁。

〔註23〕徐世昌編，閆石點校《晚晴簃詩匯》，中華書局，1990 年版，第 831 頁。

〔註24〕劉錦藻著《清朝續文獻通考》，民國景十通本。

〔註25〕趙爾巽等《清史稿》，中華書局 1977 年版，第 12517 頁。

〔註26〕（清）涂宗瀛編；涂承儒、涂懋儒補編《涂大司馬年譜》，《北京圖書館藏珍本

載頗詳。

3. 田金楠，字□□，□□人，諸生。與閻正衡以文學相切磋，好古，
能文章。(《淵源考》卷 7，p263)

按：柯愈春《清人詩文集總目提要》卷 54 著錄《半有堂集》十卷，稱：

> 田金楠撰。作者為湖南石陰人。諸生。與閻正衡以文學相切磋。
> 屬桐城文派。此《半有堂集》十卷，民國十二年鉛印，湖南省圖書
> 館藏。〔註 27〕

檢尋霖、龔篤清編著《湘人著述表》亦載：

> 田金楠，字春庵，號東溪，慈利人。清光緒歲貢。民國後任省
> 議會議員、縣教育會會長、勸學所所長、縣志館館長等。
> 《恤隱堂志》五卷、《半有堂詩集》二卷、《半有堂文集》四卷、
> 《半有堂聯語》四卷、《半有堂尺牘》一卷、《哀感集》一卷、《消寒
> 唱酬集》一卷、《東溪草堂題畫集》三卷〔註 28〕。

據此可知田金楠，字春庵，號東溪。

4. 吳汝庚，字□□，吳江人，□□□□□□。師事李兆洛，受古文法。
祁寯藻影刊宋鈔小徐本《說文繫傳》於江陰學院，汝庚與承培元、
夏灝等為之審其訛脫，足稱善本。(《淵源考》卷 9，p283)

按：李放纂輯《皇清書史》卷 6 據《吳江縣志》載其小傳：「吳汝庚，字
巽元，育子。工篆書。」同卷據《蘇州府志》載其父吳育的小傳，稱：「吳育，
字山子，號艾齋。吳江諸生。」並稱「常州李兆洛、涇縣包世臣盛稱山子古
文及篆隸。」〔註 29〕

5. 葉玉麒，字□□，桐城人，□□。師事馬其昶，受古文法。撰《習
坎齋文稿》□卷、《詩集》□卷。(《淵源考》卷 10，p298)

按：李靈年、楊忠主編《清人別集總目》著錄葉玉麒《習坎齋文稿》十三
卷，稱「葉玉麒，一名錫麒，桐城人。」〔註 30〕而柯愈春《清人詩文集總目提
要》卷 52 著錄《習坎齋文稿》十六卷，稱：

年譜叢刊》第 160 冊，京圖書館出版社 1999 年版，第 211 頁。
〔註 27〕柯愈春《清人詩文集總目提要》，北京古籍出版社 2001 年版，第 1886 頁。
〔註 28〕尋霖、龔篤清編著《湘人著述表》，嶽麓書社 2010 年版，第 182 頁。
〔註 29〕（清）李放《皇清書史》，《叢書集成續編》第 38 冊，上海書店出版社 1994 年
版，第 50 頁。
〔註 30〕李靈年、楊忠主編《清人別集總目》，安徽教育出版社，2000 年版，第 307 頁。

　　　　葉錫麒撰。錫麒又名玉麒,字玉澄,安徽桐城人。光緒間佐山東巡撫張曜籌議河防。後官於西疆。此《習坎齋文稿》十六卷,光緒間刻,《續修四庫提要》著錄。今存《習坎齋文稿》十三卷,光緒三十一年刻,南京圖書館藏。其文多論邊務及河防。又有《留坎齋詩集》,今未見傳。〔註31〕

其表字可據以補充。

6. 周湘矞,字□□,長沙人。□□□□舉人,官芷江縣訓導。師事從父周樹槐,受古文法。(《淵源考》卷11,p323)

按:尋霖、龔篤清編著《湘人著述表》載:「周湘矞,字月舲,清長沙人。道光二年(1822)舉人,借補芷江訓導。加鹽提舉銜。《志學齋文集》八卷。」〔註32〕

7. 莊梧鳴,字□□,秀水人,仲方兄弟,□□□□舉人。師事顧曾,受古文法。曾教督有方,以不朽之業相期勉。(《淵源考》卷11,p337)

按:黃燮清《國朝詞綜續編》卷8載:「莊梧鳴,字來儀,號鄂五。秀水人。嘉慶二十四年舉人。」〔註33〕嘉慶二十四年為己卯。故莊梧鳴的表字、中舉時間均可補充。

8. 鄧琳,字□□,號□□,新化人。諸生,官候選訓導。顯鶴子,詩文俱嶷然出儕輩,能世其家學。(《淵源考》卷11,p340)

按:鄧顯鶴《沅湘耆舊集》卷178附錄其詩,稱:「琳字孟華,顯鶴之長子也。以廩貢生肄業國子監,坐監期未滿而卒。」〔註34〕則其表字可補。

三、作家名辨異

1. 何曰詿,字梓崍,一字紫來,建寧人。嘉慶□□貢生,官候選訓導。師事朱仕琇,受古文法,工古文。撰《深柳讀書堂存稿》□卷。(《淵源考》卷12,p354～355)

按:柯愈春《清人詩文集總目提要》卷40著錄《深柳讀書堂存稿》四卷,稱:

〔註31〕柯愈春《清人詩文集總目提要》,北京古籍出版社2001年版,第1807頁。
〔註32〕尋霖、龔篤清編著《湘人著述表》,嶽麓書社2010年版,第748頁。
〔註33〕(清)黃燮清《國朝詞綜續編》,《四部備要》本。
〔註34〕鄧顯鶴《沅湘耆舊集》第6冊,嶽麓書社2007年版,第321頁。

何日詣撰。日詣字紫來，一字梓崍，福建建寧人。嘉慶間貢生，官候選訓導。出朱仕琇之門。所撰《深柳讀書堂存稿》四卷，咸豐四年建寧刻，《續修四庫提要》著錄。其文幽深含蓄，令人有悠然不已之思。〔註35〕

《清史稿藝文志補編》集部別集類著錄《深柳讀書堂存稿》四卷，撰者亦稱何日詣。〔註36〕《淵源考》作「何曰詣」，誤「日」為「曰」。

另外，《淵源考》同卷載錄：「何□□，字穆岩，建寧人，諸生。師事朱仕琇，受古文法，稱高第弟子，有文名」（頁352）。今檢鄭兼才《復黃力夫》提及何穆岩三次，云：「承示何穆岩（日詣）、李古山（祥賡）二君品學為庠中領袖，弟等職守，惟有舉優，得以自盡……穆岩何君，皆稱其善古文，如足下所云，而鮮及其為人……兼才實無德以勝，不能不有賴於穆岩、古山二君。」〔註37〕李古山即李祥賡，字舜廷，號古山，傳見《淵源考》同卷（頁353）。據李古山之例，則穆岩當為何日詣之號。此處「何曰詣」有可能亦為何日詣之誤。如此，則何日詣一人在《淵源考》卷12中重見。因囿於見聞，此乃推測之辭，姑記於此，以待來日尋討。

2. 龔有光，字資萬，光澤人，諸生。肆力詩、古文詞，私淑張紳、高澍然以為師法。晚年所作益工。（《淵源考》卷12，p366～367）

按：今檢《光緒光澤縣志》卷17《文苑傳》載：

龔有元，字資萬，歲貢生，有異才。善集益詩文雜著，師高澍然及建邑張紳。四十餘歲已有成業，晚年所著益工。書畫師寧化黃慎及同郡萬峻，筆力所至，人以為書法之勁健，酷肖瘦瓢子。畫與奇峰無分上下矣。生平豪爽，於人坦懷相與，故當時賢豪歡會，坐無有元，不樂也。所著惟存《蓮池詩稿》，余以家貧，不自收拾，俱佚。〔註38〕

就古人名、字取義而言，其名似當為「龔有元」。

〔註35〕柯愈春《清人詩文集總目提要》，北京古籍出版社2001年版，第1231頁。

〔註36〕武作成編《清史稿藝文志補編》，《清史稿藝文志及補編》，中華書局1982年版，第608頁。

〔註37〕鄭兼才《六亭文選》，《臺灣文獻史料叢刊》第8輯第143種，臺灣大通書局1987年版，第79～80頁。

〔註38〕（清）鈕承藩修；何修淵纂《光緒光澤縣志》，《中國方志叢書》華南地方第221號，成文出版社1974年版，第1117～1118頁。

四、辨誤

1. 單可玉，字□□，高密人，為鏓姊，諸城□□□侍郎王瑋慶室，與弟為鏓同學，切摩數十年。于歸後，嘗以文史課其子姪，每日焚香一室，圖書列座，講析清皎，一如嚴師。兼通琴理，喜摩趙孟頫書法，撰《碧香閣詩鈔》□卷、《來鷗詩鈔》□卷。（《淵源考》卷二，P136）

按：孫葆田《山東通志》卷 145《藝文志第十》著錄「《來鷗詩鈔》一卷，單可玉撰。」注云：「可玉，字師亭，號萊鷗，高密人。廩貢，官衛輝通判。是集見《縣志》。《山左詩匯》鈔作《容安齋詩鈔》，又云芥舟生序，謂少從其舅父李石桐、少鶴兩先生受詩法。而先生之集率優柔和平，絕無堅苦僻澀之習。」〔註39〕同卷著錄《碧香閣詩》，稱「《採訪冊》云一卷。單氏撰。單氏，高密人，諸城王瑋慶妻。是編見《縣志》。」〔註40〕

今檢《高密縣志》卷 16《經籍》著錄「單可玉《來鷗詩鈔》一卷」〔註41〕，卷 14 上《閨秀》載：「單氏，可玉女，適諸城王侍郎瑋慶室。氏少以孝聞，與弟為鏓同學切據數十年，善記悟，通琴理，喜摩趙文敏書。于歸後，嘗以文史課其子姪。每日焚香一室，圖書列座，講析清皎，一如嚴師，有《碧香閣詩》，入《山左詩鈔》。」〔註42〕

據此可知，《來鷗詩鈔》乃單可玉所著，單為鏓之姊、王瑋慶之妻、《碧香閣詩鈔》的作者乃單可玉之女。《淵源考》所載誤將單可玉及其女牽混為一。

實則，單可玉之女名為娟，「字紉香，號彩樓。單師亭女，適王瑋慶。通琴理，工詩文，書法趙孟頫，並工繪事。著有《碧香閣詩鈔》」〔註43〕。

五、作家重收

1. 陳慶林，字□□，吳江人，□□□□□□。師事諸福坤，受古文法，習聞緒論，亦工古文。（《淵源考》卷 11，p341）

按：《淵源考》同卷載：「陳去病，字巢南，號佩忍，吳江人，□□□□□

〔註39〕孫葆田等撰《山東通志》，華文書局股份有限公司 1969 年版，第 4216 頁。
〔註40〕孫葆田等撰《山東通志》，華文書局股份有限公司 1969 年版，第 4251 頁。
〔註41〕余友林等修；王照青纂《民國高密縣志》，《中國地方志集成》山東府縣志輯第 41 冊，鳳凰出版社 2004 年版，第 660 頁。
〔註42〕余友林等修；王照青纂《民國高密縣志》，《中國地方志集成》山東府縣志輯第 41 冊，鳳凰出版社 2004 年版，第 496 頁。
〔註43〕喬曉軍編著《中國美術家人名辭典》（補遺二編），三秦出版社 2007 年版，第 287 頁。

□。師事諸福坤，受古文法，稱高第弟子」，與此則內容頗為相近。今檢《除去病年譜》於清同治十三年（1874）載：

> 8月12日，陳去病生。
>
> 倪氏就醫蘇州，寄寓婁門內平江路慶林橋旅次，初一子巳，大，
>
> 陳去病降生，故初名慶林。〔註44〕

據此可知陳去病初名慶林。陳慶林即陳去病，《淵源考》不察，以致一人重收於同一卷中。

　　以上僅就見聞所及，在前人基礎上之上對《淵源錄》的闕文和失誤進行了續補。通過考補辨誤，能夠使《淵源錄》的文本更加完整、內容更加準確，以便發揮更大的學術價值。除此之外，《淵源錄》尚有部分條目，因資料不足及見聞的限制，暫時無從考訂，尚待學界的進一步努力。

〔註44〕張夷主編《陳去病全集》第6冊，上海古籍出版社2009年版，第4頁。

《杜集敘錄》明代編作家傳記補正

摘　要

　　作為杜詩學文獻目錄的集大成者，《杜集敘錄》一書後出轉精，蜚聲學界。然而，由於多方面因素的制約，書中尚有不足之處。通過勾稽典籍，對「明代編」中的十七位作家的傳記加以補正，內容涉及到作家的生卒年、字號、生平行實、著述等方面。

關鍵詞：《杜集敘錄》；杜詩學；目錄學；明代作家

　　杜詩以其承前啟後的姿態矗立於詩壇，成為後人師法、取資的重要泉源，對中國詩學的影響極為深遠。在杜詩的流傳過程之中，歷代學人為之傾注了大量的心血，相關的箋釋、評注、唱和之作不斷湧現，層出不窮。職是之故，杜詩學也應運而生〔註1〕，迄今蔚為大觀。為了有效地把握杜詩學的總體面貌，便於相關研究工作的開展，學者們不斷地編製各類杜詩學文獻目錄，以期「即類求書，因書究學」，成果頗為豐碩。

　　作為此一領域的晚出者，張忠綱、趙睿才、綦維、孫微主編的《杜集敘錄》一書在充分吸收前人研究成果的基礎之上，不斷完善和修訂，後出轉精，以著錄完備、考訂精審著稱，成為其中的集大成者。該書分「唐五代編」、「宋代編」、「金元編」、「明代編」、「清代編」、「現當代編」、「國外編」七個部分，

〔註1〕學界關於杜詩學研究的專著已有多部，其中胡可先先生的《杜甫詩學引論》建構最為詳備，並將杜詩學分為七個方面：（1）杜詩的著錄；（2）杜詩的版本；（3）杜詩的校勘；（4）杜詩的注釋；（5）杜詩的史料；（6）杜詩的評點；（7）杜詩的文化，安徽大學出版社2003年版，第6頁。

旨在囊括「自唐迄今中國和國外有關杜甫詩文的全集、選集、評注本及各類研究著作、文藝作品等」〔註2〕，並對著錄的每一部作品均撰寫提要，予以介紹。該書自 2008 年出版以來，備受學界推崇〔註3〕。

　　然而，由於著錄的書目較多，涉及的人物較廣，加之資料著錄、庋藏的分散，因此，《杜集敘錄》一書中也難免存有瑕疵。就「明代編」而言，共著錄 167 位學者的 171 部著作，涵蓋有明一代的杜詩學著作。而《杜集敘錄》在相關解題中，介紹作家生平時，既有訛誤，又有可以補充之處。《杜集敘錄》勾稽作家傳記，多採用清代方志、清人所編明詩總集所載的小傳，而忽視了明代的傳記資料，如墓誌銘、行狀之類。相比而言，這些資料撰寫時間更早，記述更為詳細，價值更為重要。通過發掘這些第一手材料，可以補充作家的字號、考訂其生平行實、確定其生卒年、增補生平著述等內容。此外，清代的部分傳記資料，有些未被《杜集敘錄》採用，其中所載的相關內容，也不無裨益之處。茲就見聞所及，條舉十七人，加以補正。行文順序依照諸人在「明代編」中著錄的順序。

　　1. 143 頁「楊光溥」

　　按：《杜集敘錄》著錄楊光溥《杜詩集吟》二卷，小傳未言其表字。今檢黃虞稷《千頃堂書目》卷 20 著錄楊光溥《沂川集》六卷、《梅花百詠》一卷，稱其「字文卿，沂水人。江西副使。」〔註4〕朱彝尊《明詩綜》卷 28 錄其詩一首，亦稱「字文卿」〔註5〕。

　　2. 147 頁「周旋」

　　按：《杜集敘錄》著錄周旋《杜詩質疑》，稱其「生平事蹟見萬斯同《明史》（列傳之部）卷二百四十七、曹溶《明人小傳》卷二、《（光緒）慈谿縣志》卷二十七《列傳四》、朱彝尊《明詩綜》卷二十五」。所引錄的資料均為清人著述，年代較晚。此前，實則徐象梅《兩浙名賢錄》卷 24《讜直》亦有其傳，不過所載較為簡略。

〔註2〕 張忠綱、趙睿才、綦維、孫微《杜集敘錄》，齊魯書社 2008 年版，第 1 頁。
〔註3〕 參見王靜、劉冰莉《杜詩學文獻研究的集大成之作——簡評〈杜集敘錄〉》，《杜甫研究學刊》2009 年第 3 期；梁桂芳《「杜詩學」文獻研究的集大成之作——讀張忠綱、趙睿才、綦維、孫微〈杜集敘錄〉》，《杜甫研究學刊》，2010 年第 2 期。
〔註4〕 （清）黃虞稷撰，瞿鳳起、潘景鄭整理《千頃堂書目》，上海古籍出版社 2001 年版，第 517 頁。
〔註5〕 （清）朱彝尊《明詩綜》第 3 冊，中華書局 2007 年版，第 1228 頁。

今檢張邦奇《靡悔軒集》卷8有《明故廣東布政司右參議進階朝議大夫周公墓誌銘》，記載周旋生平甚詳。文稱「成化丁未舉進士，弘治庚戌授南京戶科給事中。尋遭內艱。服闋，復除兵科」〔註6〕，成化丁未乃成化二十三年（1487），弘治庚戌乃弘治三年（1490），舉進士之後，到授南京戶科給事中，尚有四年時間。而《杜集敘錄》稱「明成化二十三年（1487）進士，除南京戶科給事轉北京兵科給事」，所言較為含混，且將「給事中」這一官職名誤作「給事」。

此外，張邦奇文中稱「自號半齋，人稱西溪先生」，記其生平著述，較之《杜集敘錄》所言，尚有《宇宙英華》一種〔註7〕。並稱「公生天順庚午秋八月某日，卒正德己卯冬十月某日，享年七十」〔註8〕，天順乃明英宗復辟之後的年號，共八年，其間並無庚午年。正德己卯乃正德十四年（1519），據之逆推，可知周旋的生年為明代宗景泰元年（1450）。景泰元年恰為庚午年，張邦奇文誤置年號。

另外，《靡悔軒集》卷12另有《明故朝列大夫廣東布政司右參議進階朝議大夫周公行狀》〔註9〕，亦可參考。不過，《行狀》中載其生年，同犯《墓誌銘》之誤。

3. 159頁「陳大濩」

按：《杜集敘錄》著錄陳大濩《擬杜詩》四卷，稱其「生平事蹟見《（民國）長樂縣志·列傳四》、曹溶《明人小傳》卷二十四、朱彝尊《明詩綜》卷三十七、陳田《明詩紀事》戊簽卷十四」。今檢王世貞（1526～1590）《弇州山人四部續稿》卷113有《思恩府同守致仕累封通議大夫兵部右侍郎兼都察院右僉都御史雙溪陳公墓誌銘》〔註10〕、葉向高（1559～1627）《蒼霞草》卷13有《雙溪陳先生墓表》〔註11〕，均為陳大濩而作，載其生平頗為詳盡。據之可知陳大

〔註6〕　（明）張邦奇《靡悔軒集》，《續修四庫全書》第1337冊，上海古籍出版社1996年版，第66頁。

〔註7〕　（明）張邦奇《靡悔軒集》，《續修四庫全書》第1337冊，上海古籍出版社1996年版，第67頁。

〔註8〕　（明）張邦奇《靡悔軒集》，《續修四庫全書》第1337冊，上海古籍出版社1996年版，第67頁。

〔註9〕　（明）張邦奇《靡悔軒集》，《續修四庫全書》第1337冊，上海古籍出版社1996年版，第108～110頁。

〔註10〕　（明）王世貞《弇州山人四部續稿》，《景印文淵閣四庫全書》第1283冊，臺灣商務印書館1986年版，第588～592頁。

〔註11〕　（明）葉向高《蒼霞草》，《四庫禁燬書叢刊》集部第124冊，北京出版社1997年版，第356～357頁。

濩號雙溪,生於弘治戊午二月三十日(1498),卒於萬曆癸未十二月十六日(1583),壽八十六,可補《杜集敘錄》之闕。

4. 159 頁「劉瑄」

按:《杜集敘錄》據王世貞《劉諸暨杜律心解序》著錄。今檢駱問禮《萬一樓集》卷 28 有《答黃雨高》,云:「《杜律心解》素不見其書,辱諭,當遍訪之。不宣」〔註12〕。王世貞生於嘉靖五年(1526),卒於萬曆十八年(1590)。而駱問禮,傳見《明史》卷 215,稱其「諸暨人,嘉靖末進士」〔註13〕,則為劉瑄的同鄉,年輩稍晚。駱問禮未見《杜律心解》,足見此書在明代即已罕見流傳。

5. 161 頁「徐楚」

按:《杜集敘錄》著錄徐楚《杜律解》,稱其「生平事蹟見曹溶《明人小傳》卷三、《(光緒)淳安縣志‧人物志一‧循吏》、朱彝尊《明詩綜》卷四十二」。郭正域《合併黃離草》卷 26 有《明嘉議大夫四川布政使司左參政吾溪徐公神道碑》,文長二千五百餘字,備述其一生行實。文載「鄉人稱為吾溪先生」〔註14〕、「嘉靖戊子領鄉薦,戊戌登進士」〔註15〕,戊子乃嘉靖七年(1528)、戊戌乃嘉靖十七年(1538),而《杜集敘錄》載其「號青溪」、「嘉靖七年(1528)進士」,顯然有誤。

另外,郭正域記徐楚卒於己丑年,即萬曆十七年(1589),享年九十一歲,可推知其生年為弘治十二年(1499)。

6. 161 頁「邵濬」

按:《杜集敘錄》著錄邵濬《杜少陵詩注》,稱「邵濬,字懷源,號象峰,太平(今屬浙江)人」,並稱其「生平事蹟見《(嘉慶)太平縣志‧仕進》、《(光緒)台州府志‧經籍志》、《(民國)浙江通志‧經籍志》」。今檢陶元藻(1716~1801)《全浙詩話》卷 33 亦有其傳,云:

> 濬字懷原,又字一元,太平人。嘉靖戊子鄉科,官德府長史。

〔註12〕(明)駱問禮《萬一樓集》,《四庫禁燬書叢刊》集部第 174 冊,北京出版社 1997 年版,第 381 頁。

〔註13〕(清)張廷玉《明史》第 19 冊,中華書局 1974 年版,第 5680 頁。

〔註14〕(明)郭正域《合併黃離草》,《四庫禁燬書叢刊》集部第 14 冊,北京出版社 1997 年版,第 439 頁。

〔註15〕(明)郭正域《合併黃離草》,《四庫禁燬書叢刊》集部第 14 冊,北京出版社 1997 年版,第 439 頁。

《三臺詩錄》：一元常輯古賢王行事，名《訓志錄》，王嘉納之，假歸。王賜詩曰：「春日凝裝駕紫騮，長亭柳色不勝愁。詔卿拜掃宜還早，莫待寒風涉九秋。」其相得如此。所傳有陳伯玉、杜少《陵詩》。〔註16〕

可知邵濬別字一元，可補《杜集敘錄》之缺。

7. 163 頁「許潮」

按：《杜集敘錄》著錄許潮《浣花溪午日吟》。小傳稱其著述有《易解》、《史學續貂》。除此之外，尋霖、龔篤清編著《湘人著述表》還著錄有《武陵春》、《山石集》、《泰和記》。其中，《泰和記》又名《太和元氣記》，是一部雜劇合集。〔註17〕

另外，《杜集敘錄》稱其「嘉靖十三年（1534）舉人，曾任河南新安縣令」。今檢王士俊《（雍正）河南通志》卷34載：「許潮，湖廣靖州人，舉人。嘉靖二十年任」〔註18〕，可知其任新安縣令的時間為嘉靖二十年（1541）。

《杜集敘錄》稱其「生平事蹟見《（光緒）靖州鄉土志》」，實則《（乾隆）靖州志》即有其傳。嗣後，鄧顯鶴編纂《沅湘耆舊集》，於卷18錄其詩五首，小傳云：

潮字時泉，靖州人。嘉靖甲午舉人，官河南新安縣知縣。時泉博洽多聞，出宋忠節公義卿先生門，著有《易解》、《讀史續》諸書。詩集未見，偶存一二，皆穩洽可誦。〔註19〕

宋忠節公義卿先生，即宋以方，義卿乃其表字，黔陽人。弘治乙丑（1505）進士。後於寧王朱宸濠叛亂時被捕，不屈而死。傳見《明史》卷289《忠義一》、過庭訓《本朝分省人物考》卷83、廖道南《楚紀》卷34。據之可知許潮許潮乃宋以方之門人，可補《杜集敘錄》之缺。

8. 170 頁「周甸」

按：《杜集敘錄》著錄周甸《杜釋會通》七卷，稱「明清二代僅《（康熙）海寧縣志》與錢泰吉《海昌備志》予以著錄，其他公私書目均未見著錄」。今檢嵇曾筠《（雍正）浙江通志》卷252，依據《海寧縣志》著錄載周甸《杜

〔註16〕（清）陶元藻編，俞志慧點校《全浙詩話》，中華書局2013年版，第929頁。

〔註17〕尋霖、龔篤清編著《湘人著述表》，嶽麓書社2010年版，第264頁。

〔註18〕（清）王士俊《雍正河南通志》，《景印文淵閣四庫全書》第536冊，臺灣商務印書館1986年版，第295頁。

〔註19〕（清）鄧顯鶴《沅湘耆舊集》，嶽麓書社2007年版，第358頁。

律會通》〔註20〕，其後，李榕《（民國）杭州府志》卷 95《藝文十》著錄《杜律會通》八卷，卷數與《杜集敘錄》所載不同。李榕在「律」下注云「一作釋」〔註21〕，可知《杜律會通》、《杜釋會通》，實乃同書異名。

此外，《（民國）杭州府志》卷 88《藝文三》於「儒家類」載《性學統宗》，注云「贈刑部主事海寧周旬維治撰」〔註22〕；卷 115《封爵》載「周旬，海寧人，以子啟祥贈刑部主事。」〔註23〕可知周旬字維治，並追贈刑部主事。卷 88「術數類」另載有其《地理纂要》一書〔註24〕。

9. 174 頁「鍾一元」

按：《杜集敘錄》著錄鍾一元《杜律雜著》，稱其「生平事蹟見《（萬曆）嘉興府志》卷十八」，今檢徐象梅《兩浙名賢錄》卷 29《吏治》，亦有其傳〔註25〕。然二書僅言其「字太初」，而盛楓《嘉禾徵獻錄》卷 32，載其「號侍山」〔註26〕，可補二書之缺。

10. 175 頁「徐𣜜」

按：《杜集敘錄》著錄徐𣜜《分類杜詩》，據其子徐𤊹《紅雨樓題跋》中《分類杜詩跋》，考訂徐𣜜卒於萬曆十八年（1590），並稱其「生平事蹟見錢謙益《列朝詩集小傳》」。今檢《列朝詩集小傳》丁集上，云：「𣜜字子瞻，閩縣人。嘉靖末，以易學名家，明經歲貢。除茂名教諭，遷永寧知縣。有《徐令集》。熥、𤊹，其二子也」〔註27〕，所言甚為簡略。此外，黃虞稷《千頃堂書目》卷 24、萬斯同《明史藝文志》著錄徐𣜜《相坡文集》二卷又《詩集》

〔註20〕 （清）嵇曾筠《雍正浙江通志》，《景印文淵閣四庫全書》第 525 冊，臺灣商務印書館 1986 年版，第 732 頁。

〔註21〕 （清）龔嘉儁修、李榕纂《民國杭州府志》，《中國方志叢書》華中地區第 199 號，成文出版社 1966 年版，第 1846 頁。

〔註22〕 （清）龔嘉儁修、李榕纂《民國杭州府志》，《中國方志叢書》華中地區第 199 號，成文出版社 1966 年版，第 1716 頁。

〔註23〕 （清）龔嘉儁修、李榕纂《民國杭州府志》，《中國方志叢書》華中地區第 199 號，成文出版社 1966 年版，第 2244 頁。

〔註24〕 （清）龔嘉儁修、李榕纂《民國杭州府志》，《中國方志叢書》華中地區第 199 號，成文出版社 1966 年版，第 1724 頁。

〔註25〕 （明）徐象梅《兩浙名賢錄》，《續修四庫全書》第 543 冊，上海古籍出版社 1996 年版，第 133 頁。

〔註26〕 （清）盛楓《嘉禾徵獻錄》，《四庫全書存目叢書》史部第 125 冊，齊魯書社 1997 年版，第 523 頁。

〔註27〕 （清）錢謙益撰，錢陸燦輯《列朝詩集小傳》，上海古籍出版社 1983 年版，第 410 頁。

二卷，所附小傳與此差同。

實則，明代鄧原岳《西樓全集》卷 14 有《徐子瞻令君傳》，載其生平頗為翔實。據之可知徐棉號相坡居士，並記其卒年七十九歲〔註28〕，故其生年應為嘉靖元年（1522）〔註29〕。

11. 180 頁「劉逴」

按：《杜集敘錄》著錄劉逴《唐詩類選》，傳稱「鄢陵（今屬湖北）人」。實則鄢陵縣隸屬於許昌市管轄，位於河南省中部。

另外，《杜集敘錄》載劉逴著述六種，今檢呂友仁主編《中州文獻總錄》於「明代五」著錄劉逴，條列其著述八種，其中《詩經效蜜錄》二十卷、《四書效蜜錄》二十卷、《鄉先賢列傳》一卷，為《杜集敘錄》所未載〔註30〕。同時，《杜集敘錄》所載《家教錄》，《中州文獻總錄》亦失載。

劉逴《石孔山人集略》，孫殿起《販書偶記續編》卷 13 著錄為三十卷，為明萬曆八年刻本〔註31〕，《中州文獻總錄》所載同。而《南開大學圖書館館藏古籍善本書目》著錄有抄本二十五卷，注云：「存卷十二、十三、二十三至二十五」。若加以尋討，應當可以獲取劉逴的相關資料。〔註32〕

12. 180 頁「張應文」

按：《杜集敘錄》著錄張應文《杜詩內外編》，稱其「約生活於明隆慶前後」，並羅列其著述，中有《國香集》。今檢王世貞《弇州山人四部續稿》卷 45 有《國香集序》：「吾老友張應文氏顧又能為《續蘭譜》」〔註33〕。同書卷 160 另有《題張應文雜著後》、《張應文詩跋後》。可知張應文為王世貞老友，存世時間應該大體相同。

另外，張丑《清河書畫舫》卷五上載《跋顏魯公大字瀛洲帖卷》，文末題署「時嘉靖甲子季秋之望吳郡張應文茂實謹識」〔註34〕；卷八下載《跋蘇

〔註28〕（明）鄧原岳《西樓全集》，《四庫全書存目叢書》集部第 174 冊，齊魯書社 1997 年版，第 102～103 頁。

〔註29〕陳開林《〈列朝詩集小傳〉傳文考補》，《常熟理工學院學報》，2016 年第 1 期。

〔註30〕呂友仁主編《中州文獻總錄》，中州古籍出版社 2002 年版，第 872～873 頁。

〔註31〕孫殿起《販書偶記續編》，上海古籍出版社 1980 年版，第 210 頁。

〔註32〕南開大學圖書館編《南開大學圖書館館藏古籍善本書目》，南開大學圖書館 1986 年版，第 218 頁。

〔註33〕（明）王世貞《弇州山人四部續稿》，《景印文淵閣四庫全書》第 1282 冊，臺灣商務印書館 1986 年版，第 598 頁。

〔註34〕（明）張丑《清河書畫舫》，《景印文淵閣四庫全書》第 817 冊，臺灣商務印書

文忠公乞居帖》，文末題署「是歲嘉平八日後學清河張應文彝齋竹窗手裝並記」〔註35〕，即萬曆元年；卷十二上載《跋枝山行書莊子逍遙遊》，文末題署「時萬曆己丑春日巢居子張應文書附祝京兆真蹟卷後」〔註36〕。嘉靖甲子為四十三年（1564）、萬曆己丑為十七年（1589），可知張應文生活於嘉靖、隆慶、萬曆三朝。

13. 182 頁「孫曠」

按：《杜集敘錄》著錄孫曠《杜律》四卷，稱「孫曠（1542～1631），字文融，號月峰，餘姚（今屬浙江）人。《明史》有傳」。此處《杜集敘錄》所言有誤，「孫曠」當為「孫鑛」。

孫鑛，過庭訓《本朝分省人物考》卷 51、萬斯同《明史》卷 332、黃虞稷《千頃堂書目》卷 25、朱彝尊《明詩綜》卷 57、陳田《明詩紀事》庚籤卷 11，均有小傳。而張廷玉《明史》，實則並無孫曠傳，亦無孫鑛傳。

14. 217 頁「李實」

按：《杜集敘錄》著錄李實《杜詩注》，稱其生平事蹟見《（嘉慶）四川通志》，今檢鄒漪《啟禎野乘二集》卷 5、趙宏恩《（乾隆）江南通志》卷 172《人物志》、黃廷桂《（雍正）四川通志》卷 9、馮桂芬《（同治）蘇州府志》卷 71、王培荀《聽雨樓隨筆》卷 8、陳田《明詩紀事》辛籤卷 21 對其生平均有記載。諸書所載，均只言其「字如石」，未及其別號。惟陶煦《周莊鎮志》卷 5 載其「號鏡庵」〔註37〕，可補諸書之闕。

15. 219 頁「劉廷鑾」

按：《杜集敘錄》著錄劉廷鑾《杜詩話》，稱其生平事蹟見朝鮮人闕名編《皇明遺民傳稿》，並稱其「字得輿，貴池（今屬安徽）人」。今檢趙宏恩《（乾隆）江南通志》卷 167《人物志》有其傳，稱：「國朝劉廷鑾，字得輿，貴池人。父城，明季以文雄江左。廷鑾少承家學，又師事父友吳應箕，盡得其傳。日益淵博，詩文皆偉麗，聲名藉甚。康熙元年，以貢考授州同知，未仕，卒。

館 1986 年版，第 173 頁。

〔註35〕（明）張丑《清河書畫舫》，《景印文淵閣四庫全書》第 817 冊，臺灣商務印書館 1986 年版，第 322 頁。

〔註36〕（明）張丑《清河書畫舫》，《景印文淵閣四庫全書》第 817 冊，臺灣商務印書館 1986 年版，第 484 頁。

〔註37〕（清）陶煦《周莊鎮志》，《續修四庫全書》第 717 冊，上海古籍出版社 1996 年版，第 111 頁。

所著《梅根集》及他纂述凡數百卷。」〔註38〕

何紹基《(光緒)重修安徽通志》卷227《人物志・文苑》亦有其傳，傳文與《(乾隆)江南通志》所載近同，惟稱其「字輿父」〔註39〕。今檢郎遂《(康熙)杏花村志》卷7《題詠》載其詩四首，稱「劉廷鑾：輿父，號梅根。嶧桐徵君長公。」〔註40〕二書所載劉廷鑾的表字，略有差異。

《杜集敘錄》載其著有《五石瓠》，實則《(乾隆)江南通志》、《(光緒)重修安徽通志》的《藝文志》著錄其著述多部，計有《尚書年曆》、《春秋日曆》、《遜國之際月表》、《九華散錄》、《九華掌故》、《梅根集》，另編有《唐池上詩人》八卷、《明詩爾雅》、《詩顛》八卷。

16. 221「鄭壬」

按：《杜集敘錄》著錄鄭壬《杜詩集注》八卷，稱其傳見《(光緒)昆新兩縣續修合志・卓行》、張大復《梅花草堂集》，稱其為「宋龍圖學士大中十世孫」。今檢明代張昶《吳中人物志》卷13、方鵬《崑山人物志》卷5《隱逸》、馮桂芬《(同治)蘇州府志》卷92均有其傳。其中，《吳中人物志》載其為「宋華原郡王之裔」〔註41〕，姑置不論。而《崑山人物志》載其為「宋華原郡王居中十世孫」〔註42〕、《(同治)蘇州府志》載其為「宋龍圖閣學士大中九世孫」〔註43〕，就譜系而言，與《杜集敘錄》所言略有差異。

今檢《宋史》列傳第110有鄭居中傳，知其字達夫，開封人。封崇、宿、燕三國公。卒後贈太師、華原郡王，諡文正。〔註44〕而鄭大中，生平不詳，《宋史》卷207《藝文志》第160著錄《漢規》四卷。〔註45〕《吳中人物志》、《崑

〔註38〕 （清）趙宏恩《乾隆江南通志》，《景印文淵閣四庫全書》第511冊，臺灣商務印書館，986年版，第817頁。

〔註39〕 （清）沈葆楨、吳坤修等修，何紹基、楊沂孫等纂《光緒重修安徽通志》，《續修四庫全書》第654冊，上海古籍出版社1996年版，第34頁。

〔註40〕 （清）郎遂《康熙杏花村志》，《續修四庫全書》第717冊，上海古籍出版社1996年版，第704頁。

〔註41〕 （明）張昶《吳中人物志》，《續修四庫全書》第541冊，上海古籍出版社1996年版，第345頁。

〔註42〕 （明）方鵬《崑山人物志》，《四庫全書存目叢書補編》第93冊，齊魯書社1997年版，第556頁。

〔註43〕 （清）馮桂芬等《同治蘇州府志》，《中國方志叢書》華中地方第5號，成文出版社1970年版，第2212頁。

〔註44〕 （元）脫脫《宋史》第19冊，中華書局1977年版，第11103～11105頁。

〔註45〕 （元）脫脫《宋史》第19冊，中華書局1977年版，第5301頁。

山人物志》均稱鄭壬為華原郡王之後，乃指鄭居中而言，而非鄭大中。

此外，張大復《崑山人物志》卷4亦有鄭壬、鄭文康父子之傳，稱「正統十三年，公舉禮部試，觀政大理未匝月，而居士有疾。聞京師，公馳之，不及舍。已又喪其母夫人」〔註46〕，據此可知鄭壬卒於正統十三年（1448）。此事亦載《（同治）蘇州府志》卷92《鄭文康傳》。〔註47〕《吳中人物志》將其歸為元人，誤。

17. 222頁「程元初」

按：《杜集敘錄》著錄程元初《杜詩緒箋》六卷，並據《（民國）歙縣志·藝文志》，羅列程元初著作共七種。實則程元初的著作，祁承㸁《澹生堂藏書目》、黃虞稷《千頃堂書目》、萬斯同《明史藝文志》、張廷玉《明史·藝文志》均有著錄，且有《（民國）歙縣志·藝文志》所未載者。計有《律呂音韻通括》十五卷、《戰國策編年輯遺》十二卷、《唐詩緒箋》二十九卷、《名賢詩指》十五卷。

另外，關於程元初的生平，《杜集敘錄》僅稱「程元初，字全元，歙縣（今屬安徽）人。餘不詳。」今檢朱彝尊《經義考》卷58「易」類著錄《周易韻叶》二卷，稱：「繆泳曰：新安程元初，字全之，精韻學，撰《周易韻叶》二卷，又作《季周書》，萬曆癸卯自序」〔註48〕。嵇璜《續文獻通考》卷160《經籍考》著錄《律古詞曲賦叶韻》十二卷，稱「元初字全之，歙縣人」〔註49〕。《四庫全書總目》卷44《小學類存目一》亦著錄《律古詞曲賦叶韻》，稱：「明程元初撰。元初字全之，歙縣人。是編成於萬曆甲寅，前有自序及凡例。」〔註50〕據此可知程元初，表字為全之。《杜集敘錄》稱其「字全元不知何據。癸卯為萬曆三十一年（1603）、甲寅為萬曆四十二年（1614），其存世時間大體可知。

本文僅就見聞所及，對《杜集敘錄》「明代編」中作家傳記的失誤和不

〔註46〕（明）張大復《崑山人物志》，《續修四庫全書》第541冊，上海古籍出版社1996年版，第593頁。

〔註47〕（清）馮桂芬等《同治蘇州府志》，《中國方志叢書》華中地方第5號，成文出版社1970年版，第2212頁。

〔註48〕（清）朱彝尊撰，林慶彰、蔣秋華、楊晉龍等點校《經義考新校》，上海古籍出版社2010年版，第1075頁。

〔註49〕（清）嵇璜等《欽定續文獻通考》，《景印文淵閣四庫全書》第630冊，臺灣商務印書館1986年版，第187頁。

〔註50〕（清）永瑢等撰《四庫全書總目》，中華書局1965年版，第386頁。

足進行了補正。通過考補辨誤，能夠使《杜集敘錄》的提要內容更加準確，以便發揮更大的學術價值。特別是，通過勾稽相關的墓誌銘、行狀，能夠有效地考訂出作家的生卒年，可以補充學界的闕漏。至於《杜集敘錄》中其他部分的內容，亦有可補之處，筆者尚在作進一步的研究。

《杜集敘錄》清代編作家傳記補正

摘　要

作為杜詩學文獻目錄的集大成者,《杜集敘錄》一書後出轉精,蜚聲學界。然而,由於多方面因素的制約,書中尚有不足之處。通過勾稽典籍,對「清代編」中的十九位作家的傳記加以補正,內容涉及到作家的生卒年、字號、生平行實、著述等方面。

關鍵詞:《杜集敘錄》;杜詩學;目錄學;清代作家

張忠綱、趙睿才、綦維、孫微主編的《杜集敘錄》一書,作為杜詩學書錄領域的晚出者,後出轉精。對著錄的每一部杜詩學著作均撰寫提要,予以介紹,充分體現了著錄完備、考訂精審的特性。對此,學界多有讚譽。

然而,由於涉及的時段較長,著錄的人物和書目較多,加之囿於資料的聞見,因此,《杜集敘錄》一書中也難免存有瑕疵。筆者曾就「明代編」的內容加以考訂,撰成《〈杜集敘錄〉明代編作家傳記補正》一文〔註1〕。就「清代編」而言,《杜集敘錄》共著錄 386 位學者的 413 部著作,涵蓋了有清一代的杜詩學典籍。而《杜集敘錄》在相關解題中,介紹作家生平著述時,既有訛誤,又有可以補充之處。茲就見聞所及,條舉十九人,加以補正。另外,清代杜詩學著述,尚有未被《杜集敘錄》收錄者,亦予以補充。

一、《杜集敘錄》清代編作家傳記補正

1. 284 頁「倪會宣」

按:《杜集敘錄》著錄倪會宣《杜詩獨斷》。稱其為「元璐子。明諸生,

〔註1〕 陳開林《〈杜集敘錄〉明代編作家傳記補正》,《寧夏大學學報》2017 年第 1 期,第 95～99 頁。

明亡不仕。著有《恒園集》。」〔註2〕今檢《兩浙輶軒續錄》卷一有其傳,稱「字爾猷,號恒園,上虞諸生。著《恒園詩文集》」〔註3〕,可知其字、號。喬曉軍編著《中國美術家人名辭典》(補遺一編)據《越風》錄傳,所載字號與此同。〔註4〕而孫微《清代杜詩學文獻考》未言其號,稱「字爾猶」〔註5〕,略有不同。

2. 301 頁「閔奕仕」

按:《杜集敘錄》著錄閔奕仕《李杜詩選》,稱:「字義行。天都(今安徽歙縣)人。生平事蹟不詳。」並據《李杜詩選》為康熙二十八年(1681)寫本,斷其為康熙時人。

今檢胡敬《西清札記》卷一著錄《唐人書諸葛亮〈出師表〉》絹本,載閔奕仕跋,文末題署為「康熙歲次乙丑東魯後裔閔奕仕重裝並志」〔註6〕。康熙乙丑為康熙二十四年(1685),《杜集敘錄》稱其為康熙時人,此可為旁證。然其自稱「東魯後裔」,與「天都人」之說不符。

另外,《孔尚任詩文集》中有多首詩、尺牘與閔義行有關,乃留贈、唱和之作。其中《漢銅尺記》一文,云「江都閔子義行,博雅好古,所藏銅尺一」〔註7〕,七律《暮春張筵署園北樓上大會詩人漢陽許漱石、泰州鄧孝威、黃仙裳、交三、上木、朱魯瞻、徐夔擴、山陰徐小韓、遂寧柳長在、錢塘徐浴咸、吳江徐丙文、江都閔義行、如皋冒青若、彭縣楊東子、休寧查秋山、海門成陟三、家樵嵐、琴士興化陸太丘、畫士武進李左民、泰州姜尺玉、琵琶客通州劉公寅。時閔義行代余治具各即席分賦》〔註8〕,均稱其為江都人。而《漢慮傂銅尺》又云「予使淮陽時,得之新安閔義行」〔註9〕,所載又異。其後,鄧之誠《骨董瑣記》卷六「虎虒銅尺」條,即據孔尚任的相關記載稱

〔註2〕張忠綱、趙睿才、綦維、孫微《杜集敘錄》,齊魯書社 2008 年版,第 284 頁。

〔註3〕(清)潘衍桐《兩浙輶軒續錄》,浙江古籍出版社 2014 年版,第 76 頁。

〔註4〕喬曉軍編著《中國美術家人名辭典》(補遺一編),三秦出版社 2007 年版,第 400 頁。

〔註5〕孫微《清代杜詩學文獻考》,鳳凰出版社 2007 年版,第 93 頁。

〔註6〕(清)胡敬《胡氏書畫考三種》,《續修四庫全書》第 1082 冊,上海古籍出版社 1996 年版,第 76 頁。

〔註7〕孔尚任《孔尚任詩文集》,中華書局 1962 年版,第 444 頁。

〔註8〕孔尚任《孔尚任詩文集》,中華書局 1962 年版,第 29 頁。

〔註9〕孔尚任《孔尚任詩文集》,中華書局 1962 年版,第 606 頁。

「江都閔義行，藏虎虎虎銅尺」〔註10〕。

關於閔奕仕的生平，汪世清《藝苑疑年叢談》曾有考訂。稱「字義行，號影嵐，江南徽州府歙縣岩鎮人」，可知其別號。又稱「父名敘，字鶴腮，占籍江都，順治乙未（1655年）進士，官廣西提學，工詩，見《民國歙縣志》卷一〇《人物志·詩林》。奕仕為敘的長子，與弟奕佑、奕佐生長揚州，康熙中均以詩名於江淮間。」據此，知閔奕仕為歙縣人，但長於揚州。孔尚任既稱其江都人，又稱其新安人，則不難理解。「奕仕著《載雲舫集》10 卷，康熙甲子精刊，今尚有一部藏國家圖書館」，柯愈春《清人詩文集總目提要》失載。《藝苑疑年叢談》又據查士標《種書堂遺稿》卷二《哭閔影嵐》詩「癸酉十月閔子死」、費錫璜《道貫堂文集》卷四《閔義行先生誄辭》「春秋五十有四，康熙癸酉十月廿七日卒」之記載，推知閔奕仕生於明崇禎十三年庚辰（1640），卒於清康熙三十二年（1693），可謂精審〔註11〕。

《孔尚任詩文集》有七律《紀夢》，序云「五月二十五夜，夢亡友吳鏡庵、閔義行、喬東湖，又二友貌熟而忘其姓……」〔註12〕，詩作於戊子年，即康熙四十七年（1708），足見二人之交誼。

3. 305 頁「王余高」

按：《杜集敘錄》著錄王余高《退庵集杜詩》、《退庵北徵集杜》。檢《乾隆蕭山縣志》卷二五《人物三》有傳，云：「王余高，字自牧。能詩，喜集工部句。有《退庵集杜》、《退庵北遊集杜》二刻。」〔註13〕《兩浙輶軒錄》卷三，載其「字自牧，號退菴，蕭山人。全高弟。著《退菴集杜》、《北遊集杜》、《退菴詩稿》」〔註14〕。書名俱作「北征」，而《杜集敘錄》作「北遊」，略有不同。

4. 375 頁「張為儀」

按：《杜集敘錄》著錄張為儀《讀杜隨筆》，稱其「字耳儀，號存中」。檢法式善《清秘述聞》卷十二，載「張為儀，字存中，浙江海寧人。雍正癸

〔註10〕鄧之誠《骨董瑣記》，上海書店出版社 1996 年版，第 166 頁。

〔註11〕汪世清編著《藝苑疑年叢談》，紫禁城出版社 2002 年版，第 205 頁。

〔註12〕孔尚任《孔尚任詩文集》，中華書局 1962 年版，第 354 頁。

〔註13〕黃鈺《乾隆蕭山縣志》，杭州市蕭山區人民政府地方志辦公室編《明清蕭山縣志》，上海遠東出版社 2012 年版，第 902 頁。

〔註14〕（清）阮元、楊秉初輯《兩浙輶軒錄》，浙江古籍出版社 2012 年版，第 244 頁。

丑進士，乾隆九年以編修任」〔註15〕。同書卷十五又載「編修張為儀，字可儀，浙江海寧人。癸丑進士」〔註16〕。前後所載不同。

又檢《兩浙輶軒錄》卷十九，錄其詩四首，傳云：

> 張為儀，字可堂，號存中。海寧人。思問子。雍正癸丑進士，官編修。著《寓庸堂集》。

> 俞寶華曰：為儀視學雲南，卒於道。大學士陳世倌嘗謂人曰：「自諸生以至仕宦，不改故常者，吾所見唯此人而已。」〔註17〕

所載張為儀字號又不同。

《海寧州志稿》卷二九《人物志‧文苑》傳云：「張為儀，字可儀，號存中。……丙午領鄉薦，癸丑捷南宮。讀書中秘，丙辰授職編修，充一統志館纂修官……所著有寓庸堂集若干卷。」〔註18〕排比諸說，《海寧州志稿》當屬實。《杜集敘錄》「字耳儀」、《兩浙輶軒錄》「字可堂」似不確。〔註19〕

5.436 頁「俞希哲」

按：《杜集敘錄》著錄俞希哲《杜詩臆說》，稱其「字天木，一字子興，號秋江」。檢佚名《吳江縣志續稿》卷五《文學》有其傳，云：

> 俞希哲，字天木，一字子與，號秋心，鞏令韓子。縣學生。有《子與遺稿》。顧樊渠云：子與性恬冷，與俗人群終日無一言。每當深湛之思，輒闔戶捐食息，家人罕覯。其老屋頹敗，儼居龐湖之干，浩然有終焉之志。所著有《毛詩私箋》、《文選補注》、《杜詩臆說》，俱未成，惟《古詩疏解》在耳。

> 袁樸村云：秋心為人沉靜。讀書務自得，不尚浮名，惟日肆力韻語。觀其《論詩》諸作，知於此道中，固三折肱矣。〔註20〕

〔註15〕 （清）法式善《清秘述聞》，中華書局，1982 年版，第 379 頁。
〔註16〕 （清）法式善《清秘述聞》，中華書局，1982 年版，第 450 頁。
〔註17〕 （清）阮元、楊秉初輯《兩浙輶軒錄》，浙江古籍出版社 2012 年版，第 1324 頁。
〔註18〕 許傅霈等原纂，朱錫恩等續纂《海寧州志稿》，《中國方志叢書》華中地方第 562 號，成文出版社 198 年版，第 3392 頁。
〔註19〕 《重修浙江通志稿‧著述考》著錄《寓庸堂集》，稱：「無卷數。清‧沈為宜撰。案：為宜，字存中，海寧人。官翰林編修。此書載《杭志‧藝文》。」書名、名、字、里貫、官職均與此處張為宜相同，疑《重修浙江通志稿》所載乃張為宜，而誤作沈為宜。浙江省通志館編《重修浙江通志稿》，方志出版社 2010 年版，第 4552 頁。
〔註20〕 佚名《吳江縣志續稿》，吳江市檔案局編《道光吳江縣志彙編》，廣陵書社 2010

另外，《同治蘇州府志》卷一〇六《人物三十三》亦有其傳，載：

> 俞希哲，字天木，同里人。父韓，雍正癸卯進士，鞏縣知縣。
>
> 希哲少孤，性恬淡，讀書務自得，肆力韻語。每有深湛之思，輒闔
>
> 戶寂處。補諸生。年未四十卒。〔註21〕

同書卷一三八《藝文三》著錄其《古詩疏解》、《豆亭詩稿》、《子與遺稿》。〔註22〕

據此，《吳江縣志續稿》、《同治蘇州府志》均稱俞希哲有《子與遺稿》。「與」、「興」，繁體字形相近。《杜集敘錄》稱其「字子興」，當時因形近而致訛。

另外，江慶柏《清代人物生卒年表》，據顧列星《苦雨堂集》所錄序、傳，考定俞希哲其生卒年為 1721～1747〔註23〕，年僅 27 歲。然稱其字子與，號天木，所載又異。

6.436「邵廣鈞」

按：江慶柏《清代人物生卒年表》據邵淵耀《小石城山房文集》所錄《邵廣鈞傳》，知其生卒年為 1764～1829，別號晴初〔註24〕，可補《杜集敘錄》之闕。

《杜集敘錄》著錄邵廣鈞《杜蘇年譜》，云「疑為杜甫與蘇軾的合譜，《常熟縣志・藝文志》著錄，稱是譜載《小石山房文集》」。對此，蔡錦芳有考辨，稱「《小石山房文集》，今只見偃師人武億（1745～1799）所撰，僅一卷。縣志所云，當非指此。疑此譜已佚。」〔註25〕搜檢邵淵耀的著述，柯愈春《清人詩文集總目提要》卷四十著錄有《小石城山房文集》二卷、《繭絲集》二卷、《金粟山樓詩集》二十卷〔註26〕。因《小石城山房文集》有《邵廣鈞傳》，故《杜集敘錄》所云《小石山房文集》，或恐乃《小石城山房文集》之誤。

年版，第 46 頁。

〔註21〕（清）李銘皖、譚鈞培修，馮桂芬纂《同治蘇州府志》第三冊，《中國地方志集成》江蘇府縣志輯 10，江蘇古籍出版社 1991 年版，第 707 頁。

〔註22〕（清）李銘皖、譚鈞培修，馮桂芬纂《同治蘇州府志》第四冊，《中國地方志集成》江蘇府縣志輯 10，江蘇古籍出版社 1991 年版，第 556 頁。

〔註23〕江慶柏《清代人物生卒年表》，人民文學出版社 2005 年版，第 575、頁。

〔註24〕江慶柏《清代人物生卒年表》，人民文學出版社 2005 年版，第 466 頁。

〔註25〕蔡錦芳《杜詩學史與地域文化》，浙江大學出版社 2015 年版，第 40 頁。

〔註26〕柯愈春《清人詩文集總目提要》，北京古籍出版社 2001 年版，第 466 頁。

7. 437 頁「檀自蔭」

按：《杜集敘錄》據《（光緒）重修安徽通志》錄其「《杜詩考證》」，今檢該書卷二二三有傳：

> 檀自蔭，字玩青，望江舉人。官靖江教諭，以艱歸，起補句容教諭。生平精於三禮，著有《周官考》。《文選》、杜詩、韓文，有考證。又有《韋菴集》若干卷。卒年八十六。〔註27〕

其著述，同書卷三三六著錄《周官考》〔註28〕，卷三四六著錄《杜詩考證》〔註29〕、《韓文考證》〔註30〕。

8. 452 頁「韓厥田」

按：《杜集敘錄》稱《（光緒）山東通志・人物志》有其傳。檢成瓘《（道光）濟南府志》卷五四《人物十》亦有其傳，稱：

> 韓厥田，字禹甸，號望垣，庚長子。嘉慶辛酉進士，授利川令。地瘠民悍，當川匪滋事，亡命嘯眾。甫蒞任，獲二十餘人，地方遂靖。悉除積弊，案牘餘暇，與諸生論文。邑舊無科第，癸酉登賢書一人，旋捷南宮，咸謂化導之力。歲旱，禱於龍洞，雨大注。洞在山半，水深數丈，瀦而不流，邑人障以灌田，種稻數十頃，士民以為至誠所感。二十三年淫雨壞稼，稟請上憲，勸富民捐賑，給區旌門，全活數萬，移疾歸。〔註31〕

據此可補其號，且其政績亦可窺見一斑。

9. 455 頁「江紹蓮」

按：《杜集敘錄》著錄江紹蓮《杜詩精義》，小傳據《（民國）歙縣志》中的《人物志》、《藝文志》而成。許承堯《歙事閒譚》卷十三亦有其傳〔註32〕，

〔註27〕（清）沈葆楨、吳坤修等修，何紹基、楊沂孫等纂《（光緒）重修安徽通志》，《續修四庫全書》第653冊，上海古籍出版社1996年版，第787頁。

〔註28〕（清）沈葆楨、吳坤修等修，何紹基、楊沂孫等纂《（光緒）重修安徽通志》，《續修四庫全書》第655冊，上海古籍出版社1996年版，第481頁。

〔註29〕（清）沈葆楨、吳坤修等修，何紹基、楊沂孫等纂《（光緒）重修安徽通志》，《續修四庫全書》第655冊，上海古籍出版社1996年版，第553頁。

〔註30〕（清）沈葆楨、吳坤修等修，何紹基、楊沂孫等纂《（光緒）重修安徽通志》，《續修四庫全書》第655冊，上海古籍出版社1996年版，第553頁。

〔註31〕（清）成瓘《（道光）濟南府志》第三冊，《中國地方志集成》山東府縣志輯3，江蘇古籍出版社1991年版，第33頁。

〔註32〕許承堯《歙事閒譚》，黃山書社2001年版，第449頁。

與此所載近同。

檢柯愈春《清人詩文集總目提要》卷三二著錄江紹蓮《梅賓詩鈔》，稱其「號梅賓」、其父為江登雲〔註33〕，均可補《杜集敘錄》之缺。而《廣虞初新志》卷十三有《奇女子》，卷二三有《鎮海將軍》，二文均署名「江紹蓮戾聯」。柯愈春編纂《說海》，收錄《廣虞初新志》，於《奇女子》篇加腳注云：「江紹蓮，清代詩人。字戾聯，一作依濂，號梅賓，安徽歙縣人。登雲子。嘉夷十六年（1811年）成進士，年已七十餘，官國子監學正。著《梅賓詩鈔》，今存。」〔註34〕據此，又可知江紹蓮表字戾聯。

10. 464 頁「汪逢堯」

按：《杜集敘錄》著錄汪逢堯《李杜存真》，傳稱「年七十三卒」、「生平事蹟見《重輯張堰志》」。實則張鑒《冬青館集乙集》卷八有《儒學訓導汪君墓誌銘》，記其生平頗詳。文稱「君以乾隆二十三年正月己丑生，於道光十年七月己卯卒」〔註35〕，可知汪逢堯生於 1758 年正月初二日，卒於 1830 年七月二十四日。

11. 485 頁「周天麟」

按：《杜集敘錄》未言周天麟的生卒年。對此，學界言論不一。梁淑安主編《中國文學家大辭典·近代卷》稱其生卒年不詳〔註36〕，江慶柏《清代人物生卒年表》據周恩綬《享帚齋集》所載周天麟序稱周天麟生於 1832 年〔註37〕，孫克強、楊傳慶、裴哲編著《清人詞話》稱周天麟生於 1834 年〔註38〕。

檢中國第一歷史檔案館藏《清代官員履歷檔案全編》第 3 冊，收有周天麟光緒六年（1880）履歷一份，載其仕宦經歷頗詳，迻錄如下：

> 周天麟現年四十七歲，係江蘇丹徒縣人，由監生報捐主事，咸豐六年簽分戶部山西司行走，九年八月學習期滿。同治元年改捐直隸州知州，分髮指省山西試用。六年十一月因調赴江北大營當差，迭次勤

〔註33〕柯愈春《清人詩文集總目提要》，北京古籍出版社 2001 年版，第 859 頁。

〔註34〕柯愈春編纂《說海》，人民日報出版社 1997 年版，第 1170 頁。

〔註35〕（清）張鑒《冬青館集乙集》，《續修四庫全書》第 1492 冊，上海古籍出版社 1996 年版，第 196 頁。

〔註36〕梁淑安主編《中國文學家大辭典》（近代卷），中華書局 1997 年版，第 290 頁。

〔註37〕江慶柏《清代人物生卒年表》，人民文學出版社 2005 年版，第 505 頁。

〔註38〕孫克強、楊傳慶、裴哲編著《清人詞話》，南開大學出版社 2012 年版，第 1793 頁。

辦阜寧海匪出力，經前任漕河總督張之萬等保奏，奉旨俟到省後，歸候補班前先補用。七年三月因勦平賴逆江北肅清案內出力，經張之萬等保奏，奉旨賞加知府銜，並賞戴花翎。九年四月請諮赴部，十二月領照到省。十一年十二月署理隰州直隸州知州。十二年八月署理解州直隸州知州。十二月因河防出力，經前任山西巡撫鮑源深保奏，俟補缺後以知府用，吏部覆准，奏覆。十三年十一月題補保德直隸州知州，吏部覆准，奏覆。光緒元年十一月到任，三年二月因病呈請開缺。七月起病諮部覆准，經山西巡撫曾國荃箚委賑捐局當差，並會辦籌餉局。四年三月因上年隨同樹軍搜勦晉邊包頭郵匪馬賊出力，經曾國荃保奏，請免其坐補，以知府仍留原省補用，吏部議奏改獎俟坐補原缺後，以知府仍留原省補用。十月後，經曾國荃奏請，俟坐補原缺離任歸知府班後，並加鹽運使銜，吏部覆准，奏覆。當即捐免坐補，並捐離任，仍以知府候補。五年八月因頻年接運賑糧終始出力，經曾國荃保奏，俟補缺後以道員用，吏部議准，奏覆。六年三月到京。四月初十日經吏部奏准，捐免坐補原缺。二十五日經欽派王大臣驗放，二十六日覆奏，堪以照例用。奉旨依議。〔註39〕

光緒六年，周天麟為四十七歲，據此可推其生年為 1834 年。其仕宦經歷亦大略可知。

關於周天麟的卒年，《清代人物生卒年表》、《清人詞話》均不載。民國學人郭則沄（1882～1946）曾著《洞靈小志》八卷、《洞靈續志》八卷、《洞靈補志》一卷，乃志怪小說集。周作人曾觀覽此書，並撰有書跋，稱「喜其記述大方，又多涉及近人，故頗有興味」〔註40〕。今檢《洞靈補志》，中有《周天麟》一篇，稱其「年七十餘乃卒」〔註41〕。《洞靈補志》雖為小說家之言，因關涉時人時事，當有所依據，非全出於臆造。據之，則周天麟的卒年當在光緒二十九年（1903）之後。

12.490 頁「彭應珠」

按：《杜集敘錄》著錄彭應珠《杜韓詩文選注》十卷，小傳稱其「清黎

〔註39〕秦國經主編《清代官員履歷檔案全編》第 3 冊，華東師範大學出版社 1997 年版，第 743 頁。

〔註40〕周作人《知堂書話》，海南出版社 1997 年版，第 525 頁。

〔註41〕郭則沄《洞靈補志》東方出版社 2010 年版，第 369 頁。

平（今屬貴州）人。約生活於同治時期」，所言甚為簡略。實則《貴州通志》（人物志）、《中國美術家人名辭典》（補遺二編）、《貴州近現代人物資料續集》均載有其傳。其中，《貴州通志》（人物志）迻錄了《黎平府志》、《黔詩紀略後編》、其友人黃卓元所作《傳》的相關內容。據之，可知彭應珠〔註42〕，字真崖。同治八年（1869）舉人。主講黎陽書院，課士有聲。〔註43〕

關於彭應珠的生平著述，柯愈春《清人詩文集總目提要》卷五十著錄其《景湘堂吟草》一卷〔註44〕。檢《貴州通志》（藝文志），著錄其作品多部，小學類有《華嚴字母淺說》一卷〔註45〕、子部有《讀子輯要》四卷〔註46〕、集部有《景湘堂文集》四卷、《詩集》一卷〔註47〕。其中，《景湘堂詩集》當即《景湘堂吟草》，二者同書異名。

13. 490 頁「徐士燕」

按：《杜集敘錄》據《（光緒）泰興縣志·藝文志》著錄徐士燕《讀杜質疑》。小傳稱其「字谷生。清泰興（今屬江蘇）人」。今檢喬曉軍編著《中國美術家人名辭典》（補遺一編）有其傳，稱：「徐士燕（1819～1871）〔註48〕，字谷蓀，號谷生，一作谷孫。嘉興人。庠生。同柏子。有《養全居稿》、《性禾善米軒印稿》。《竹里詩萃》云：善摹鐘鼎文字，兼工篆刻。」〔註49〕而其父徐同柏（1775～1854），「字壽藏，號籀莊，自號少孺；初名大椿，寧春甫。浙江海鹽人。」〔註50〕海鹽隸屬於嘉興，可知徐士燕實乃嘉興人。《杜集敘錄》稱其為「泰興人」，實因《（光緒）泰興縣志·藝文志》著錄其《讀杜質疑》而起。然而，沈津《書城挹翠錄》著錄稿本《性禾善米軒小草》，稱：

〔註42〕有書稱彭應珠的生卒年為 1832～1890 年，未知何據。參貴州歷代詩選編委員會編《貴州歷代詩選》（明清之部），貴陽人民出版社 1988 年版，第 395 頁；侯清泉《貴州近現代人物資料續集》（內部資料），《貴州近現代史料叢書》之七，2001 年版，第 262 頁。

〔註43〕馮楠總編《貴州通志》（人物志），貴州人民出版社 2001 年版，第 1102 頁。

〔註44〕柯愈春《清人詩文集總目提要》，北京古籍出版社 2001 年版，第 1740 頁。

〔註45〕黃永堂點校《貴州通志》（藝文志），貴州人民出版社 1989 年版，第 106 頁。

〔註46〕黃永堂點校《貴州通志》（藝文志），貴州人民出版社 1989 年版，第 509 頁。

〔註47〕黃永堂點校《貴州通志》（藝文志），貴州人民出版社 1989 年版，第 778 頁。

〔註48〕江慶柏《清代人物生卒年表》據《木雁之間吟草·戊午四十初度述懷》定徐士燕生年為 1819 年，卒年付之闕如。（人民文學出版社 2005 年版，第 643 頁。）

〔註49〕喬曉軍編著《中國美術家人名辭典》（補遺一編），三秦出版社 2007 年版，第 411 頁。

〔註50〕支偉成《清代樸學大師列傳》，嶽麓書社 1998 年版，第 274 頁。

徐士燕，《（光緒）嘉興縣志列傳》僅有十數字記載。《藝文》更略，只載士燕「《讀杜質疑》、《竹里述略》二種。〔註51〕

徐士燕《讀杜質疑》著錄於《（光緒）嘉興縣志·藝文志》，而非《（光緒）泰興縣志·藝文志》，亦可證其為浙江嘉興人。

由於「清代編」乃孫微先生編寫，此一訛誤乃沿襲其孫微《清代杜詩學史》第四章中「已散佚杜詩注本簡介」〔註52〕、《清代杜詩學文獻考》第四部分「同治、光緒、宣統卷散佚書目」〔註53〕而來。

其著述，除《杜集敘錄》所言之外，據柯愈春《清人詩文集總目提要》卷四六，可知尚有《武林紀遊》一卷、《新篁竹枝詞》一卷〔註54〕。此外，徐士燕還著有《歲貢士壽臧府君年譜》（又名《徐籀莊年譜》）一卷，有嘉業堂叢書本、古學彙刊本；〔註55〕《竹里述略》十二卷《附錄》一卷〔註56〕。

14.491頁「朱占科」

按：《杜集敘錄》著錄朱占科《杜詩集聯》，小傳未言字號，僅言里貫、仕宦、著述。檢《清代朱卷集成》第55冊於光緒癸未（光緒九年，1883）科會試載朱占科履歷，稱：「字炳青，號季巍。行五。道光甲辰年十二月十一日吉時生。江蘇淮安府廩貢生，試用訓導。山陽縣民籍。」〔註57〕可知其為光緒九年進士，生於道光甲辰，即道光二十四年（1844年）〔註58〕。

此外，中國第一歷史檔案館藏《清代官員履歷檔案全編》第7冊，收有朱占科履歷一份，載其仕宦經歷頗詳，迻錄如下：

朱占科，現年五十歲，係江蘇山陽縣人。由光緒九年癸未科進士，奉旨以主事用，簽分戶部。十三年奏留。十五年恭辦大婚典禮，保奏賞加四品銜。二十三年籌助湖北賑款，議敘花翎。二十七年奏補主事。二十八年題升員外郎。是年因隨辦事保奏，賞換三品頂戴。

〔註51〕沈津《書城挹翠錄》，上海社會科學院出版社1996年版，第373頁。
〔註52〕孫微《清代杜詩學史》，齊魯書社2004年版，第372頁。
〔註53〕孫微《清代杜詩學文獻考》，鳳凰出版社2007年版，第235頁。
〔註54〕柯愈春《清人詩文集總目提要》，北京古籍出版社2001年版，第1544頁。
〔註55〕王德毅編《中國歷代名人年譜總目》，華世出版社1979年版，第222頁。
〔註56〕陳心蓉《嘉興刻書史》，黃山書社2013年版，第520頁。
〔註57〕顧廷龍主編《清代朱卷集成》第55冊，成文出版社1992年版，第217頁。
〔註58〕江慶柏《清代人物生卒年表》據《光緒九年癸未科會試同年齒錄》定朱占科生年為1845年，並注云：「朱占科生於道光二十四年十二月十一日，公曆為1945年1月19日。」（人民文學出版社2005年版，第147頁。）

現充湖廣司正主稿、北檔房總辦、則例館編修，並經理緞疋庫捐納

房各事宜。二十九年京察一等，經吏部帶領引見，奉旨准其一等加

一級，交軍機處記名，以道府用。〔註59〕

此為光緒二十九年（1903）履歷，據「現年五十歲」，可推其生年為咸豐四年（甲寅，1854），較《清代朱卷集成》所載晚十年，當係虛報，乃當時科場通例。光緒三十年，朱占科出任雲南順寧知府。其授官、赴任時間，武新立《明清稀見史籍敍錄》所載較為詳盡。〔註60〕《杜集敍錄》著錄其著作有《滇遊紀程》、《適適居士詩鈔》外，尚有《西行紀程》、《猛緬勘界紀程》一卷等。

15.491 頁「朱魯岑」

按：《杜集敍錄》據《光緒湖南通志》著錄朱魯岑《杜少陵七言律選》，小傳僅言「清人，生平事蹟不詳。」

實則蕭穆《敬孚類稿》卷十一有《朱魯岑先生墓誌銘》，知其「名道文，字魯岑」，生於乾隆乙巳年（乾隆五十年，1785）正月初八日，卒於咸豐丁巳年（咸豐七年，1857）十月二十八日。並稱其「少好老莊之書，論學則以濂洛為宗，兼取金溪姚江，不執一隅之見。生平所著，於《詩》於《易》俱有成書，詩文數十卷，城陷盡失。」蕭穆曾裒集其遺文，編為十卷。〔註61〕

而方宗誠《柏堂集次編》卷七《朱魯存先生傳》，不言其生年，「咸豐七年十月二十九日先生卒」〔註62〕，與蕭穆所記相差一日。同書卷一有《朱魯存先生遺集序》、《桐城文錄序》，稱「蓋其為學，務發天真之氣，有陶淵明、邵康節之餘風。雖好古愛文，特以遊其心而不以為心累也」〔註63〕，「植之先生同時友，又有朱魯岑先生。志識高邁，學行文章，獨往獨來，雖不盡合義法，而奇氣精理，過人遠矣」〔註64〕，於其人其文亦有評論。

〔註59〕秦國經主編《清代官員履歷檔案全編》第 7 冊，華東師範大學出版社 1997 年版，第 199 頁。

〔註60〕武新立《明清稀見史籍敍錄》，金陵書畫社 1983 年版，第 74 頁。

〔註61〕（清）蕭穆《敬孚類稿》，黃山書社 1992 年版，第 300～301 頁。

〔註62〕（清）方宗誠《柏堂集次編》，《清代詩文集彙編》第 672 冊，上海古籍出版社 2010 年版，第 178 頁。

〔註63〕（清）方宗誠《柏堂集次編》，《清代詩文集彙編》第 672 冊，上海古籍出版社 2010 年版，第 140 頁。

〔註64〕（清）方宗誠《柏堂集次編》，《清代詩文集彙編》第 672 冊，上海古籍出版社 2010 年版，第 143 頁。

此外，《清史列傳》卷六七《儒林上二》〔註65〕、馬其昶《桐城耆舊傳》卷十一〔註66〕均有其傳。舒燾《與朱魯岑先生書》，「自丁未道出桐城，不見吾師又三年矣」〔註67〕，可知舒燾乃朱魯岑弟子。

16. 492 頁「溫其訓」

按：《杜集敘錄》據《光緒湖南通志》著錄溫其訓《杜詩箋注》，見卷二五八《藝文志十四》。今檢同書，尚著錄有溫其訓其他作品，卷二四六《藝文志二》有《孟子文評》〔註68〕、卷二五六《藝文志十二》有《望麓軒集》、《瘧吟》〔註69〕。此外，卷二五四《藝文志十》著錄益陽郭都賢《些庵詩鈔》十五卷，並稱「中有乾隆五年溫其訓所為外傳，稱公之詩古文甚多，有《正庵全集》、《撫江疏稿》、《補山堂十種》，大抵皆有其篇目，而未付剞劂，今皆不復見其全。余搜集公之詩得數十種，頗可為公之年譜」〔註70〕。乾隆五年為 1740 年，溫其訓的存世時間大體可知。

17. 492 頁「戴宏閶」

按：《杜集敘錄》據《（光緒）重修安徽通志》著錄戴宏閶《杜律分注》，見卷三四六。今檢同書卷二二三，載「戴宏閶，庠生。著《紀元備考》、《杜律分注》及《感遇詩》、《清溪集》。」〔註71〕

何偉成主編《樅陽風雅》據徐璈（1779～1841）《桐舊集》錄戴宏閶《感遇》詩一首，稱戴宏閶「字式其。崇禎（1628～1643）間諸生。有《清溪集》。」〔註72〕可知其表字。

方文（1612～1669）《嵞山集》卷四有《荻港遇戴式其》詩，云：「城居雖比屋，同載更相親。細語窮通理，交憐憂患身。天低鴻有字，江暝樹如人。野泊依漁榜，蒼茫少四隣。」〔註73〕此戴式其當即戴宏閶，可知二人有交誼。

〔註65〕佚名《清史列傳》，中華書局 1987 年版，第 5429 頁。

〔註66〕馬其昶《桐城耆舊傳》，黃山書社 1990 年版，第 420 頁。

〔註67〕任清編選《唐宋明清文集》第 2 輯清人文集，天津古籍出版社 2000 年版，第 1804 頁。

〔註68〕（清）李瀚章、裕祿等編纂《光緒湖南通志》，嶽麓書社 2009 年版，第 4962 頁。

〔註69〕（清）李瀚章、裕祿等編纂《光緒湖南通志》，嶽麓書社 2009 年版，第 5096 頁。

〔註70〕（清）李瀚章、裕祿等編纂《光緒湖南通志》，嶽麓書社 2009 年版，第 5234 頁。

〔註71〕（清）沈葆楨、吳坤修等修，何紹基、楊沂孫等纂《（光緒）重修安徽通志》，《續修四庫全書》第 655 冊，上海古籍出版社 1996 年版，第 792 頁。

〔註72〕何偉成主編《樅陽風雅》，安徽人民出版社 2006 年版，第 189 頁。

〔註73〕（清）方文《嵞山集》，《續修四庫全書》第 1400 冊，上海古籍出版社 1996 年

18. 493 頁「黎棟」

按：《杜集敘錄》著錄黎棟《杜詩輯注》，小傳稱其為「清寧化（今屬福建）人。生平事蹟不詳。」今檢黎景曾、黃宗憲修纂《民國寧化縣志》，卷十三《藝文志》著錄其《池上集》二卷、《杜詩輯注》〔註74〕。卷十五《文苑傳》有其傳：

> 黎棟，字於鄭。性嗜詩，弱冠即以詩名。著有《池上集》、《泛吳草》行世，又著有《杜詩輯注》，未梓行。嘗與雷貫一友善，其贈詩有：「貧老人多棄，君能下草廬。牆雖無過酒，架幸有殘書」之句。嘗為李元仲所推許，其評詞有「真摯沉痛，競自名家」之語。南昌彭士望、長汀黎士宏，尤為推重云。〔註75〕

此傳中諸人可略加考釋。雷貫一即雷鋐（1697～1760），字貫一，號翠庭，福建寧化人。雍正癸卯進士。師事方苞。著有《經笥堂文鈔》、《翠庭詩集》等。傳見《清史稿》卷二九〇、劉聲木《桐城文學淵源考》卷二。此外，《碑集傳》卷三十載有彭啟豐《通奉大夫都察院左副都御使加二級雷公鋐墓誌銘》、朱仕琇《察院左副都御使雷公鋐墓誌銘》、沈廷芳《累副憲傳》、陰承方《都察院左副都御雷公行狀》，記其生平甚詳。

李元仲即李世熊（1602～1686），字元仲，自號寒支子，學界稱檀河先生。福建寧化人。著有《寒支集》、《錢神志》20卷、《經正錄》3卷、《寧化縣志》7卷等。傳見全祖望《李元仲別傳》、李元度《李元仲先生事略》、魏禮《李君世熊墓誌銘》、藍鼎元《寒支先生傳》、國朝耆獻類徵初編卷475《隱逸》。另有黎士宏所撰《墓表》。

彭士望（1610～1683），字躬庵，一字樹廬，又字達生，號晦農，南昌縣人。「易堂九子」之一。著有《手評通鑒》294卷、《春秋五傳》41卷等。傳見陸麟書《彭先生士望傳》、《國朝先正事略》卷三七。

黎士宏（1619～1697）〔註76〕，字媿曾，汀州長汀人。李世熊入室弟子。順治甲午（十一年，1654年）舉人。著有《託素齋文集》6卷、《詩集》3卷。

版，第56頁。

〔註74〕黎景曾、黃宗憲修纂《民國寧化縣志》，廈門大學出版社2009年版，第509頁。

〔註75〕黎景曾、黃宗憲修纂《民國寧化縣志》，廈門大學出版社2009年版，第580頁。

〔註76〕江慶柏《清代人物生卒年表》據《託素齋文集》附載黎文遠所撰《行述》定黎士宏生卒年，並注云：「黎士宏生於萬曆四十六年十二月初八日，公曆為1619年1月23日。」（人民文學出版社2005年版，第82頁。）

傳見《清史稿》卷二八五。陳壽祺《黎士宏傳》、鄭方坤《黎媿曾小傳》，載《碑集傳》卷八一。

　　19.494頁「徐勤右」

　　按：《杜集敘錄》著錄徐勤右《杜律蒙求》，小傳稱「清人。生平事蹟不詳。」

　　檢《中國古代詩文名著提要》（詩文評卷）著錄徐文弼《詩法度針三集》十卷，稱《同治南昌府志》卷四三《文苑傳》有其傳，並云：「徐文弼（1710？～？），字勤右，號蕙山，又號超廬居士，江西豐城人。乾隆六年（1741）舉人，歷官饒州府學教授，永川、伊陽知縣。著有《吏治懸鏡》、《萍遊近草》。」〔註77〕裘曰修《裘文達公文集》卷三有《徐勤右嶺海異紀詩序》，稱：「以《竹枝詞》一卷索訂，即《嶺南遊稿》也」〔註78〕，可知其著述。另外，《江西詩徵》卷七四、戴肇辰《學仕錄》卷十二亦有傳。

　　蔣士銓與徐文弼交好，故其集中多有提及。《忠雅堂詩集》卷二《答豐城徐蕙山用昌黎永貞行韻》〔註79〕、卷三《送徐勤右春試》〔註80〕，均作於乾隆庚午年，即乾隆十五年（1750）；卷十一《徐勤右畫三馬賜兒子知廉知節知讓曰收攝放心曰馴養神駿曰一鳴驚人意深厚矣乃題四詩卷尾使小子識之》〔註81〕，作於乾隆癸未，即乾隆二十八年（1763）。另外，詞集卷下《百字令·送徐蕙山宰永川夕》〔註82〕。

　　《杜集敘錄》稱「《杜律蒙求》，不分卷。該書為清木刻本，二冊。上冊選五律，下冊選七律。《成都杜甫紀念館館藏杜集目錄》著錄。」〔註83〕而《詩法度針三集》「中集卷二卷三為杜甫詩選，首列『論杜統體』、『論杜各

〔註77〕傅璇琮主編《中國古代詩文名著提要》（詩文評卷），河北教育出版社2009年版，第387頁。

〔註78〕（清）裘曰修《裘文達公文集》，《清代詩文集彙編》第332冊，上海古籍出版社2010年版，第397頁。

〔註79〕（清）蔣士銓著，邵海清校，李夢生箋《忠雅堂集校箋》，上海古籍出版社1993年版，第246頁。

〔註80〕（清）蔣士銓著，邵海清校，李夢生箋《忠雅堂集校箋》，上海古籍出版社1993年版，第270頁。

〔註81〕（清）蔣士銓著，邵海清校，李夢生箋《忠雅堂集校箋》，上海古籍出版社1993年版，第867頁。

〔註82〕（清）蔣士銓著，邵海清校，李夢生箋《忠雅堂集校箋》，上海古籍出版社1993年版，第1922頁。

〔註83〕張忠綱、趙睿才、綦維、孫微《杜集敘錄》，齊魯書社2008年版，第494頁。

體」、『論杜兼長』、『論杜句法』、『論杜字法』、『論讀杜法』，皆輯古人論杜
之語，後選杜詩，詩後有注、解、評、論」〔註84〕，卷二為「編杜五言律」，
卷三為「編杜七言律」，可知《杜律蒙求》即《詩法度針三集》之節本。

　　此外，清代尚有部分杜詩學書目，《杜集敘錄》失載，如戴家政《集杜》
一卷。柯愈春《清人詩文集總目提要》卷三九著錄戴家政《酉蜓詩集》八卷，
稱：

> 　　家政字子正，號有亭，又號酉蜓，雲南景東人。嘉慶二十一年
> 舉人，任湖南知縣。此集計分《五廬集》、《師山集》、《蟣庵集》、
> 《停雲集》、《勿自欺集》、《彈劍集》、《集杜》、《小石窗試帖》，集
> 各一卷，道光二十三年戴氏小石窗刻，北京大學圖書館藏。〔註85〕

　　又，《民國當塗縣志‧藝文志》著錄《杜律解》，稱「清陳醇儒著，見《通
志‧藝文》，佚。儒詳《藝術》」〔註86〕。檢同書《人物志》「藝術」類，有其
小傳，知其「字蔚宗，重蕃子」，有文名，工書法。〔註87〕

　　又，郭應元《杜律解》。《乾隆晉江縣志》卷十二《人物》之六文苑載郭
應元傳，稱「字景仁，康熙辛丑進士。……著有《四書解》、詩文集及《杜
律解》」〔註88〕。

　　又，裘曰修《裘文達公文集》卷三有《王覯亭注杜詩序》，稱：「又久之，
出一編見示，則覯亭先生所注杜詩五律也。」〔註89〕均可補《杜集敘錄》著
錄之闕。

　　另外，《杜集敘錄》所載內容亦有可補之處。如404頁著錄周春《杜詩雙
聲疊韻譜括略》八卷，稱卷前有乾隆五十四年（1789）自序、小記。檢趙翼《甌
北集》有《題周松靄杜詩雙聲疊韻譜括略》〔註90〕、秦瀛《小峴山人文集》卷

〔註84〕傅璇琮主編《中國古代詩文名著提要》（詩文評卷），河北教育出版社2009年
　　　　版，第387頁。
〔註85〕柯愈春《清人詩文集總目提要》，北京古籍出版社2001年版，第1177頁。
〔註86〕魯式谷等編《民國當塗縣志》，《中國地方志集成》安徽府縣志輯40：民國當
　　　　塗縣志（二），江蘇古籍出版社1998年版，第355頁。
〔註87〕魯式谷等編《民國當塗縣志》，《中國地方志集成》安徽府縣志輯40：民國當
　　　　塗縣志（二），江蘇古籍出版社1998年版，第99頁。
〔註88〕（清）方鼎等修，朱升元等纂《乾隆晉江縣志》，《中國方志叢書》第83號，
　　　　成文出版社1967年版，第349頁。
〔註89〕（清）裘曰修《裘文達公文集》，《清代詩文集彙編》第332冊，上海古籍出版
　　　　社2010年版，第395頁。
〔註90〕（清）趙翼《甌北集》，上海古籍出版社1997年版，第958頁。

三有《杜詩雙聲疊韻譜括略序》〔註91〕。而《杜詩雙聲疊韻譜括略》原名《杜詩雙聲疊韻譜》，盧文弨《抱經堂文集》〔註92〕、錢大昕《潛研堂文集》〔註93〕均有《杜詩雙聲疊韻譜序》。

　　通過爬梳文獻，對《杜集敘錄》清代部分略作補正，期於使其提要內容更加完備，便於有效的利用。然而，囿於聞見，尚有一些疑義未能解決，尚待進一步研究。

〔註91〕（清）秦瀛《小峴山人詩文集》，《清代詩文集彙編》第 407 冊，上海古籍出版社 2010 年版，第 491 頁。
〔註92〕（清）盧文弨《抱經堂文集》，中華書局 1990 年版，第 81～82 頁。
〔註93〕（清）錢大昕《潛研堂文集》，中華書局 2009 年版，第 427～428 頁。

下編：未刊稿

《廣博物志》卷一校證[註1]

內容提要

　　明代董斯張撰《廣博物志》五十卷，收入《四庫全書》。四庫館臣稱該書「搜羅既富，唐以前遺文墜簡，裒聚良多。在明代諸類書中，固猶為近古矣」，極富文獻價值。然迄今未見整理，相關研究亦不豐富。本書以明萬曆四十五年寶暉堂刻本為底本，以《四庫全書》本為參校本，施以現代標點，並進行文本的校勘工作。另外，該書也存在不足，四庫提要曾有抉發，稱：「其微引諸書，皆標列原名，綴於每條之末，體例較善，而中間亦有舛駁者。如《太平御覽》、《太平廣記》皆採摭古書，原名具在。乃斯張所引，凡出自二書者，往往但題《御覽》、《廣記》之名，而沒所由來，殊為不明根據。又圖經不言某州，地志不言某代，隨意剿掇，亦頗近於稗販。」針對這些問題，本書亦將使用史源學的方法，逐一覈檢原始文獻，加以甄別和補正。

廣博物志卷一　　隴西董斯張纂　　武陵楊　鶴訂

天道上　天　日　月

　　天道尚右，日月西移。地道尚左，水道東流。人道尚中，耳目役心。心有四佐，不和曰廢。地有五行，不通曰惡。天有四時，不時曰凶。天道曰祥，地道曰義，人道曰禮。《周書》。

【證】

[註1] 開林按：17（3）班楊燦燦、周歡同學曾撰《〈廣博物志〉卷二校證》、《〈廣博物志〉卷三校證》作為本科畢業論文。

按：語見《逸周書‧武順解第三十二》。

太初，氣之始也，生於酉仲，清濁未分也。太始，形之始也，生於戌仲。八月酉仲為太初，屬雄。九月戌仲為太始，屬雌。清者為精，濁者為形也。太素，質之始也，生於亥仲，已有素樸而未散也。三氣相接，至於子仲，剖判分離，輕清者上為天，重濁者下為地，中和為萬物。《詩緯》曰：「陽本為雄，陰本為雌，物本為蠢。雄雌但行三節而雄合物蠢，號曰太素也。三未分別，號曰渾淪。」○《廣雅》。

【證】

按：語見三國‧張揖《廣雅》卷九《釋天》。（明刻本）

天者何也？天之為言鎮也，居高理下，為人鎮也。地者，易也，言養萬物懷任，交易變化也。《白虎通》。

【證】

按：語見《白虎通德論》卷八《天地》。（四部叢刊景元大德覆宋監本）

天以不見為玄，地以不形為玄，人以心腹為玄。天奧西北，鬱化精也。地奧黃泉，隱魄榮也。人奧思慮，含至精也。《太玄經》。

【證】

按：語見漢‧揚雄《太玄經》卷十《太玄告第十五》。（四部叢刊景明翻宋本）

天有七星，地有七表。天有四維，地有四瀆。《河圖括地象》。

【證】

按：語見宋‧李昉《太平御覽》卷三十六《地部一》。（四部叢刊三編景宋本）先見唐‧徐堅《初學記》卷五《地部上》（清光緒孔氏三十三萬卷堂本），稱「《河圖》曰」。

天有精，地有形。天有八紀，地有五里〔一〕。《素問》。

【校】

〔一〕「里」，《素問》同，四庫本作「嶽」。

【證】

按：語見《素問‧陰陽應象大論篇第五》。（唐‧王冰《重廣補注黃帝內經素問》卷二，四部叢刊景明翻北宋本）

天以六，六為節。地以九，九制會。上。

【證】

按：語見《素問·六節藏象論篇第九》。（唐·王冰《重廣補注黃帝內經素問》卷三）

天道以九制，地理以八制，人道以六制。《管子》。

【證】

按：語見《管子》卷十四《五行第四十一·短語十五》。（四部叢刊景宋本）

天左舒而起牽牛，地右闢而起畢昴。《尸子》。

【證】

按：語見《尸子》卷下。（清平津館叢書本）

黃帝書曰：天在地外，水在天外，水浮天而載地者也。《隋書》。

【證】

按：語見唐·房玄齡《晉書》卷十一《天文上》。（清乾隆武英殿刻本）

天象蓋笠，地法覆盤〔一〕。《周髀》。

【校】

〔一〕「盤」，《素問》作「槃」。

【證】

按：語見《周髀算經》卷下。（四部叢刊景明刊本）

天青黑，地黃赤。天數之為笠也，青黑為表，丹黃為裏，以象天地之位。上。

【證】

按：語見《周髀算經》卷上。（四部叢刊景明刊本）

春為蒼天，夏為昊天，秋為旻天，冬為上天。《爾雅》。

【證】

按：語見《爾雅·釋天第八》。（四部叢刊景宋本）

臣覽《太始天元冊》文：丹天之氣，經於牛女戊分；黅天之氣，經於心尾己分；蒼天之氣，經於危室柳鬼；素天之氣，經於亢氐昴畢；玄

天之氣，經於張翼婁胃。所謂戊己分者，奎壁角軫，則天地之門戶也。《素問》。

【證】

按：語見《素問·五運行大論篇第六十七》。（唐·王冰《重廣補注黃帝內經素問》卷十九）

九天：一中天，二羨天，三從天，四更天，五睟天，六廓天，七咸天，八沈天，九成天。《太玄經》。

【證】

按：語見唐·張守節《史記正義》，漢·司馬遷《史記》卷二十八《封禪書第六》。（清乾隆武英殿刻本）

中央曰鈞天，其星角、亢、氐；東方曰蒼天，其星房、心、尾；東北曰變〔一〕天，其星箕、斗、牽牛；北方曰玄天，其星須女、虛、危、營室；西北方曰幽天，其星東壁、奎、婁；西方曰昊天，其星胃、昂、畢；西南方曰朱天，其星觜巂、參、東井；南方曰炎天，其星輿鬼、柳、七星；東南方曰陽天，其星張、翼、軫。《淮南子》。

【校】

〔一〕「變」，四庫本作「旻」。

【證】

按：語見《淮南鴻烈解》卷三《天文訓》。（四部叢刊景鈔北宋本）

【附】此語又見《呂氏春秋》第十三卷《有始覽》（四部叢刊景明刊本），文字略有不同，錄如下：

> 中央曰鈞天，其星角、亢、氐。東方曰蒼天，其星房、心、尾。東北曰變天，其星箕、斗、牽牛。北方曰玄天，其星婺女、虛、危、營室。西北曰幽天，其星東壁、奎、婁。西方曰顥天，其星胃、昂、畢。西南曰朱天，其星觜巂、參、東井。南方曰炎天，其星輿鬼、柳、七星。東南曰陽天，其星張、翼、軫。

天有十端：天、地、陰、陽、水、土、人、金、木、火凡十端。天亦有喜怒哀樂，與人相副，以類合之，天人一也。《春秋繁露》。

【證】

按：語見唐・歐陽詢《藝文類聚》卷一《天部上》。（清文淵閣四庫全書本）

【附】此非直錄原文。漢・董仲舒《春秋繁露》（清武英殿聚珍版叢書本）卷七《官制象天第二十四》：

何謂天之端？曰：天有十端，十端而止矣。天為一端，地為一端，陰為一端，陽為一端，火為一端，金為一端，木為一端，水為一端，土為一端，人為一端，凡十端而畢。

卷十二《陰陽義第四十九》：

天亦有喜怒之氣、哀樂之心，與人相副，以類合之，天人一也。

四時者，天之吏也。日月者，天之使也。星辰者，天之期也。虹蜺彗星者，天之忌也。《淮南子》。

【證】

按：語見《淮南鴻烈解》卷三《天文訓》。（四部叢刊景鈔北宋本）

天者誠，日其德也。日誠出誠入，南北有極，故莫弗以為法則。天者信，其月刑也〔一〕。月信死信生，終則有始，故莫弗以為政。天者明，星其稽也。列星不亂，各以序行，故大小莫弗以章。天者，因時其則也。四時當名代〔二〕而不干，故莫弗以為必然。天者，一法其同〔三〕也。前後左右，古今自如，故莫弗以為常。天誠、信、明、因、一，不為眾父易一〔四〕，故莫能與爭先。《鶡冠子》。

【校】

〔一〕「其月刑也」，四庫本作「月其期也」。

〔二〕「當名代」，《鶡冠子》同，四庫本作「常相代」。

〔三〕「同」，《鶡冠子》同，四庫本作「司」。

〔四〕「眾父易一」，《鶡冠子》同，四庫本作「眾人易德」。

【證】

按：語見《鶡冠子・王鈇第九》。（宋・陸佃《鶡冠子解》卷中，四部叢刊景明翻宋本）

保章氏：官屬，如馮相氏。○保官也，世守天文之變。掌天文，以志星辰日月之變動，天左轉，日月五星右行，故變動而無常。以觀天下之遷，天下災祥禍福之遷遇者，因可得而觀焉。辨其吉凶。以星土辨九州之地所封，星土，

星所主土也。封猶界也。**封域各有分星**，角、亢、氐，兗州。房、心，豫州。尾、箕，幽州。斗、牛、女，楊〔一〕州。虛、危，青州。室、壁，并州。奎、婁、胃，徐州。昴、畢，冀州。觜、參，益州。井、鬼，雍州。柳、星、張，三河。翼、軫，荊州。**以觀妖祥**。觀彗、孛、客星所犯，屬何分野，主何妖祥。**以十有二歲之相，觀天下之妖祥**。歲星在木，則火為相；在火則土為相，在土則金為相，在金則水為相，在水則木為相。五星順度為祥，流逆失度為妖。**以五雲之物，辨吉凶水旱**，雲有五色。以二分二至日觀之，青為蟲，**白為喪，赤為兵荒，黑為水，黃為豐**。**降豐荒之祲象**。降其祲象於國，使人預知而為備也。**以十有二風，察天地之和**，十二風者，風生於十二辰之位也。天地之氣，和而成風，和則無事。**命乖別之妖祥**。乖則異，別則離，此天地之不和而為妖祥也，故命之以告於人焉。**凡此五物者，以詔救政，訪敘〔二〕事**。謀訪天時所宜，次序其事。○《周禮》。

【校】

〔一〕「楊」，四庫本作「揚」。

〔二〕「敘」，《十三經注疏》本作「序」。

【證】

按：據注文知錄自宋·朱申《周禮句解》卷六《春官宗伯下》。（清文淵閣四庫全書本）

眡祲：官屬。如占夢。**掌十煇之法**，煇謂日之氣煇光也。**以觀妖祥，辨吉凶**。一曰祲，日旁有陰邪氣相侵犯也。二曰象，陰氣附日，凝結而成象也。三曰鑴，黑氣如鑴，刺於日也。四曰監，抱日之氣如冠珥也。五曰闇，方晝而暗也。六曰瞢，陰氣濛濛，日光瞢然也。七曰彌，白虹彌天，橫氣貫日也。八曰敘，片段成列，穿日有序也。九曰隮，蝃蝀升氣於日旁也。十曰想。祲氣以成形想也。○掌安宅敘降。正歲則行事，歲終則弊其事。上。

【證】

按：據注文知錄自宋·朱申《周禮句解》卷六《春官宗伯下》。（清文淵閣四庫全書本）

天地渾沌如雞子，盤古生其中。萬八千歲，天地開闢，盤古在其中，一日九變。神於天，聖於地。天日高一丈，地日厚一丈，盤古日長一丈。如此萬八千歲，天數極高，地數極深，盤古極長。後乃有三皇。數

起於一，立於三，成於五，盛於七，處於九，故天去地九萬里。《三五曆紀〔一〕》。

【校】

〔一〕「紀」，《太平御覽》同，四庫本作「記」。

【證】

按：語見宋·李昉《太平御覽》卷二《天部二》（四部叢刊三編景宋本），稱「徐整《三五曆紀》曰」。

百世之後，地高天下，不風不雨，不寒不暑，民復食土，皆知其母，不知其父。如此千歲之後，而天可倚杵，洶洶莫知始終。《河圖挺佐輔》。

【證】

按：語見宋·李昉《太平御覽》卷二《天部二》、卷三十六《地部一》。（四部叢刊三編景宋本）

唐·徐堅《初學記》卷一《天部上》（清光緒孔氏三十三萬卷堂本）：「《河圖挺佐輔》曰：『百世之後，地高天下。如此千歲之後，而天可倚杵，洶洶莫知始終。』」

問云：「諸天衣服云何？」答曰：「如經說：六欲界六天中，皆服天衣，飛行自在。看之似衣，光色具足，不可以世間繒綵比之。色界諸天衣服雖號天衣，衣如非衣。其猶光明轉勝轉妙，不可名也。」《法苑珠林》。

【證】

按：語見唐·釋道世《法苑珠林》卷五《三界篇第二之二·諸天部·衣量》。（四部叢刊景明萬曆本）

忉利天衣重六銖，炎摩天衣重三銖，兜率陀天衣重一銖半，化樂天衣重一銖，他化自在天衣重半銖。

【證】

按：語見唐·釋道世《法苑珠林》卷五《三界篇第二之二·諸天部·衣量》（四部叢刊景明萬曆本），稱「《長阿含經》云」。

問曰：「諸天住處，其義云何？」答曰：「如《婆沙論》說：天雖有三十二，住處但有二十八重。以彼四空，絕離形報，故無別處，遍在欲色二界之中。但隨欲色二界眾生成就四空無色業者，隨大乘說有色也。

其二十八重者，謂須彌山根從地上升，去地四千由旬，繞山縱廣一萬由旬，是堅手天於中止。住復上升一倍，繞山八千由旬，是彼持華鬘天於中止住。復上一倍，繞山四千由旬，是彼常放逸天於中止住。復上一倍，繞山四千由旬，是彼日月星宿天於中止住。復上一倍，繞山四千由旬，是彼四天王天於中止住。其中由有七種金是四天王城，聚落悉在其中。復上升四萬由旬，至須彌山頂，縱廣四萬由旬。其中有喜見城，縱廣一萬由旬，面別有其千門，三十三天於中止住。即從此山升虛空四萬由旬，有處如雲，七寶所成，其猶大地，是炎摩天於中止住。復上一倍，有地如雲，七寶所成，是兜率陀天。復上一倍，有地如雲，七寶所成，是化樂天。復上一倍，有地如雲，七寶所成，是化自在天。如是乃至色界究竟天，皆悉有地如雲，七寶所成，相去皆倍。不煩具說。依《順正理論》云：三十三天迷盧山頂，其頂四面各二十千，若據周回數成八萬。有餘師說：面各八十千，與下際四邊，其量無別。山頂四角各有一峰，其高廣量各有五百。有藥乂神名金剛手，於中止住，守護諸天。於山頂中有宮名善見，面二千半，周萬踰繕那。金城量高一踰繕那半。其地平坦，亦真金所成，俱用百一襍寶嚴飾。地觸柔軟，如妬羅綿，於踐躡時隨足高下。是天帝釋所都大城。城有千門，嚴飾壯麗。門有五百青衣藥乂，勇健端嚴，長一踰繕那量，各嚴鎧仗，防守城門。於其城中，有殊勝殿，種種妙寶，具足莊嚴，映蔽天宮，故名殊勝。面二百五十踰繕那，周千踰繕那。是謂城中諸可愛事。城外四面四苑莊嚴，是彼諸天共遊戲處。一、眾車苑，謂此苑中隨天福力，種種車現。二、麤惡苑，天欲戰時，隨其所須甲仗等現。三、襍林苑，諸天入中所玩皆同，俱生勝喜。四、喜林院，極妙欲塵襍類俱臻，歷觀無厭。如是四苑，形皆異方，方〔一〕周千踰繕那量。居各有一如意池，池〔二〕面各五十踰繕那量，各〔三〕功德水彌滿其中。隨欲四苑，花鳥香林，莊飾業果，差別難可思議。天福城外西南角有大善法堂，三十三天時集辯論，制伏阿素洛等如法不如法事。《起世經》云：佛告比丘：以何因緣，諸天會處名善法堂？三十三天集會坐時，於中唯論微細善語深義，稱量觀察，皆是世間諸勝要法真寔正理。是以諸天稱為善法堂。又何因緣名波婁沙迦苑？隋言麤澁。三十三天王已入〔四〕，坐於賢及善賢二石之上，唯論世間麤惡不善戲謔之語，是故稱波婁沙迦。又何因緣名襍色車苑？

三十三天王入已，坐於褖色善褖色二石之上，唯論世間種種褖色相語言，是故稱為褖色車苑。又何因緣名褖亂苑？三十三天常以月八日、十四日、十五日，放其宮內一切采女入此園中，令與三十三天眾合褖嬉戲，不生障隔，恣其歡娛，愛〔五〕天五欲，具足功德，遊行愛樂，是故諸天共稱此園為褖亂苑。又何因緣彼天有園名為歡喜？三十三天王入其中已，坐於歡喜善歡喜二石之上，心愛〔六〕觀喜，復愛〔七〕極樂，是故諸天共稱彼園以為歡喜。又何因緣名波利夜怛邏拘毗陀羅樹？下〔八〕有天子住，名曰末多。日夜常以彼天種種五欲功德，具足和合，遊戲愛〔九〕樂。是故諸天遂稱彼樹以為波利夜怛邏拘毗陀羅樹。」

【校】

〔一〕「方」，《法苑珠林》作「一一」。

〔二〕「池」，《法苑珠林》無。

〔三〕「各」，《法苑珠林》作「八」。

〔四〕「已入」，《法苑珠林》作「入已」。

〔五〕「愛」，《法苑珠林》作「受」。

〔六〕「愛」，《法苑珠林》作「受」。

〔七〕「愛」，《法苑珠林》作「受」。

〔八〕「下」前，《法苑珠林》有「彼樹」。

〔九〕「愛」，《法苑珠林》作「受」。

【證】

按：語見唐·釋道世《法苑珠林》卷五《三界篇第二之二·諸天部·住處》。（四部叢刊景明萬曆本）

忉利天善見城，周圍四萬十千由旬，純金為城，城〔一〕圍繞高十由旬。城上埤堄高半由旬，門高二由旬，其外重門高一由旬半。十十由旬有一一門，城之四面為千門樓。是諸城門眾寶所成，種種摩尼之所嚴飾。於大城四分之一，中央金城，帝釋住處。十二由旬有二門，四面四百九十九門，復有一小門，凡五百門。是城形相亦衛四兵：柵塹、榭池、褖林、宮殿。作倡伎樂及諸外戲，種種寶藏，不可具述。是城中央寶樓重閣，名皮禪延多樓，長五百由旬，廣二百五十由旬，周圍一千五百由旬。其間四邊卻敵寶樓。東邊二十六所，三面各二十五所，凡一百

一所。一一卻敵方二由旬，周圍八由旬。其卻敵上復有寶樓，高半由旬，以為觀望。一一卻敵有七女天，一一女天有七采女。樓閣之內，有萬七百房室。一一房室有七天女，一一天女，采女亦七。其天女者，並是帝釋正妃。其外卻敵及內諸房，各四億九萬四千九百正妃，三十四億六萬四千三百采女。妃及采女合三十九萬億五萬九千二百。皮禪延多重閣最上當中央圍室，廣三十由旬，周圍九十由旬，高四十五由旬。是帝釋所住之處。並是琉璃所成，眾寶所〔二〕填。

【校】

〔一〕「城」，《法苑珠林》作「之所」。

〔二〕「所」，《法苑珠林》「厠」。

【證】

按：語見唐·釋道世《法苑珠林》卷第六《三界篇第二之三·諸天部之餘·莊飾》，稱「《立世阿毗曇論》云」。周叔迦、蘇晉仁校注《法苑珠林校注》稱「出《立世阿毗曇論》卷二《天住處品》」〔註2〕。

問曰：諸天僕乘云何？答曰：如經說云：如欲界六天有僕乘。僕謂僕從，乘謂騎乘。以六欲天皆有君臣妻妾尊卑上下，卑必從尊，下必隨上。乘者以六欲天皆有褸類畜生。諸天欲遊，隨意乘之。或乘象馬，或乘孔雀，或乘諸龍。若依《婆沙論》說：「忉利天已下具有象、馬、鳧雁、鴛鴦、孔雀、龍等。自炎摩天已上悉無象馬四足眾生。」惟有教放逸鳥、寔語鳥、赤水鳥等，訶責諸天，誡不放逸。問曰：若無象馬四足眾生，彼天欲遊，何所乘耶？答曰：即如論說，還自釋言：雖無象馬，諸天欲出，以福力故，即有象馬，隨心化起，任意所乘。乘竟化滅。此教放逸鳥等遍在六欲天，皆悉有之。常與諸天為師，訶責放逸。不唯炎摩已上偏獨有也。問曰：此鳥既是畜生，何得與天為師？答曰：如《正法念經》說：此鳥本為人時，於三天下教化之師。諸天本是所化眾生。由信愛〔一〕化故，布施持戒，今得生天。其鳥本為師時，名為利故，破戒，其心不寔，今作天鳥。然由教化徵善力故，今得生天。由本化師故，與諸天為師。若見諸天放逸，即來訶責，諸天見聞，各生慚愧，改

────────────

〔註2〕（唐）釋道世著；周叔迦、蘇晉仁校注《法苑珠林校注》，中華書局 2003 年版，第 80 頁。

不放逸。【並上。】

【校】

〔一〕「愛」，《法苑珠林》作「受」。

【證】

按：語見唐‧釋道世《法苑珠林》卷第六《三界篇第二之三‧諸天部之餘‧僕乘》。

三界之外次四民天，所謂東華、南離、西靈、北貢。行仁者生東華宮，行禮者生南離宮，行義者生西靈宮，行德者生北貢宮。言三界之內，大劫交時，有四行者堪為種民，王母迎之，登上四天，為下民種也。《四見論》。

【證】

按：語見唐‧釋法琳《辯正論》卷八《歷代相承篇第十一》。（大正新修大藏經本）又見明‧陳耀文《天中記》卷三十六《道》。（清文淵閣四庫全書本）

東方八天：太皇黃曾天，帝鬱繿玉明；太明王完天，帝須阿那田；清明何童天，帝元育齊景〔一〕；玄〔二〕胎平育天，帝劉度內鮮；元明文舉天，帝醜法輪；上明七曜摩夷天，帝恬憎延；虛無越衡天，帝正定光；太極蒙翳天，帝曲育九昌。南方八天：赤明和陽天，帝理禁上真；玄〔三〕明恭華天，帝空謠醜音；曜明宗飄天，帝重光明；竺落皇笳天，帝摩夷妙辯；虛明堂曜天，帝阿那〔四〕婁生；觀明端靖天，帝鬱密羅千；玄〔五〕明恭慶天，帝龍羅菩提；太煥極瑤天，帝宛黎無延。西方八天：元載孔昇天，帝開真定光；太安皇崖天，帝婆婁阿貪；顯定極風天，帝招真童；始皇孝芒天，帝薩羅婁王；太皇翁重浮容天，帝閔巴狂；無思江由天，帝明梵光；上揲阮樂天，帝勃勃監；無極曇誓天，帝飄弩穹隆。北方八天：皓庭霄度天，帝慧覺昏；淵通元洞天，帝梵行觀生；太文翰寵妙成天，帝那育醜瑛；太素秀樂禁上天，帝龍羅覺長；太虛無上常容天，帝總監鬼神；太釋王隆騰勝天，帝眇眇行元；龍變梵度天，帝運上元元〔六〕；太極平育賈奕天，帝大擇法門。《度人經》。

【校】

〔一〕「景」，《度人上品妙經》作「京」。

〔二〕「玄」，四庫本作「元」。

〔三〕「玄」，四庫本作「元」。

〔四〕「那」，《度人上品妙經》作「𡃤」。

〔五〕「玄」，四庫本作「元」。

〔六〕「玄玄」，四庫本作「元元」。

【證】

　　按：語見宋・佚名《度人上品妙經》卷一《天一》。（明正統道藏本）

　　劉向說：「天裂陽不足，地動陰有餘。」《晉書》。

【證】

　　按：語見唐・房玄齡《晉書》卷十二《天文志中・天變史傳事驗》。（清乾隆武英殿刻本）

　　【附】漢・班固《漢書》卷二十六《天文志》（清乾隆武英殿刻本）：

　　　　孝惠二年，天開東北，廣十餘丈，長二十餘丈。地動陰有餘，天裂陽
　　不足，皆下盛彊將害上之變也。其後有呂氏之亂。

　　懿王元年，天再旦於鄭。《汲冢紀年》。

【證】

　　按：語見宋・李昉《太平御覽》卷二《天部二》。（四部叢刊三編景宋本）

　　成帝建始三年七月，夜有青黃白氣，長十餘丈，光明照地。或曰天裂，或曰天劍。《伏侯〔一〕古今注》。

【校】

　　〔一〕「伏侯」，四庫本無。

【證】

　　按：語見宋・李昉《太平御覽》卷二《天部二》，稱「《伏侯古今注》曰」。（四部叢刊三編景宋本）

　　王摛史學博聞。永明中，天忽黃色照地，眾莫能解。摛云：「是榮光。」世祖大悅，用為永陽太守。《齊書》。

【證】

　　按：語見宋・李昉《太平御覽》卷一《天部一》。（四部叢刊三編景宋本）

　　【附】南北朝・蕭子顯《南齊書》卷三十九《陸澄傳》（清乾隆武英殿刻本）：

時東海王摛，亦史學博聞，歷尚書左丞。竟陵王子良校試諸學士，唯摛問無不對。永明中，天忽黃色照地，眾莫能解。摛云：「是榮光。」世祖大悅，用為永陽郡。

宋・李昉《太平御覽》卷六百一十二《學部六》（四部叢刊三編景宋本）：

蕭子顯《齊書》曰：「東海王摛，亦史學博聞，歷尚書左丞。竟陵王子良校試學士，唯摛問無不對。永明中，天忽黃色照地，眾莫能解。摛云：『是榮光』。世祖大悅。」

沙門曇鸞，雁門人。家近五臺山，神跡靈異。鸞因患氣疾，周行醫療。行至汾水秦陵故墟，入城東門，仰望青雲。忽見天門調〔一〕開，六欲階位，上下重複，歷然齊覩。由斯疾愈。求覓仙方，冀益長壽。及屆山所，接對欣然，便以仙方十卷用酬來意。《神僧傳》。

【校】

〔一〕「調」，《續高僧傳》作「洞」。

【證】

按：語見唐・釋道世《法苑珠林》卷八《六道篇第四之二・諸天部之餘・報謝》（四部叢刊景明萬曆本），注「右一出梁《高僧傳》」。《法苑珠林》所載，係節錄自唐・道宣《續高僧傳》卷六《魏西河石壁谷玄中寺釋曇鸞傳》。南朝梁釋・慧皎《高僧傳》實無其傳。

星官之書自黃帝始。至高陽氏，乃使南正重司天。《文耀鉤》曰：「唐堯即位，羲和立渾儀。」《後漢・志》。

【證】

按：《後漢書・天文志上》：

軒轅始受河圖鬥苞授，規日月星辰之象，故星官之書自黃帝始。至高陽氏，使南正重司天，北正黎司地。

唐・房玄齡《晉書》卷十一《天文志上・儀象》（清乾隆武英殿刻本）、唐・魏徵《隋書》卷十九《天文志上・渾天象》（清乾隆武英殿刻本）：

《春秋文曜鉤》云：「唐堯即位，羲和立渾儀。」

顓頊造渾儀，黃帝為蓋天，皆以天象蓋也。《劉氏曆正》。

【證】

按：語見宋‧李昉《太平御覽》卷二《天部二》（四部叢刊三編景宋本），稱「《劉氏曆正問》曰」。

又，唐‧徐堅《初學記》卷一《天部上‧天第一》（清光緒孔氏三十三萬卷堂本）：

> 《劉氏正曆問》曰：「顓頊造渾天儀，黃帝為蓋天，以天象蓋。」

書名略有不同。

唐‧魏徵《隋書》卷十九《天文志上‧蓋圖》（清乾隆武英殿刻本）：

> 晉侍中劉智云：「顓頊造渾儀，黃帝為蓋天。」

檢《隋書》卷三十四《經籍志三》著錄：

> 《正曆》四卷，晉太常劉智撰。

宋‧歐陽修《新唐書》卷五十九《藝文志》（清乾隆武英殿刻本）著錄：

> 劉智《正曆》四卷。薛夏訓。

其書名當作《正曆》。

近世有四術：方天興於王充，昕天起於姚信，穹天開於虞昺，皆臆斷浮說；惟渾天證驗無疑。 賀道養《渾天記》。

【證】

按：宋‧李昉《太平御覽》卷二《天部二‧渾儀》（四部叢刊三編景宋本）：

> 賀道養《渾天記》曰：……近世復有四術：一曰方天，興於王充；二曰軒天，起於姚信；三曰穹天，由於虞喜；皆以抑斷浮說不足觀也；唯渾天之事，微驗不疑。

【附】《太平御覽》卷二《天部二‧天部下》（四部叢刊三編景宋本）：

> 後有虞昺作穹天論，虞喜作安天論，姚信作昕天論。《天文錄》。

古人言形者有三：一曰渾天，二曰蓋天，三曰宣夜。 蓋天即周髀也。

【證】

按：宋‧李昉《太平御覽》卷二《天部二‧天部下》（四部叢刊三編景宋本）：

> 《天文錄》曰：「古人言天地之形者有三：一曰渾天，二曰蓋天，三曰宣夜。宣夜之說，未嘗聞也。」

渾天之作，由來尚矣。考之在天，信而有徵。舊說天地之體，狀如雞卵，天包地外，猶殼之黃〔一〕。渾天〔二〕，言其形體渾渾如也。周天三百六十五度五百八十九分度之百四十五，東西南北，展轉周規，半覆地上，半在地下，故二十八宿半見半隱。以儀準之，其見常一百八十三

度有奇，是以知其半覆地上、半在地下也。黃、赤二道見與交錯，一間相去二十七度。以兩儀準之，俱三百六十五度。有赤道見者，常百八十二度半強。又南北考之，天見者亦一百八十二度半強。是〔三〕天之體圓如彈丸。北極出地三十六度，是知南極入地亦三十六度，而兩相去百八十半強也。王蕃《渾天說》。

【校】

〔一〕「猶殼之黃」，《太平御覽》作「猶殼之裏黃也」。

〔二〕「渾天」，《太平御覽》作「周回如彈丸，故曰渾天」。

〔三〕「是」下，《太平御覽》有「知」。

【證】

按：語見宋·李昉《太平御覽》卷二《天部二·渾儀》。（四部叢刊三編景宋本）

虞喜曰：「宣，明也。夜，幽也。幽明之數，其術兼之，故云宣夜。」《書正義》。

【證】

按：語見《尚書注疏》卷三《舜典第二》。（清嘉慶二十年南昌府學重刊宋本十三經注疏本）

宋·李昉《太平御覽》卷二《天部二·渾儀》（四部叢刊三編景宋本）：

虞喜《安天論》曰：「宣，明也；夜，幽之數。其術兼之，故云宣夜。」

宣夜之書云〔一〕，惟漢祕書郎郗萌記先師相傳云：「天〔二〕無質，仰而瞻之，高遠無極，眼瞀精絕，故蒼蒼然也。譬之旁望遠道之黃山而皆青，俯察千仞之深谷而窈黑，夫青非真色，而黑非有體也。日月眾生，自然浮生虛空之中，其行其止皆須氣焉。是以七曜或逝或住，或順或逆，伏見無常，進退不同，由乎無所根繫，故各繫〔三〕也。」《晉書》。

【校】

〔一〕「云」，清·吳士鑑《晉書斠注》卷十一《天文志上》（民國嘉業堂刻本）云：「《羣書拾補》曰：『宣夜之書云句，疑衍。《隋志》有『絕無師法』四字，案已見上文，此可省。』案：此文本於《抱朴子》，『云』字為『亡』字之誤。宣夜之書既亡，惟郗萌能傳師說也。盧氏以為衍文，非是。」

〔二〕「天」下，《晉書》有「了」。

〔三〕「系」，《晉書》、四庫本作「異」。

【證】

按：語見《晉書》卷十一《天文志上‧天體》。

【附】宋‧李昉《太平御覽》卷二《天部二‧天部下》（四部叢刊三編景宋本）：

《抱朴子》曰：宣夜之書亡，而邵萌記先師相傳《宣夜說》云：「天無質，仰而瞻之。高遠無極，眼瞀睛極，蒼蒼然也。譬旁望遠道黃山而皆青，俯察千仞之谷而黝黑。夫青冥色黑，非有體也。日月星象浮生空中，行止皆須氣焉。故七曜或住或遊，逆順伏見無常，進退不同，由無所根系，故各異也。故辰極常居其所，北斗不與眾星西沒焉。七曜皆東行，日日行一度，月行十三度，遲疾任性，若綴附天體，不得不爾也。」

漢太初中，洛下黃閎〔一〕、鮮于妄人、耿壽昌等造員儀以考曆度。後至和帝時，賈逵繼作，又加黃道。至順帝時，張衡又製渾象，具內外規、南北極，黃赤道，列二十四氣、二十八宿中外星官及日月五緯，以漏水轉之於殿上室內，星中出沒與天相應。因其關戾，又轉瑞輪蓂莢於階下，隨月虛盈，依曆開落。其後陸續亦造混象。至吳時，中常侍廬江王蕃善數術，傳劉洪乾象曆，依其法而製渾儀。《晉書》。○劉曜時，南陽孔定制銅儀，太史令晁崇斛蘭嘗為鐵儀。

【校】

〔一〕「漢太初中，洛下黃閎」，《晉書》作「暨漢太初，落下閎」。

【證】

按：語見《晉書》卷十一《天文志上‧儀象》。

楊〔一〕子雲好天文，問之於黃閎〔二〕作渾天老工，曰：「我少能作其事，但隨尺寸法度，殊不曉達其意。我〔三〕稍稍益愈，到今七十，乃甫適知己，又老且死矣。今我兒子受〔四〕學作之，亦當復年如我乃曉知己。」桓子《新論》。

【校】

〔一〕「楊」，四庫本作「揚」。

〔二〕「閎」，《太平御覽》作「門」。

〔三〕「我」，《太平御覽》作「後」。

〔四〕「受」，《太平御覽》作「愛」。

【證】

按：語見宋‧李昉《太平御覽》卷二《天部二‧天部下》（四部叢刊三編景宋本）

吳有葛衡字思真，明達天官，能為機巧，作渾天，使地居於中，以機動之，天轉而地止，以上應暑度。《晉陽秋》。

【證】

按：語見南朝宋‧裴松之《三國志注》，載晉‧陳壽《三國志》卷六十三《吳書十八‧趙達傳》。（百衲本景宋紹熙刊本）

成帝咸康中，會稽虞喜因宣夜之說作《安天論》，以為「天高窮於無窮，地深測於不測。天確乎在上，有常安之形；地魄焉在下，有居靜之體。常〔一〕相覆冒，方則俱方，員則俱員，無方員不同之義也。其光曜布列，各自運行，猶江海之有潮汐，萬品之有行藏也」。葛洪聞而譏之曰：「苟辰宿不麗於天，天為無用，便可言無，何必復云有之而不動乎？」由此而談，稚川可謂知言之選也。虞喜族祖河間相聳又立《穹天論》云：「天形穹隆如雞子，幕其際，周接四海之表，浮於元氣之上。譬如覆盆以抑水，而不沒者，氣充其中故也。日繞辰極，沒西而還東，不出入地中。天之有極，猶蓋之有斗也。天北下於地三十度，極之傾在地卯酉之北亦三十度，人在卯酉之南十餘萬里，故斗極之下不為地中，當對天地卯酉之位耳。日行黃道繞極。極北去黃道百一十五度，南去黃道六十七度，二至之所捨以為長短也。」吳太常姚信造《昕天論》云：「人為靈蚩，形最似天。今人頤前多臨胸，而項不能覆背。近取諸身，故知天之體南低入地，北則偏高。又冬至極低，而天運近南，故日去人遠，而斗去人近，北天氣至，故冰寒也；夏至極起，而天運近北，而斗去人遠，日去人近，南天氣至，故蒸熱也。極之立〔二〕時，日行地中淺，故夜短；天去地高，故晝長也；極之低時，日行地中深，故夜長；天去地下淺〔三〕，故晝短也。」自虞喜、虞聳、姚信皆好奇徇異之說，非極數談天者也。上〇〔四〕以下日月。

【校】

〔一〕「常」，《晉書》作「當」。

〔二〕「立」，《太平御覽》作「高」。中華書局點校本《晉書》校記云：「《御覽》二引作『高』，與下文『低』為對文，今據改。」

〔三〕「淺」，《太平御覽》無。

〔四〕「上○」，四庫本作「晉書」。

【證】

按：語見《晉書》卷十一《天文志上》。

【附】宋·李昉《太平御覽》卷二《天部二·天部下》（四部叢刊三編景宋本）：

姚信《昕天論》曰：若使天裹地，如卵含雞，地何所倚立而自安固？若有四維柱石，則天之運轉將以相害。使無四維，因水勢以浮，則非立性也。若天經地行於水中，則日月星辰之行，將不得其性。是以有兩地之說，下地則上地之根也，天行乎兩地之間矣。今地形立於下，天象運乎上，譬如人頤移臨胸，而項不覆背，近取諸身，故知天體南低入地，北則高也。冬至極低，天運近南，故日去人遠，斗去人近。北氣至，故冰寒也。夏至極起，天運近北，故斗去人遠，日去人近。南天氣至，故蒸熱也。極之高時，日所行地中淺，故夜短；天去地高，故晝長。極之低時，日所行地中深，故夜長；天去地下，故晝短。然則天行寒依於渾，夏依於蓋也。

孔子曰：「日者，天之明。月者，地之理。月上屬為使〔一〕，婦從夫，放月紀。」《孝經援神契》。

【校】

〔一〕「使」，《天中記》作「天使」。

【證】

按：語見明·陳耀文《天中記》卷一《月》。（清文淵閣四庫全書本）

【附】《詩經·小雅·采綠》正義》、《禮記·曲禮下》正義》、《周禮·天官冢宰下·九嬪》鄭玄《注》均曰：

孔子云：「日者，天之明。月者，地之理。陰契制，故月上屬為天使，婦從夫，放月紀。」

但未言係引用。

王曰：「余不知九星之光。」周公旦曰：「九星，星辰日月四時歲，是謂九星九光〔一〕。」《周書》。

【校】

〔一〕「是謂九星九光」，《文選注》作「是謂九星九星九光」

【證】

按：見南朝梁・蕭統《文選》卷三十六《宣德皇后令一首》李善《注》。（胡刻本）又見宋・王應麟《玉海》卷二《天文・周九星》（清文淵閣四庫全書本）、明・陳耀文《天中記》卷二《星》。（清文淵閣四庫全書本）

日猶火，月猶水，火則施光，水則含影。月光生於日所照，魄生於日所蔽。當日則光盈，近日則明盡。《周髀》。

【證】

按：見宋・祝穆《事文類聚》前集卷二《天道部》（清文淵閣四庫全書本）。

【附】唐・歐陽詢《藝文類聚》卷一《天部上》（清文淵閣四庫全書本）、明・陳耀文《天中記》卷一《月》（清文淵閣四庫全書本）：

舊曆說曰：日猶火也，月猶水也。火則施光，水則含影。故胐生於向日，魄生於背日。當日則光盈，近日則明滅。

日者寸也，紀刻而成晷也。月者尺也，紀度而成數也。《范子計然》。

【證】

按：見明・楊慎《秔林伐山》卷一《日寸月尺》。（明嘉靖三十五年王詢刻本）

又，明・焦竑《焦氏類林》卷七《象緯》（明萬曆十五年王元貞刻本）：

計然曰：日者寸也，紀刻而成晷也。月者尺也，紀度而成數也。《范子》。

日一南而萬物生，日一北而萬物成。地坎而天嚴，月遄而日湛。五行迭王，四時不俱壯。《太玄經》。

【證】

按：漢・揚雄《太玄經》卷七《太玄攡第九》（四部叢刊景明翻宋本）：

日一南而萬物死，日一北而萬物生。

卷十《太玄告第十五》：

地坎而天嚴，月遄而日湛。五行迭王，四時不俱壯。

地將震而樞星直，井無景則日陰食，元首寬則望舒脁，侯王肅則月匿影〔一〕。《後漢書》。

【校】

〔一〕「匿影」，《後漢書》作「側匿」。唐・李賢《注》：「《尚書大傳》曰：『晦而月見西方，謂久脁。朔而月見東方，謂之側匿。側匿則侯王肅，脁則侯王舒。』」

【證】

按：見《後漢書》卷六十下《蔡邕列傳》。（百衲本景宋紹熙刻本）

日晝行千里，夜行千里，然則日行舒緩，與麒麟之步相似類也。月行十三度，十度二萬里，三度六千里，與晨鳧之飛相似類也。天行三百六十五度，積凡九十三萬里也。行甚疾，無以驗，當與陶鈞之運、弩矢之流相類似乎？《論衡》。

【證】

按：見漢・王充《論衡》卷十一《說日篇》（四部叢刊景通津草堂本），係節錄。

《孝經援神契》曰：「天地至貴，精不兩明。」注：「天精為日，地精為月。」

【證】

按：見宋・李昉《太平御覽》卷三《天部三・日上》。（四部叢刊三編景宋本）又見明・陳耀文《天中記》卷一《日》（清文淵閣四庫全書本），注出「《援神契》」。

【附】南朝梁・蕭統《文選》卷五十范蔚宗《後漢書光武紀贊一首》（胡刻本），唐・李善《注》：

《孝經援神契》曰：「天地至貴，精不兩明。」宋均曰：「天精為日，地精為月。」

五月午日，日月會於鶉首。八月酉日，日月會於壽星。《太衍星分圖》。

【證】

按：分見宋・李昉《太平御覽》卷二十二《時序部七・夏中》、卷二十五《時序部十・秋下》。（四部叢刊三編景宋本）

常陽之山，日月所入。《山海經》。

【證】

按：見《山海經・大荒西經第十六》。

大荒之中，有山名曰鞠陵，日月所出。

【證】

按：見《山海經・大荒東經第十四》。

大荒中，有山名曰明星，日月所出。

【證】

按：見《山海經·大荒東經第十四》。

大荒中，有方山，上有青松〔一〕，名曰拒格之松，日月所出入。並上。

【校】

〔一〕「松」，《山海經》作「樹」。

【證】

按：見《山海經·大荒西經第十六》。

日月〔一〕臨照，四十萬六千里。月照四十五萬里。《說書》。

【校】

〔一〕「月」，四庫本作作「之」。

【證】

按：宋·李昉《太平御覽》卷三《天部三·日上》（四部叢刊三編景宋本）：

《尚書考靈曜》曰：日光照四十萬六千里。

卷四《天部四·月》：

《地說書》曰：月照四十五萬里。

又，明·陳耀文《天中記》卷一《日》（清文淵閣四庫全書本）：

《尚書考靈曜》曰：日光照四十萬六千里。《地說書》曰：日照四十五

萬里也。

瀛州有金鑾〔一〕之觀，餙以眾環，直上干雲中；有青瑤瓦〔二〕，覆以雲紈之素，刻碧玉為倒龍之狀。懸火精為日，刻黑玉為烏，以水晶為月，青瑤為蟾兔。於地下為關棙，以測昏明，不虧弦望。時時有香風冷〔三〕然而至，張袖受之，歷年不歇。《拾遺記》。

【校】

〔一〕「鑾」，《拾遺記》作「欒」。

〔二〕「瓦」，《拾遺記》作「幾」。

〔三〕「冷」，《拾遺記》作「泠」。

【證】

按：見晉・王嘉《拾遺記》卷十《瀛州》（明漢魏叢書本），係節錄。

佛告諸比丘：「日天宮殿縱廣正等五十由旬，上下亦爾。以二種物成其宮殿。正方如宅，遙看似圓。何等為二？所謂金及玻璨。一面兩分皆是天金成，清淨光明；一面一分是天玻璨成，清淨光明。有五種風吹轉而行。何等為五？一名為持，二名為住，三名隨順轉，四名波羅訶迦，五名將行。彼日天宮之前，別有無量諸天而行，時各常受樂，皆名牢行。《阿含經》云：「日天宮牆〔一〕、地薄如華葩，為五風所持地〔二〕。」又日宮殿中有閻浮檀〔三〕金以為妙輦，輦高十六由旬，方八由旬，莊嚴殊勝。天子及眷屬在彼輦中，以天五欲具足受樂。日天子身壽五百歲。子孫相承，皆於彼治。宮殿住持，滿足一劫。日天身光出照於輦。輦有光明，覆照宮殿。光明相接，出已照曜，遍四大州及諸世間。日天身輦及宮殿有一千光明，五百光明傍行而照，五百光明向下而照。日天宮殿常行不息。六月北行，於一日中漸移北向六拘盧舍，依《雜寶經》有五里。未曾暫時離於日道。六月南行，亦一日中漸移南向六拘盧舍，不差日道。日天宮殿六月行時，月天宮殿十五日中亦行爾許。」佛告比丘：「月天子宮殿，縱廣正等四十九由旬。四面垣牆，七寶所成。月天宮殿純以天銀天青琉璃兩相間錯。二分天銀清淨無垢，光甚明曜。餘之一分天青琉璃，亦甚清淨。表裏映徹，光明遠照，亦為五風攝持而行。五風如前。月天宮〔四〕依空而行，亦有無量諸天宮殿引前而行，恒受快樂。於此月殿，亦有五〔五〕輦，青琉璃成，舉〔六〕高十六由旬，廣八由旬。天〔七〕子身與諸天女，在此輦中。以天種種五欲功德，和合愛〔八〕樂，隨意而行。彼月天子身壽五百歲，子孫相承，皆於彼治。然其宮殿住於一劫。彼月天子身份光明，照彼青輦。其輦光明，照月宮殿。宮殿光照四大州。彼月天子有五百光向下而照，有五百光傍行而照。是故月天名千光明，亦復名為含〔九〕冷光明。」「又何因緣月天宮殿漸漸現耶？」佛答：「此月〔十〕三因緣。一、背相轉。二、青身諸天形服瓔珞一切悉青，常半月中，隱覆其宮。以隱覆故，月漸而現。三、從日天宮殿有六十光明，一時流出，障彼月輪。以是因緣漸漸而現。」「復何因緣，是月宮殿圓淨滿足？」「亦三因緣，故令如是。一、爾時月天宮殿面相轉出。二、青色諸天一切皆青，當半月中

隱。於十五日時形最圓滿，光明熾盛。譬如於多油中然火熾炬，諸小燈明皆悉隱翳。如是月宮十五日時能覆諸光。三、復次日宮殿六十光明一時流出，障月輪者。此月宮殿十五日時圓滿具足，於一切處皆離翳障。是時日光不能隱覆。」「復何因緣，月天宮殿於黑月分第十五日，一切不現？」「此月宮殿於黑月分十五日最近日宮。由彼日光所覆翳故，一切不現。」「復何因緣，名為月耶？」「此月宮殿於黑月分一日已去，乃至月盡，光明威德漸漸減少。以此因緣名之為月。」【西方一〔十一〕月為黑白月。初一日至十五日，名為白月；十六日已後至月盡，名為黑月。此方通攝黑白，合為一月也。】「復何因緣，月宮殿中有諸影現？」「此大州中有閻浮樹。因此樹故，名為閻浮州。其樹高大，影現月輪。」《起世經》。

【校】

〔一〕「牆」下，《法苑珠林》有「及」。

〔二〕「地」，周叔迦、蘇晉仁校注《法苑珠林校注》據高麗藏、磧砂藏改為「也」〔註3〕。

〔三〕「檀」，《法苑珠林》同，四庫本作「擅」。

〔四〕「宮」下，《法苑珠林校注》據高麗藏補「殿」字〔註4〕。

〔五〕「五」，《法苑珠林》作「大」。

〔六〕「舉」，《法苑珠林校注》據高麗藏、磧砂藏改為「轝」〔註5〕。

〔七〕「天」上，《法苑珠林》有「月」。

〔八〕「愛」，《法苑珠林》作「受」。

〔九〕「含」，《法苑珠林》作「涼」。

〔十〕「月」，《法苑珠林校注》據《起世經》改為「有」〔註6〕。

〔十一〕「一」，《法苑珠林》同，四庫本作「以」。

〔註3〕（唐）釋道世著；周叔迦、蘇晉仁校注《法苑珠林校注》，中華書局 2003 年版，第 108 頁。

〔註4〕（唐）釋道世著；周叔迦、蘇晉仁校注《法苑珠林校注》，中華書局 2003 年版，第 109 頁。

〔註5〕（唐）釋道世著；周叔迦、蘇晉仁校注《法苑珠林校注》，中華書局 2003 年版，第 109 頁。

〔註6〕（唐）釋道世著；周叔迦、蘇晉仁校注《法苑珠林校注》，中華書局 2003 年版，第 109 頁。

【證】

　　按：見唐・釋道世《法苑珠林》卷七《日月篇第三之餘・日宮部》、《月宮部》。（四部叢刊景明萬曆本）

　　由大海中有魚鱉等影現月輪，故其內有黑相現。《瑜伽論》。

【證】

　　按：語見唐・玄奘《瑜伽師地論》卷二《本地分中意地第二之二》（大正新修大藏經本）、又見唐・釋道世《法苑珠林》卷第七《日月篇第三之餘・月宮部》。（四部叢刊景明萬曆本）

　　陽精為日，陰精為月，分日月之精為星辰。綱者，連星也。紀者，綴星也。星形正圓如丸，不應似貫珠穿度，又不容作鈴鼻相綴，理宜如破箭竿，還相合以成體。天地初成無子，舉翅飛上，乃在華蓋之下。左有北辰，右有北斗。星辰稍備，東南西北稍正。星辰共以真道，要養萬二千物，下及六畜糞土草木，皆被服其祕道要德而生長焉。《玄門寶海經》。

【證】

　　按：語見宋・張君房《雲笈七籤》卷二十四《登四・日月星辰部・總說星》。（四部叢刊景明正統道藏本）

　　日一名鬱儀，月一名結璘。《太洞經》。

【證】

　　按：宋・張君房《雲笈七籤》卷二十一《登一・天地部・後四天》（四部叢刊景明正統道藏本）：

　　　　又按《玄門論》及《大洞經》云：……亦謂日名鬱儀，亦謂月名結璘。

　　明・陳耀文《天中記》卷一《日》（清文淵閣四庫全書本）：

　　　　《太洞經》云：日亦名鬱儀，月亦名結璘。

　　日中赤帝〔一〕上皇真君，諱將車梁，字高騫爽。

　　月中黃氣上皇神母，諱曜道支，字玉薈條。

　　日中青帝，諱圓常無，字昭龍韜。衣青玉錦帔，蒼華飛羽帬，建翠芙蓉晨冠。日中赤帝，諱丹虛峙，字綠虹映。衣絳玉錦帔，丹華飛羽帬，建丹符靈明冠。日中白帝，諱浩鬱將，字回金霞。衣素玉錦帔，白羽飛

華幜，建浩靈芙華冠。日中黑帝，諱澄增停，字玄綠炎。衣玄玉錦帔，黑羽飛華幜，建玄芙蓉冠。日中黃帝，諱壽逸皐，字飋暉像。衣黃玉錦帔，黃羽飛華幜，建芙靈紫冠。月中夫人虀精內神名暖蕭臺標。

月中青帝夫人，諱隱娥珠，字芬艷嬰。衣青華瓊錦帔，翠龍鳳文飛羽幜。月中赤帝夫人，諱逸寥無，字婉筵靈。衣丹蘂玉錦帔，朱華鳳落飛羽幜。月中白帝夫人，諱靈素蘭，字郁連華。衣白珠四出龍，錦帔素羽鷺章飛華幜。月中黑帝夫人，諱結翅〔二〕，字淳厲金。衣玄琅九道雲，錦帔黑羽龍文飛華幜。月中黃帝夫人，諱青〔三〕營襟，字炅定容。衣黃雲山文錦帔，綠羽鳳華繡幜。《雲笈七籤》。

【校】

〔一〕「帝」，《雲笈七籤》作「氣」。

〔二〕「結翅」，《雲笈七籤》作「結連翹」。

〔三〕「青」，《雲笈七籤》作「清」。

【證】

按：原為一段，今分為四節，分見宋・張君房《雲笈七籤》卷二十三《登三・日月星辰部・奔日》、《日月星辰部・奔月》、《日月星辰部・太上鬱儀日中五帝諱字服色》、《日月星辰部・太上結璘月中五帝夫人諱字服色》。

蘇利耶此云日神，蘇摩此云月神。《大孔雀經》。

【證】

按：明・陳耀文《天中記》卷一《日》（清文淵閣四庫全書本）：

蘇利耶此云日神。或蘇利耶，或脩利。《大孔雀寶王紀》。

卷一《月》：

蘇摩此云月神。《大孔雀明王經》。蘇，上聲。

日月者，天地之司徒司空也。日姓張，名表，字長史；月姓文，名申，字子光。《老子曆藏中經》。

【證】

按：語見宋・張君房《雲笈七籤》卷二十三《登三・日月星辰部》（四部叢刊景明正統道藏本）、明・陳耀文《天中記》卷一《日》（清文淵閣四庫全書本）。

日中有藥淵，月中有瓊池。《仙經》。

【證】

　　按：見明‧彭大翼《山堂肆考》卷二百二十九《補遺‧瓊池》。（清文淵閣四庫全書本）

　　日有九芒，月有十芒。方諸宮有服日月芒法。《真誥》。

【證】

　　按：語見宋‧葉廷珪《海錄碎事》卷十三下《養生門‧服日月芒》（清文淵閣四庫全書本），注出「《真誥》。」

　　南北朝‧陶弘景《真誥》卷九《協昌期第一》（明正統道藏本）：

　　　　大方諸宮，青君常治處也。其上人皆天真高仙、太極公卿諸司命所在也。有服日月芒法，雖已得道為真，猶故服之。直存心中有象太如錢，在心中，赤色。又存日有九芒，從心中上出喉至齒間，而芒回還胃中，如此良久，臨日存見心、胃中分明，乃吐氣、嗽液三十九過止。一日三為之。行之一年，疾病除；五年，身有光彩；十八年，必得道，行日中無影，關百鬼千惡災氣。恒存日在心，月在泥丸中。夜服月華，如服日法。存月十芒，白色從腦中下入喉，芒亦不出齒間而回入胃。

　　日，陽之精，德之長也。縱廣二千三十里，金物水精暈於內，流光照於外，其中有城郭人民七寶浴池。池生青黃赤白蓮花，人長二丈四尺，衣朱衣之服，其花同衰同盛。日行有五風，故制御日月星宿遊行，皆風梵其綱。金門之上，日之通門也。金門之內，有金精冶鍊之地〔一〕，在西關左之分。故立春之節日，更鍊魄於金門之內，耀其光於金門之外，四十五日乃止。順行至洞陽宮，吐金冶之精，以灌於東井之中，沐浴於晨暉，收八素之氣，歸廣寒之宮也。月暉之圍，縱廣二千九百里。白銀琉璃水精映其內，城郭人民與日宮同，有七寶浴池，八鸞之林生於內，人長一丈六尺，衣青色之衣。常以一日至十六日，採白銀琉璃鍊於炎光之冶，故月度盈則光明。比十七日至二十九日，於鸞林樹下採三風之華，拂日月之光也。秋分之日，月宿東井之地上廣靈之堂，乃沐浴於東井之池，以鍊日黿，明八朗之芒，受陽精日暉，吐黃氣於玉池。諸天人悉採玉樹之華，以拂日月之光。月以黃氣灌天人之容，故秋分是天人會月之道也。《黃氣陽精經》。

【校】

〔一〕「地」，《雲笈七籤》作「池」。

【證】

按：語見宋·張君房《雲笈七籤》卷二十三《登三·日月星辰部·總敘日月》（四部叢刊景明正統道藏本），稱「《黃氣陽精三道順行經》曰」。

青牛道士口訣：暮臥存日在額上，月在臍上，闢千鬼萬邪，致玉女來降，萬禍伏走。祕驗。

【證】

按：語見南北朝·陶弘景《真誥》卷十《協昌期第二》。（明正統道藏本）

又，宋·張君房《雲笈七籤》卷之四十六《攝六·祕要訣法·青牛道士存日月訣第二十八》（四部叢刊景明正統道藏本）：

> 青牛道士口訣：暮臥存日在額上，月在臍下，上闢千鬼萬邪，致玉童
> 玉女來降，萬禍伏走。甚祕驗。

服日月之精華者，欲得常食竹筍者，日華之胎也，一名大明；又欲常食鴻脯者，月胎之羽鳥也，一名月鷺。欲服日月，常食此物，氣感運之。太虛真人曰：「鴻者，羽族之總名也。其鵠、雁、鷖、鷗，皆曰鴻鷺也。」古歌曰：「鴻鷺十年鳥，為肴致天真。五帝銜月華，列坐空中賓。」此古之漁父歌也。

【證】

按：語見宋·張君房《雲笈七籤》卷之二十三《登三·日月星辰部·食竹筍鴻脯附》。（四部叢刊景明正統道藏本）

日出於暘谷，浴於咸池，拂於扶桑，是謂晨明。登於扶桑，爰始將行，是謂朏明。至於曲阿，是謂旦明。至於曾泉，是謂蚤食。至於桑野，是謂晏食。至於衡陽，是謂隅〔一〕中。至於昆吾，是謂正中。至於鳥次，是謂小還。至於悲谷，是謂晡時。至於女紀，是謂大還。至於淵虞，是謂高舂。至於連石，是謂下舂。至於悲泉，爰止其女，爰息其馬，是謂縣車。至於虞淵，是謂黃昏。至於蒙谷，是謂定昏。日入於虞淵之汜，曙於蒙谷之浦，行九州七舍，有五億萬七千三百九里。《淮南子》。

【校】

〔一〕「隅」,《淮南子》同,四庫本作「禺」。

【證】

　　按:語見《淮南子‧天文訓》,載《淮南鴻烈解》卷三。(四部叢刊景鈔北宋本)

　　儒者或以日出入為近,日中為遠者,見日出時大,日中時小也。或以日中為近,日出入為遠者,見日中時溫,日出入時寒也。如實論之,日中近而日出入遠,何以驗之?以植竿於屋下,夫屋高三丈,竿於屋棟之下,正而樹之,上扣棟,下抵地,是以屋棟去地三丈。如旁邪倚之,則竿木旁跌,不得扣棟,是謂去地過三丈也。日中時,日正在天上,猶竿之正樹去地三丈也。日出入,邪在人旁,猶竿之旁跌去地過三丈也。夫如是,日中為近,出入為遠,可知明矣。然則日中時日小,出入時大者,日中光明故小,其出入時光暗故大,猶晝日察火光小,夜察火光大也。《論衡》。

【證】

　　按:語見漢‧王充《論衡》卷第十一《說日篇》(四部叢刊景通津草堂本),係節錄。

　　儒者說日及工技之家,皆以日為一。《禹貢》、《山海經》言日有十,在海外東方有湯谷,上有扶桑,十日沐浴水中,有大木,九日居下枝,一日居上枝。《淮南書》又言:燭十日。堯時十日並出,萬物焦枯。世俗又名甲乙為日,甲至癸凡十日,日之有十,猶星之有五也。通人談士,歸於難知,不肯辯明。是以文二傳而不定,世兩言而無主。誠實論之,且無十焉。何以驗之?夫日猶月也,日而有十,月有十二乎?星有五,五星之精,金、木、水、火、土各異光色。如日有十,其氣必異。今觀日光無有異,察其小大,前後若一。如審氣異,光色宜殊;如誠同氣,宜合為一,無為十也。驗日陽燧,火從天來。日者,大火也。察火在地,一氣也。地無十火,天安得十日?然則所謂十日者,殆更自有他物,光質如日之狀,居湯谷中水,時緣據扶桑,禹、益見之,則紀十日。數家度日之光,數日之質,刺徑千里,假令日出是扶桑日上之日,扶桑木宜覆萬里,乃能受之。何則?一日徑千里,十日宜萬里也。天之去人萬里餘也,仰察之,日光炫耀,火光盛明,不能堪也。使日出是扶

桑木上之日，禹、益見之，不能知其為日也。何則？仰察一日，目猶炫耀，況察十日乎？由此言之，禹、益所見，意似日非日也。天地之間，物氣相類，其寔非者多。海外西南有珠樹焉，察之是珠，然非魚中之珠也。夫十日之日，猶珠樹之珠也。珠樹似珠非真珠，十日似日非實日也。淮南見《山海經》，則虛言真人燭十日，妄紀堯時十日並出。且日，火也；湯谷，水也。水火相賊，則十日浴於湯谷，當滅敗焉。火燃木，扶桑，木也，十日處其上，宜燋枯焉。今浴湯谷而光不滅，登扶桑而枝不燋不枯，與今日出同，不驗於五行，故知十日非真日也。上。

【證】

按：語見漢・王充《論衡》卷第十一《說日篇》。（四部叢刊景通津草堂本）

冬至晷長丈三尺，鄭玄《注》曰：「晷者，所立八尺表陰也。丈三尺，長之極。」春分晷長七尺三寸四分，夏至晷長尺有四寸八分，秋分晷長二寸四分。《易通卦驗》。

【證】

按：語見宋・李昉《太平御覽》卷四《天部四・晷》。（四部叢刊三編景宋本）

陽數起於一，成於三，故日中有三足烏。《春秋元命苞》。

【證】

按：語見宋・李昉《太平御覽》卷第三《天部三・日上》（四部叢刊三編景宋本）、明・陳耀文《天中記》卷一《日》。（清文淵閣四庫全書本）

日者，實也。形體光實，人君之象。《禮統》。

【證】

按：語見宋・李昉《太平御覽》卷第三《天部三・日上》（四部叢刊三編景宋本）、明・陳耀文《天中記》卷一《日》。（清文淵閣四庫全書本）

君乘木而王，其政升平，則日黃中而青暈；乘火而王，則黃中而玄暈。《禮斗威儀》。

【證】

按：語見宋・李昉《太平御覽》卷八百七十二《休徵部一・日》（四部叢刊三編景宋本）。

又，唐・瞿曇悉達《唐開元占經》卷八《日占四・日暈》（清文淵閣四庫全書

本）：

> 《禮斗威儀》曰：君乘木而王，其政升平，則日黃中而青暈。
>
> 《禮斗威儀》曰：君乘金而王，其政象平，則日黃中而白暈。

政太平則日五色，政公〔一〕平則日黃中而赤暈，政和平則日黃中而黑暈，政象平則日黃中而白暈，政升平則日黃中而青暈。上。

【校】

〔一〕「公」，《太平御覽》作「頌」。

【證】

按：語見宋・李昉《太平御覽》卷第三《天部三・日上》。（四部叢刊三編景宋本）

日光曰景，星月之光通謂之景。日影曰晷。出氣曰睍，日初出曰旭，日昕曰晞，日溫曰煦。在午曰亭午，在未曰昳，日晚曰旰。日西落，光返照於東，謂之反景；照在下曰倒景。《纂要》。

【證】

按：語見唐・徐堅《初學記》卷一《天部上・日第二》（清光緒孔氏三十三萬卷堂本）、宋・李昉《太平御覽》卷三《天部三・日上》。（四部叢刊三編景宋本）

日中三足烏見者，其所居分野有白衣會。《黃帝占書》。

【證】

按：語見宋・李昉《太平御覽》卷四《天部四・日下》。（四部叢刊三編景宋本）

又，唐・瞿曇悉達《唐開元占經》卷六《日占二・日中烏見》（清文淵閣四庫全書本）：

> 黃帝曰：日中三足烏見者，其所居分野有白衣會。

日中五帝魄精內神名珠景赤童。《雲笈七籤》。

【證】

按：語見宋・張君房《雲笈七籤》卷之二十三《登三・太上結璘月中五帝夫人諱字服色》。（四部叢刊景明正統道藏本）

日再中，烏連嬉。仁聖出，握知時。《易解〔一〕終備〔二〕》。

【校】

〔一〕「解」，《玉海》、《天中記》作「辨」。

〔二〕「備」，《玉海》作「論」。

【證】

按：語見宋·王應麟《玉海》卷一百九十五《祥瑞·天瑞》（清文淵閣四庫全書本）、明·陳耀文《天中記》卷一《日》。（清文淵閣四庫全書本）

羣臣恣則日黃無光，羣臣爭則日裂，人主排斥則日夜出。《春秋感精符》。

【證】

按：語見宋·李昉《太平御覽》卷三《天部三·日上》。（四部叢刊三編景宋本）

黑帝亡，二日並出〔一〕。《尚書考靈曜》。

【校】

〔一〕「出」，《太平御覽》作「照」。

【證】

按：語見宋·李昉《太平御覽》卷三《天部三·日上》。（四部叢刊三編景宋本）

凡日無光則日烏不見，日烏不見則飛鳥隱竄。《物類相感志》。

【證】

按：語見明·陳耀文《天中記》卷一《日》。（清文淵閣四庫全書本）

又，宋·釋贊寧《東坡先生物類相感志》卷一《日中烏》（明鈔本）：

　　日中三足烏，見《山海經》，云：凡日無光則烏不見，日烏不見則飛鳥

　隱竄。

日者，眾陽之精，內明玄黃，五色無主，以象人君。精精似青，翼翼似黑，炫炫似赤，縞縞似白，煌煌似黃，光照無主，不可以一色名也。《易傳》。

【證】

按：語見宋·李昉《太平御覽》卷三《天部三·日上》。（四部叢刊三編景宋本）

另外，唐·瞿曇悉達《唐開元占經》卷五《日占一》（清文淵閣四庫全書本）

　　《京房易傳》曰：「日者，眾陽之精，內明玄黃，五色無主，以象人君，

　光照無主，不可以色名也。」

祭河婁國土人無有日月之光，菩薩往造日城。《造天地經》。

【證】

按：語見唐·徐堅《初學記》卷二十三《道釋部·菩薩第六》。（清光緒孔氏三十三萬卷堂本）

東華方諸宮高晨師玉保仙王曰：青童〔一〕東華者，仙真之州也，在始暉之間，高晨玉保王所治也。東華真人呼日為紫曜明，或曰圓珠。青童君乘雕玉之軿，御圓珠之氣，登雲波之山，入東華之堂。《雲笈七籤》。

【校】

〔一〕「童」下，《雲笈七籤》有「君」。

【證】

按：語見宋·張君房《雲笈七籤》卷之八《學八》第三十四章。（四部叢刊景明正統道藏本）

皇初紫元君曰：「皇初紫元之天，常有暉暉之光，鬱鬱如薄霧焉。乃九日之所出，有如一日之照耳。六淵者，乃元君之宮名。寒童者，山名也。故曰登寒童之嶽，會六淵之中矣。」上。

【證】

按：語見宋·張君房《雲笈七籤》卷之八《學八》第十七章。（四部叢刊景明正統道藏本）

《玄門輪》及《太洞經》云：九天真人呼日為濯曜羅，三天真人呼月為圓光蔚，上清真人呼日為九曜生，泰清天中仙人呼日為太〔一〕明，太極天中呼日為圓明，東華真人呼日為紫曜明，亦名圓珠，亦謂始暉，亦謂太明。並上。○又《真誥》云：「方諸下真人呼日為圓曜明。」

【校】

〔一〕「太」，四庫本作「大」。

【證】

按：語見宋·張君房《雲笈七籤》卷之二十一《登一·後四天》。（四部叢刊景明正統道藏本）

君應陽，君臣和得道度，則日含王字。《春秋緯》。

【證】

按：語見宋·王應麟《玉海》卷第一百九十五《祥瑞·天瑞》（清文淵閣四庫全

書本）、明・陳耀文《天中記》卷一《日》。（清文淵閣四庫全書本）

【附】唐・瞿曇悉達《唐開元占經》卷六《日占二・日中有雜雲氣》（清文淵閣四庫全書本）：

《春秋潛潭巴》曰：君德鷹揚，君臣和德道慶，則日含王字。

高上太素君曰：高上皇人常宴紫霄之上。玉根者，玉清天中山名也，乃五老上真之所治。太素真人拂日月之光於帝一之前，太素天中呼曰為眇景也。玉門、蘭室〔一〕，並是上清宮中門戶名也。月中樹名騫樹，一名藥王。凡有八樹在月中也。得食其葉者為玉仙。玉仙之身，洞徹如水精琉璃焉。《雲笈七籤》。

【校】

〔一〕「室」下，四庫本有「也」，《雲笈七籤》無。

【證】

按：語見宋・張君房《雲笈七籤》卷之八《學八》第十二章。（四部叢刊景明正統道藏本）

皇上四老道中君曰：「皇上四老真人，在日中無影。呼日名為九曜。生常乘明玉之輪，轉宴於日中也。廣霞者，玉清天中山名，乃九日之所出矣，日帝之所司也。」

【證】

按：語見宋・張君房《雲笈七籤》卷之八《學八》第十三章。（四部叢刊景明正統道藏本）

太陽九氣玉賢元君曰：「太陽九氣者，變化三晨之上，策駕紫軒於微玄之下。微玄者，日中之神，名曰玉賢，天中呼日為微玄也。」並上。

【證】

按：語見宋・張君房《雲笈七籤》卷之八《學八》第二十一章。（四部叢刊景明正統道藏本）

炎帝築圓丘以祀朝日，餚瑤階以揖夜光。《拾遺記》。

【證】

按：語見晉・王嘉《拾遺記》卷一《炎帝神農》。（明漢魏叢書本）

三苗之時，三月不見日。

【證】

按：語見宋・李昉《太平御覽》卷四《天部四・日下》（四部叢刊三編景宋本），稱「《金匱》曰」。

少昊邑於窮桑，日五色互照。《尸子》。

【證】

按：語見《尸子》卷下（清平津館叢書本），注「《御覽》三、《事類賦注》、《路史後紀七注》、《天中記》一、《海錄碎事》一」。

帝堯修壇河洛，仲月辛日，禮備至於日稷，榮光出河，龍馬卸〔一〕甲，變綠色，臨壇吐甲圖。出《尚書中候》。宋均曰：「稷，側也。」

【校】

〔一〕「卸」，《天中記》作「銜」。

【證】

按：語見明・陳耀文《天中記》卷五十五《馬》。（清文淵閣四庫全書本）

【附】明・徐應秋《玉芝堂談薈》卷一《帝王符命》（清文淵閣四庫全書本）：

《尚書中候》：帝堯修壇，榮光塞河，龍馬銜甲，赤文綠色，臨壇吐甲有文，言虞夏商周秦漢之事。

伊摯將應湯命，夢乘船過日月之傍〔一〕。《太平御覽》。

【校】

〔一〕「傍」，《冊府元龜》作「旁」。

【證】

按：《太平御覽》無此語。語見南北朝・沈約《宋書》卷二十七《符瑞志上》（清乾隆武英殿刻本）、宋・王欽若《冊府元龜》卷八百九十二《總錄部一百四十二・夢徵》。（明刻初印本）又見明・陳耀文《天中記》卷一《日》（清文淵閣四庫全書本），未注出處。

周文王夢日月著其身。《帝王世紀》。

【證】

按：語見明・陳耀文《天中記》卷一《日》。（清文淵閣四庫全書本）

　　景公病水，臥十數日，夜夢與二日鬭，不勝。晏子朝，公曰：「夕者，夢與二日鬭，而寡人不勝，我其死乎？」晏子對曰：「請召占夢者。」出於閨，使人以車迎占夢者至，曰：「曷為見召？」晏子曰：「夜者公夢二日與公鬭，不勝。公曰：『寡人死乎？』故請君占夢，是所為也。」占夢者曰：「請反其書。」晏子曰：「毋反書。公所病者，陰也；日者，陽也。一陰不勝二陽，故病將已。以是對。」占夢者入。公曰：「寡人夢與二日鬭而不勝，寡人死乎？」占夢者對曰：「公之所病，陰也；日者，陽也。一陰不勝二陽，公病將已。」居三日，公病大愈。公且賜占夢者，占夢者曰：「此非臣之力，晏子教臣也。」公召晏子，且賜之。晏子曰：「占夢以占之言對，故有益也。使臣言之，則不信矣。此占夢之力也，臣無功焉。」公兩賜之，曰：「以晏子不奪人之功，以占夢者不蔽人之能。」《晏子》。

【證】

　　按：語見《晏子春秋·內篇·雜下第六·景公病水嘗與日鬭晏子教占嘗者以對第六》。（四部叢刊景明活字本）

　　晉侯問於士文伯曰：「三月朔，日有蝕之，寡人學憯焉，《詩》所謂『彼日而蝕，于何不臧』者，何也？」對曰：「不善政之謂也。國無政不用善，則自取謫於日月之災，故不可不慎也。政有三而已：一曰因民，二曰擇人，三曰從時。」《說苑》。

【證】

　　按：語見漢·劉向《說苑》卷七《政理》。（四部叢刊景明鈔本）

　　專諸之刺王僚也，彗星襲月。聶政之刺韓傀也，白虹貫日。要離之刺慶忌也，蒼鷹擊於殿上。《戰國策》。

【證】

　　按：語見《戰國策·魏四》。

　　張重，字仲篤。明帝舉孝廉，帝曰：「何郡小吏？」答曰：「臣日南吏。」帝曰：「日南郡人應向北看日。」答曰：「臣聞雁門不見壘雁為門，金城郡不見積金為郡。臣雖居日南，未曾向北看日。」《後漢書》。

【證】

按：語見宋・李昉《太平御覽》卷四《天部四》。（四部叢刊三編景宋本）又見明・陳耀文《天中記》卷一《日》。（清文淵閣四庫全書本）《後漢書》實無其傳。

建武元年，三日並出。《晉陽秋〔一〕》。

【校】

〔一〕「秋」，四庫本無。

【證】

按：語見宋・李昉《太平御覽》卷四《天部四》（四部叢刊三編景宋本）。

程立夢登太山，捧日立，以白太祖。太祖遂加日於立上，因改名昱。《魏志》。

【證】

按：語見宋・李昉《太平御覽》卷四《天部四》。（四部叢刊三編景宋本）

【附】晉・陳壽《三國志》卷十四《魏書十四・程昱傳》（百衲本景宋紹熙刊本），南朝宋・裴松之《注》：

> 《魏書》曰：昱少時常夢上泰山，兩手捧日。昱私異之，以語荀彧。及兗州反，賴昱得完三城。於是彧以昱夢白太祖。太祖曰：「卿當終為吾腹心。」昱本名立，太祖乃加其上「日」，更名昱也。

惠帝時，日中有若飛燕者，數日乃消。王隱以為愍、懷廢死之征。《晉書》。

【證】

按：南北朝・沈約《宋書》卷三十四《五行志五》（清乾隆武英殿刻本）：

> 晉惠帝元康九年正月，日中有若飛鵲者，數月乃消。王隱以為愍、懷廢死之征也。

唐・房玄齡《晉書》卷十二《天文志中》（清乾隆武英殿刻本）：

> 惠帝元康……九年正月，日中有若飛鵲者，數日乃消。王隱以為愍、懷廢死之征。

永寧元年九月甲申，日中有黑子。京房《易占》：「黑者，陰也，臣不掩君惡，令下見，百姓惡君，則有此變。」又曰：「臣有蔽主明者。」上。

【證】

按：語見唐・房玄齡《晉書》卷十二《天文志中》。（清乾隆武英殿刻本）

高祖夢天開數丈，有一〔一〕人朱衣捧日，令帝張口納之。及覺，猶熱。後二百日為帝。《陳書》。

【校】

〔一〕「一」，《陳書》作「四」。

【證】

按：語見宋・李昉《太平御覽》卷第一《天部一》。（四部叢刊三編景宋本）

【附】唐・姚思廉《陳書》卷一《高祖本紀上》（清乾隆武英殿刻本）：

> 嘗遊義興，館於許氏，夜夢天開數丈，有四人朱衣捧日而至，令高祖
> 開口納焉，及覺，腹中猶熱，高祖心獨負之。

按：《太平御覽》卷第一百三十三《偏霸部十七》、卷第三百九十八《人事部三十九》引《陳書》，與此同。

唐・李延壽《南史》卷九《陳本紀上》（清乾隆武英殿刻本）：

> 嘗遊義興，館於許氏，夢天開數丈，有四人朱衣，捧日而至，納之帝
> 口，及覺，腹內猶熱，帝心獨喜。

唐・許嵩《建康實錄》卷十九《陳・高祖武皇帝》（清文淵閣四庫全書本）：

> 嘗遊義興，館於許氏，夜夢天開數丈，有朱衣四人捧日而至，納於高
> 祖口中。驚覺，腹內猶熱，心獨喜之。

五帝日君遂與裴君驂乘飛龍之車，東到日窟之天、東蒙長丘、大桑之宮、八極之城，登明真之臺，坐希林之殿，授裴君以揮刃之章、九有之符，食青精日粣，飲靈碧玄〔一〕腴。於是與五帝日君日日而遊，此所謂奔日之道也。《雲笈七籤》。

【校】

〔一〕「玄」，《雲笈七籤》同，四庫本作「元」。

【證】

按：語見鄧雲子撰《清靈真人裴君傳》，載宋・張君房《雲笈七籤》卷一百五甘五。（四部叢刊景明正統道藏本）

舊說曰日有五蝕，謂起上下左右中央是也。漢尚書令黃香曰：「日

蝕皆從西，月蝕皆從東，無上下中央者。」《春秋》魯桓三年日蝕，貫中上下竟黑。疑者以為日月正等，月何得小而見日中？鄭玄云：「月正掩日，日光從四邊出，故言從中起也。」《南齊書》。

【證】

按：語見南北朝・蕭子顯《南齊書》卷十二《天文志上》。（清乾隆武英殿刻本）又見明・陳耀文《天中記》卷一《日蝕》。（清文淵閣四庫全書本）

凡救日食，皆著赤幘，以助陽也。《決疑要注》。

【證】

按：語見《後漢書・禮儀志第四》李賢《注》。

【附】南北朝・沈約《宋書》卷十四《禮志》（清乾隆武英殿刻本）：

摯虞《決疑》曰：「凡救蝕者，皆著赤幘，以助陽也。」

宋・李昉《太平御覽》卷第六百八十七《服章部四》（四部叢刊三編景宋本）：

摯虞《決疑》曰：「凡救日蝕者，皆著赤幘，以助陽也。」

難者曰：「大旱雩祭而請雨，大水鳴皷而攻社，或請焉，或怒焉者何？」曰：「大旱者，陽滅陰也。陽滅陰者，尊壓卑也。雖太甚，拜請之而已，無敢有加也。大水者，陰滅陽也。陰滅陽者，卑勝尊也。日食亦然。皆下犯上，以賤傷貴，逆節也，故鳴皷而攻之，朱絲脇之，為其不義也。」《董子》。

【證】

按：語見漢・董仲舒《春秋繁露》卷三《精華第五》。（清武英殿聚珍版叢書本）

董仲舒救日食，祝曰：「炤炤〔一〕大明，纖〔二〕滅無光。奈何以陰侵陽，以卑凌尊？」《〈周官・大祝〉注》。

【校】

〔一〕「炤炤」，《周禮注》、《天中記》同，四庫本作「昭昭」。

〔二〕「纖」，《周禮注》作「瀸」。

【證】

按：語見《周禮注疏》卷二十五《大祝》鄭玄《注》。（清嘉慶二十年南昌府學重刊宋本十三經注疏本）又見明・陳耀文《天中記》卷一《日蝕》。（清文淵閣四庫全書本）

天子救日，置五麾，陳五兵五鼓；諸侯置三麾，陳三兵三鼓；大夫擊概。凡有聲，皆陽事也，以厭陰氣。《穀梁傳》。

【證】

按：《春秋穀梁傳·莊公二十五年》（四部叢刊景宋本）：

> 天子救日，置五麾，陳五兵五鼓。諸侯置三麾，陳三鼓三兵。大夫擊門。士擊析。言充其陽也。
>
> 「凡有聲皆陽事，以壓陰氣」，係范甯《注》。

角尾交日。月食救之者，謂夫人擊鏡，傳人擊杖，庶人之妻楔搔。《白虎通》。

【證】

按：語見《白虎通德論》卷四《災變》。（四部叢刊景元大德覆宋監本）

何汶字景由，為謁者，持赤幘。同僚問之，曰：「日當食。」晡時果食〔一〕。《益部耆舊傳》。

【校】

〔一〕「晡時果食」，《北堂書鈔》作「至晡日果食」。

【證】

按：語見唐·虞世南《北堂書鈔》卷第一百二十七《衣冠部上》。（清光緒十四年萬卷堂刻本）

另外，明·曹學佺《蜀中廣記》卷六十八《方物記第十·服用》（清文淵閣四庫全書本）：

> 《益部耆舊傳》曰：「何汶字景由，為謁者，忽持赤幘。同僚怪，問之，曰：『日當食。』至晡日果食。」

月天夜明，聖人以辯昏象。陰形月，聖人以命相代政。天月淫，聖人以機密大臣代政。山月升騰，聖人以命相統治。川月東浮，聖人以恩及命婦。雲月藏宮，聖人以慎內政。氣月冥陰，聖人以慎羣小。月氣夜圓，聖人以定方象。《三墳》。

【證】

按：宋·佚名《古三墳書·形墳第三·爻卦天象第六》（宋紹興沈斐婺州州學刻本）：

月天夜明，聖人以辯昏象。……陰形月，聖人以命相代政。天月淫，聖人以機密大臣。……山月升騰，聖人以命相統治。川月東浮，聖人以恩及命婦。雲月藏宮，聖人以慎內政。氣月冥陰，聖人以慎羣小。……月氣夜圓，聖人以定方象。

月三日成魄，八日成光，蟾蜍〔一〕體就穴鼻時萌〔二〕。《詩推度災》。

【校】

〔一〕「蜍」，《太平御覽》作「蠩」。

〔二〕「穴鼻時萌」，《太平御覽》作「穴鼻始萌」，四庫本作「光魄時萌」。

【證】

按：語見宋·李昉《太平御覽》卷四《天部四》。（四部叢刊三編景宋本）

政太平則月多耀，政頌〔一〕平則赤明，政和平則黑明，政象平則白明，政升平則青明。《禮斗威儀》。

【校】

〔一〕「頌」，《太平御覽》同，四庫本作「公」。

【證】

按：語見宋·李昉《太平御覽》卷四《天部四》。（四部叢刊三編景宋本）

人君乘土而王，其政平則月圓而多暈。上。

【證】

按：宋·李昉《太平御覽》（四部叢刊三編景宋本）援引《禮斗威儀》多處，未見此語。

唐·李淳風《乙巳占》卷二《月暈占第十一》（清十萬卷樓叢書本）：

人君乘土而王，其政失平，則月多暈而圓。

大荒之中有山，名曰日月山，天樞也。有女子方澄浴月。帝俊之妻常義生月十有二，此始浴之。《山海經》。

【證】

按：語見《山海經·大荒西經第十六》。（《山海經傳》，四部叢刊景明成化本）

帝淫佚，則奎有角、月有足。《龍魚河圖》。

【證】

按：語見宋・李昉《太平御覽》卷四《天部四》。（四部叢刊三編景宋本）

【附】唐・魏徵《隋書》卷二十《天文志中》（清乾隆武英殿刻本）：

若帝淫佚，政不平，則奎有角。

宋・李昉《太平御覽》卷七《天部七》（四部叢刊三編景宋本）：

《河圖帝祕微篇》曰：帝淫泆，政不平，則奎有角。

若月三珥者，大臣有喜。若有〔一〕冠而復暈者，天下有喜。《軍國占候》。

【校】

〔一〕「有」，《太平御覽》作「月」。

【證】

按：語見宋・李昉《太平御覽》卷四《天部四》。（四部叢刊三編景宋本）又見明・陳耀文《天中記》卷一《月》。（清文淵閣四庫全書本）

諸侯謀叛，則月生爪牙。後族專政，則日月並照。《春秋考異郵》。

【證】

按：語見宋・李昉《太平御覽》卷四《天部四》。（四部叢刊三編景宋本）

蟾蜍去月，天下大亂。《河圖》。

【證】

按：語見宋・羅願《爾雅翼》卷三十《釋魚三・蟾蜍》。（清文淵閣四庫全書本）又見明・陳耀文《天中記》卷五十七《蝦蟇》（清文淵閣四庫全書本）。

樂彥引《老子道德經》云「月中仙人宋無忌」。按《白澤圖》「火之精曰宋無忌」，蓋其人火仙也。《史・封禪書》注》。

【證】

按：語見明・陳耀文《天中記》卷一《月》。（清文淵閣四庫全書本）

【附】漢・司馬遷《史記》卷二十八《封禪書第六》（清乾隆武英殿刻本）〔註7〕：

《索隱》：樂彥引《老子道經》云「月中仙人宋毋忌」。《白澤圖》云「火之精曰宋毋忌」，蓋其人火仙也。

〔註7〕中華書局點校本作：「《索隱》案：樂產引《老子戒經》云『月中仙人宋無忌』。白澤圖云『火之精曰宋無忌』。蓋其人火仙也。」

金華和丹，其光上與日月相連。丹金為盤椀以承月，得神精〔一〕如方諸。《太平御覽》。

【校】

〔一〕「精」，《太平御覽》作「液」。

【證】

按：語見宋・李昉《太平御覽》卷四《天部四》（四部叢刊三編景宋本），稱「枹朴子曰」。

【附】晉・葛洪《抱朴子內篇》卷四《金丹》：

又肘後丹法，以金華和丹乾瓦封之，蒸八十日，取如小豆，置盤中，向日和之，其光上與日連，服如小豆，長生矣。以投丹陽銅中，火之成金。……以此丹金為盤碗，飲食其中，令人長生。以承日月得液，如方諸之得水也，飲之不死。

羿請無死之藥於西王母，嫦娥竊之以奔月。將往，枚筮之於有黃。有黃占之，曰：「吉。翩翩歸妹，獨將西行。逢天晦芒，毋恐毋驚，後且大昌。」嫦娥遂託身於月，是為蟾蠩〔一〕。《搜神記》。

【校】

〔一〕「蠩」，《搜神記》同，四庫本作「蜍」。

【證】

按：語見晉・干寶《搜神記》卷十四。（明津逮秘書本）

嫦娥奔月之後，羿晝夜思惟成疾。正月十四夜，忽有童子詣宮求見，曰：「臣，夫人之使也。夫人知君懷思，無從得降。明日乃月圓之夜，君宜用米粉作丸，團團如月，置室西北方，呼夫人之名三，夕可降耳。」如期果降，復為夫娘如初。今言月中有嫦娥，大謬。蓋月中自有主者，乃結璘，非嫦娥也。《廣記》。〇一云嫦娥字純狐。

【證】

按：《廣記》，不詳何書。明・徐應秋《玉芝堂談薈》卷十八《結璘嫦娥》（清文淵閣四庫全書本）載此語，稱「《廣說》則云」。又見清・王初桐《奩史》卷九十七《仙佛門一》（清嘉慶刻本），注出「《三餘帖》」。

【附】明・陳士元《名疑》卷四（清文淵閣四庫全書本）：

　　　　或云嫦娥字純狐。

　　明・胡應麟《少室山房筆叢》壬部《玉壺遐覽二》（明萬曆刻本）：

　　　　嫦娥字純狐，一曰鬱儀。

　　清・王初桐《奩史》卷九十七《仙佛門一》（清嘉慶刻本）：

　　　　嫦娥小字純狐。《緯書》。

闞澤年十三，夢見名字炳然在月中。《會稽先賢傳》。

【證】

　　按：語見宋・李昉《太平御覽》卷四《天部四》。（四部叢刊三編景宋本）

　　【附】：《太平御覽》卷三百九十八《人事部三十九》：

　　　　《會稽先賢傳》曰：吳侍中闞澤，字德潤，山陰人也。在母胎八月，

　　而叱聲震外。年十三，夜夢名字炳然縣在月。後遂陞進也。

尹思者，字少龍，安定人也。晉元康五年正月十五，夜坐屋中，遣兒視月中有異物否。兒曰：「今年當大水，月中有一人披簑帶劍。」思自視之，曰：「將有亂卒至。」兒曰：「何以知之？」曰：「月中人乃帶劍仗矛，當大亂三十年，後小清耳。」後果如其言。《真誥》。

【證】

　　按：語見明・陳耀文《天中記》卷一《月》（清文淵閣四庫全書本），注出「《神仙傳》、《真誥》」。

　　【附】宋・李昉《太平御覽》卷六百六十三《道部五・地仙》（四部叢刊三編景宋本）：

　　　　《真誥》曰：尹思，字少龍，安定人。晉元康五年正月十五日，夜坐

　　屋中，遣兒視月中有異物否。兒曰：「今當有大水，月中有一人披簑帶劍。」

　　思自視之，曰：「月中人乃帶劍伏矛，當大亂三十年，復當小清。」思後不

　　知所之。出《神仙傳》。

　　按：南北朝・陶弘景《真誥》（明正統道藏本）未載此事。

安帝隆安五年三月甲子月生齒。占曰：「月生齒，天子有賊臣，羣下自相殘。」桓玄簒逆之徵也。《晉書》。

【證】

　　按：語見唐・房玄齡《晉書》卷十二《天文志中・月變》。（清乾隆武英殿刻本）

　　北齊釋曇遷，常尋惟識論，遂感心疾。專憑三寶，不以醫術纏情。夜夢月落入懷，乃擘而食之，脆如冰片，甚訝香美。覺罷，所苦。因其勝助食月成德，遂私改鄉名為月德也。《續高僧傳》。

【證】

　　按：唐・釋道宣《續高僧傳》卷十八（大正新修大藏經本）：

　　　　嘗尋唯識論，遂感心熱病。專憑三寶，不以醫術纏情。夜夢月落入懷，乃擘而食之，脆如冰片，甚訝香美。覺罷，所苦瘥復。一旬有餘，流味在口。因其聖助食月成德，遂私改名以為月德也。

　　五帝月夫人遂與裴君共乘飛龍之車，西到六嶺之門、八絡之丘、協晨之宮、八景之城，登七靈之臺，至太和之殿，授裴君流星夜光之章、十朋之符，食黃琬紫精之粕，飲月華雲膏。於是與五夫人夕夕共遊。此所謂奔月之道矣。《雲笈七籤》。

【證】

　　按：語見鄧雲子撰《清靈真人裴君傳》，載宋・張君房《雲笈七籤》卷一百五甘五。（四部叢刊景明正統道藏本）

《蟲勺編》卷四十疏證〔註1〕

古以右為尊

王氏懋曰〔一〕：「古者以右丞相為尊，左丞相次之。如湯以伊尹為右相，以仲虺為左相；漢以陳平功第一為右丞相，周勃功第二為左丞相之例是也。故貶秩為左遷，居高位為右職。後世以左丞相為上，右丞相次之。如晉以王睿為左丞相，以王保為右丞相；《北史》斛律金進位右丞相，遷左丞相之例是也。馴至今日，凡國家班次與鄉黨齒序之類，亦未嘗以左為尊者。至於官職名號，如左、右僕射，左、右丞相，左、右丞，左、右司，左、右曹，左、右諫議，左、右司諫正言，又往往先左而後右，初不可以一槩論也。白樂天曰〔二〕：『魏晉以還，右卑於左。』」

【疏證】

〔一〕宋·王楙《野客叢書》卷二十五《左右丞相》（明刻本）：「古者以右丞相為尊，左丞相次之。如湯以伊尹為右相，以仲虺為左相；漢以陳平功第一為右丞相，周勃功第二為左丞相之例是也。後世以左丞相為上，右丞相次之。如晉以王睿為左丞相，以王保為右丞相；《北史》斛律金進位右丞相，遷左丞相之例是也。官以左為上，其來久矣。馴至於今日，僕觀國家班次與夫鄉黨齒序之類，無以左為尊。至於官職名號，又往往為重者。如文武之有左、右選，中書之有左、右司，記注之有左、右史，是皆先左而後右者，初不可一概論也。白樂天制曰：『魏晉以還，右卑於左。』」

〔註1〕《蟲勺編》僅有嶺南叢書本。

〔二〕見白居易《白氏長慶集》白氏文集卷第三十三《孔戣授尚書左丞制》。（四部
　　叢刊景日本翻宋大字本）

古今物產不常

　　羅氏大經曰：「《書》言：『若作和羹，爾惟鹽梅。』《詩》言：『摽有梅』，
又言：『終南何有，有條有梅。』毛氏曰：『梅，柟也。』陸璣曰：『似杏而實
酸。』蓋但取其實與材而已，未嘗及其花也。至六朝時，乃略有詠之者。及
唐而吟詠滋多。迨宋則連篇累牘，推為群芳之首，至恨《離騷》集眾香草，
不應遺梅。余觀《三百五篇》，如桃、李、芍藥、棠棣與蘭之類，無不歌詠。
而梅之清香玉色，豈獨取其材與實而遺其花哉？或者古之梅花，其色香之奇
未必如後世，未可知也。蓋天地之氣，騰降變易，而物亦隨之故。或昔有而
今無，或昔無而今有，或昔凡庸而今瑰異，或昔瑰異而今凡庸。且如古人之
祭，焫蕭酌鬱，取其香也，而今之蕭與郁何嘗有香？在《離騷》已指蕭艾為
惡草矣。又如牡丹，唐已前未有聞也。自武后時，樵夫採山乃得之。國色天
香，高掩群卉，於是舒元輿為之賦，李太白諸人為之詩。至宋之前，紫黃丹
白，標目尤盛。至於近時，則翻騰百種，愈出愈奇矣。宋歐陽永叔《牡丹譜》
一卷，陸放翁《天彭牡丹記》一卷。我朝鈕玉樵著《牡丹述》，至百四十三種。
又如荔枝，明皇時所謂『一騎紅塵妃子笑』者，謂瀘戎產也，故杜子美有『憶
向瀘戎摘荔支』之句。是時閩品絕未有聞。至今則閩品奇妙，僕視瀘戎。蔡
君謨作譜，為品已多，自後又有出於君謨所譜之外者。朱竹垞曰：世之品荔
支，或謂閩為上，蜀次之，粵又次之；或謂粵次於閩，蜀最下。以予論之，
粵產掛綠，斯其最矣。福州佳者，尚未敵嶺南之黑葉。而蔡君謨譜乃云廣南
精好者僅比東閩之下等，是亦鄉曲之論也。他如木犀、山礬、素馨、茉莉，
其香之清婉，皆不出蘭芷下，而自唐以前，墨客騷人曾未有一語及之者，何
也？遊成之曰：『一氣埏埴，孰測端倪，烏知古所無者，今不新出？而昔常見
者，後不變減哉？人生須臾，即以耳目之常者，拘議造物，亦巴陋矣。』余
聞秦中不產竹，昔年山崩，其下乃皆巨竹頭。由是言之，古固產竹矣。晉葛
洪欲問丹砂，求為句漏令。句漏隸容州，余嘗為法曹，親至其地求所謂丹砂
者，顆粒不可得，豈非昔有而今無哉！蓋非特物產然也，巴卭、閩嶠夙號荒
陋，而漢、唐以來漸產人才，至宋益盛。古稱『山西出將，山東出相』，又曰
『汝穎多奇士，燕趙多佳人』，其說拘矣。」

【疏證】

見宋·羅大經《鶴林玉露》丙編卷四《物產不常》。（王瑞來點校本，中華書局1983年版，第299～300頁）

嶺南有雁始於唐

先是五嶺之外，朔雁不到。大曆二年，嶺南節度使徐浩奏十一月二十五日當管懷集縣陽雁來，乞編入史，從之。見《唐會要》。

【疏證】

宋·王溥《唐會要》卷二十八《搜狩》（清武英殿聚珍版叢書本）：「大曆二年，嶺南節度使徐浩奏十一月二十五日當管懷集縣陽雁來，乞編入史，從。先是五嶺之外，翔雁不到。浩以為陽為君德，雁隨陽者，臣歸君之象也。」

【附錄】

《杜詩鏡銓》卷十八《歸雁》（清乾隆五十七年陽湖九柏山房刻本）：

朱《注》：「《唐會要》：『大曆二年，嶺南節度使徐浩奏十一月二十五日富營懷集縣陽雁來，乞編入史，從之。先是五嶺之外，朔雁不到。浩以為陽為君德，雁隨陽者，臣歸君之象也。』按：此詩云『聞道今春雁，南歸自廣州』，正是三年春所作。又云『是物關兵氣，何時免客愁』，蓋浩以為祥，公以為異耳。史稱浩貪而佞，公蓋深譏之。」

詩云：聞道今春雁，南歸自廣州。見花辭漲海，避雪到羅浮。是物關兵氣，何時免客愁。年年霜露隔，不過五湖秋。

痘疹始於唐末

痘疹，《方書》：「胎毒也，有終身不出者。」洪稺存曰〔一〕：「天地之氣薄而後有痘疹，蓋自唐末五代始。唐以前無有犯痘疹而麻者，名醫著書亦未有詳及痘疹者。蓋天地之氣薄，而人之嗜欲益煩，五齊六和皆醞釀雨露日月之精華以成，氣薄者不能勝也。於是一人之身，先天後天皆預儲其病，以待時而後發。有不發者，特千中之一、百中之一耳。」

【疏證】

〔一〕見清·洪亮吉《更生齋集》文甲集卷三《崔上舍金南覆車懸鑒引》。（清光緒三年洪氏授經堂增修本）

吉貝涸稱木棉

《陔餘叢考》〔一〕:「木棉作布，邱文莊謂元時始入中國；而張七澤《潯梧雜佩》引《通鑑》梁武帝送木棉皂帳事，是梁時已有此布矣。說者謂《漢書注》孟康曰『閩人以棉花為吉貝』，而《正字通》及《通雅》俱云『吉貝，木棉樹也』，《南史·林邑傳》亦云『吉貝者，樹名也。其花如鵝毳，抽其緒，紡之作布，與紵布不殊』，則六朝以前木棉布乃吉貝樹之花所成。今粵中木棉樹，其花正紅，及落時，則白如鵝毳，正《南史》所云吉貝樹也，但其花秖可絮茵褥，而不可織布。按:《南史·林邑傳》以吉貝為樹，《舊唐書·南蠻傳》則云『吉貝草緝花作布，名曰白氎』。《新唐書·林邑傳》並不曰吉貝而曰古貝，謂古貝者草也。《演繁露》《唐環王傳》亦稱古貝〔二〕。然則《南史》所謂吉貝之樹，即《唐書》所謂古貝之草，其初謂之木棉者，蓋以別於蠶繭之綿。其時棉花未入中土，不知其為木本草本，以南方有木棉樹，遂意其即此樹之花所織耳。迨宋子京修《唐書》時，已知為草本，故不曰木而曰草也。史炤《通鑑釋文》謂二三月下種，至夏生黃花結實，熟時其皮四裂，中綻出如綿。蓋其種本來自外番，先傳於粵，繼及於閩，元初始至江南，而江南又始於松江。《元世祖本紀》:『至元二十六年，置浙東、江東、江西、湖廣、福建木棉提舉司，責民歲輸木棉布十萬疋。』《程鉅夫集》有《送人赴浙東木棉提舉》詩。鉅夫仕元初，而其時木棉特設專官，則其初為民利可知。邱文莊所謂元時始入中國，非無稽也。又《禹貢》『厥篚織貝』，蔡九峰注:『今南夷木棉之精好者，謂之吉貝』，則夏之織貝，亦即今草棉布，是三代時已有之，但種未移中土爾。」

【疏證】

〔一〕清·趙翼《陔餘叢考》卷三十《木棉布行於宋末元初》(清乾隆五十五年湛貽堂刻本):「古時未有棉布，凡布皆麻為之。《記》曰:『治其麻絲，以為布帛』是也。木棉作布，丘文莊謂元時始入中國，而張七澤《潯梧雜佩》引《通鑑》梁武帝送木棉皂帳事，據史炤《釋文》『木棉以二三月下種，至夏生黃花結實，及熟時其皮四裂，中綻出如綿，土人以鐵鋌碾去其核，取棉以小竹弓彈之，細卷為筒，就車紡之，自然抽緒，織以為布』，謂即此物也。按史炤《釋文》所云，正是今棉花所織之布，則梁武時已有此布矣。說者謂《漢書注》孟康曰『閩人以棉花為吉貝』，而《正字通》及《通雅》俱云『吉貝，木棉樹也』。《南史·林邑傳》亦云『吉貝者，樹名也，其花

如鵝毳，抽其緒紡之作布，與紵布不殊』。是六朝以前木棉布乃吉貝樹之花
所成，係木本而非草本。今粵中木棉樹其花正紅，及落時則白如鵝毳，正
《南史》所云吉貝樹也。但其花只可絮茵褥，而不可織布。按《南史・林
邑傳》以吉貝為樹，《舊唐書・南蠻傳》則云『吉貝草緝花作布，名曰白氎』。
《新唐書・林邑傳》並不曰吉貝，而曰古貝，謂古貝者草也。然則《南史》
所謂吉貝之樹，即《唐書》所謂古貝之草，其初謂之木棉者，蓋以別於蠶
繭之綿。而其時棉花未入中土，不知其為木本、草本，以南方有木棉樹，
遂意其即此樹之花所織。迨宋子京修《唐書》時，已知為草本，故不曰木
而曰草耳。史炤北宋人，見《文彥博傳》。又在子京之後，並習知其碾彈紡
織之技，故注解益詳。以此推之，則梁武木棉皂帳即是草本之棉所成，而
非木棉樹也。更進而推之，《禹貢》『厥篚織貝』，蔡九峰注：『今南夷木棉
之精好者謂之吉貝』，則夏之織貝亦即今草棉布，是三代時已有之矣。其見
於記傳者，《南史》：『姚察有門生送南布一端，察曰：吾所衣者，止是麻布，
此物吾無所用。』白樂天《布裘》詩云：『桂布白似雪。』又《以布裘贈蕭
殷二協律》詩云：『吳綿細軟桂布白。』曰桂布者，蓋桂管所出也。孫光憲
《南越》詩：『曉廚烹淡菜，春杼織橦花。』草棉亦名橦花。李琮詩：「腥
昧魚吞墨，衣裁木上棉。」東坡詩：『東來賈客木棉裘。』以及《五代史》
『馬希範作地衣，春夏用角簟，秋冬用木棉』。《宋史・崔與之傳》：『瓊州
以吉貝織為衣衾，工作出自婦人。』皆此物也。然則棉花布自古有之，何
以邱文莊謂元初始入中國？蓋昔時棉花布惟交、廣有之，其種其法俱未入
中土。觀姚察門生所送只一端，白樂天以此送人形之歌詠，則其為罕而珍
重可知。迨宋末元初，其種傳入江南而布之，利遂衣被天下耳。謝枋得有
《謝劉純父惠木棉》詩云：『嘉樹種木棉，天何厚八閩。厥土不宜桑，蠶事
殊艱辛。木棉收千株，八口不憂貧。江東易此種，亦可致富殷。奈何來瘴
癘，或者畏蒼旻。吾知饒信間，蠶月如岐邠。兒童皆衣帛，豈但奉老親。
婦女賤羅綺，賣絲買金銀。角齒不兼與，天道斯平均。所以木棉利，不畀
江東人。』據此，則宋末棉花之利尚在閩中，而江南無此種也。元人陳高
有《橦花》詩，云：『炎方有橦樹，衣被代蠶桑。舍西得閒園，種之漫成行。
苗生初夏時，料理晨夕忙。揮鋤向烈日，灑汗成流漿。培根澆灌頻，高者
三尺強。鮮鮮綠葉茂，燦燦金英黃。結實吐秋繭，皎潔如雪霜。及時以收
斂，采采動盈筐。緝治入機杼，裁剪為衣裳。禦寒類挾纊，老稚免淒涼。』

陳高，元末人，而隙地初學種之，則其來未久可知。陶九成《輟耕錄》記松江烏泥涇土田磽瘠，謀食不給，乃覓木棉種於閩、廣，初無踏車椎弓之制，率用手法其子，線弦竹弧，按掉而成，其功甚艱。有黃道婆自崖州來，教以紡織，人遂大獲其利。未幾道婆卒，乃立祠祀之。三十年祠毀，鄉人趙愚軒重立云。九成元末人，當時所記立祠始末如此，益可見黃道婆之事未遠，而松江之有木棉布實自元始也。《琅玡代醉編》又謂棉花乃番使黃始所傳，今廣東人立祠祀之。合諸說觀之，蓋其種本來自外番，先傳於粵，繼及於閩，元初始至江南，而江南又始於松江耳。《世祖本紀》：至元二十六年置浙東、江東、江西、湖廣、福建木棉提舉司，責民歲輸木棉布十萬匹。《程鉅夫集》有《送人赴浙東木棉提舉》詩。鉅夫仕元初，而其時木棉特設專官，則其初為民利可知。丘文莊所謂元時始入中國，非無稽也。《明史‧食貨志》：『明太祖立國初，即下令民田五畝至十畝者，栽桑、麻、木棉各半畝，十畝以上倍之。』又稅糧亦准以棉布折米。」

〔二〕宋‧程大昌《演繁露》卷十《古貝》（清學津討原本）：「《唐環王傳》：『出古貝。』古具，草也。緝其花為布，粗曰貝，精曰氎。按：今吉貝亦緝花為之，而古、吉二字不同，豈訛名耶？抑兩物也？」

無射大鐘

《能改齋漫錄》曰：「魏收集有《聘遊賦》，其曰『珍是淫器，無射高懸』者，人多不解。蓋收仕東魏，嘗聘蕭梁，乃作此賦。按《周語》：景王二十三年，鑄大鐘，名無射，伶州鳩練之而不聽者也。秦滅周，其鐘徙於長安，歷漢、魏、晉。及劉裕滅姚泓，又移於江東。歷宋、齊、梁、陳，其鐘猶在，故收賦得而載之。及隋開皇九年平陳，又遷於西京，置太常寺。至十五年，敕毀之。《隋志》不言其詳，惟《高祖紀》云：『十一年春丁酉，以平陳所得古器多為妖變，悉命毀之。』」

【疏證】

見宋‧吳曾《能改齋漫錄》卷七《事實‧無射大鐘》。（清文淵閣四庫全書本）

淳熙廢鍾

先府君櫪鳴公《淳熙廢鍾歌序》言：吾里潭溪鄉亭有淳熙廢鍾，其制甚古，四圍作沉綠色，周以雷紋，寶光可鑒。頂紐高四寸，蛟螭蟠之。自紐下

至口高二尺四寸，圍三尺八寸，厚一寸。鍾口外圍四尺六寸五分，內圍三尺四寸。肩起圓線二條，口上一寸八分圓線二條。身份四片，各起浮線三條限之。又自口線上八寸二分，橫以腰線三條，分上下二層，共成八片。上層鐫有款云「皇宋淳熙二年太歲乙未秋八月壬午，迪功郎王府典膳象州司戶里人譚鳴治鑄造，永充供養」，正書，徑六分，字體不工。然五百年物，是可寶也。乾隆甲申，鄉人銷毀之，更造新鐘，予止之，弗克及。姑紀以歌之，使後之好古者有考焉。歌曰：鄉亭榕翳風日暄，蒲牢屈曲眠高原。陰森寶氣生廟垣，頂紐矯矯蛟螭蟠。古苔四匝沉綠痕，剝蝕瑟縮銀泥溫。蝸涎螳篆蒙肩跟，昔人供養誠惟敦。淳熙乙未字可捫，歲閱五百綏黎元。鎮壓饕餮蚩尤魂，胡然棄置蒿藜根。鯨鏗黿躑聲暗吞，瓦釜鐵鐸諏朝昏。龍蛇之蟄身固存，偃蹇尚可輝乾坤。伊誰遽起雷霆燉，頓令躍冶深煩冤。矜新厭故勢莫援，後此孰得尋其源，陋儒眼豆奚足論。

大將軍礮

古所云礮，皆以機發石也。張晏曰〔一〕：「《范蠡兵法》：飛石重十二斤，為機發行二百步」，礮蓋出此。元用西域砲攻蔡州城，始用火。至明，遂為行軍要器。成祖平交阯，得其神機鎗砲，置神機營領之。嘉靖中得佛郎機法，以銅為之，長五六尺大者，重千餘斤，小者百五十斤。巨腹長頸，腹有修孔，以子銃五枚貯藥置其腹，發百餘丈，最利水戰，架以蜈蚣船，所向無不糜者。令造之，發各邊用，謂之大將軍。萬曆末，大西洋船至，復得巨銃曰紅夷，長二丈餘，重者至三千斤，震數十里。天啟中，錫以大將軍位號，遣官祭之。我太宗文皇帝天聰五年正月，造紅衣大將軍礮成，鐫曰天祐助威大將軍。我國造礮自此始。康熙十五年，紅毛國進蟠腸鳥鎗，上命翰林侍講戴梓倣造十鎗賚其使。上又謂梓曰：「法琅器中國所無，汝能思得其理乎？」梓五日成以進。西洋南懷仁謂衝天炮出其國，造之一年不成，上命梓造，八日成，上大悅，即封炮威遠將軍，鐫製法官名，以示不朽。後征葛爾鞳，以三炮墜其營，遂捷。

【疏證】

〔一〕《史記》卷七十三《白起王翦列傳》裴駰《集解》（清乾隆武英殿刻本）引、班固《漢書》卷七十《甘延壽傳》顏師古《注》（清乾隆武英殿刻本）引。均作「三百步」。

黃屋左纛

古者車皆立乘，惟婦人坐乘〔一〕，故周禮王後有安車而王無之。至漢制乘輿，乃為坐乘車，蓋用翠羽黃其裏，所謂黃屋也。金華施橑末，建太常十二旒，駕六馬，施十二鸞，金為叉髦，插以翟尾。又加牛尾大如斗置左騑軛上，所謂左纛也。〔二〕

【疏證】

〔一〕《漢書》（清乾隆武英殿刻本）卷四十《周亞夫傳》：「天子為動改容式車。」顏師古曰：「古者立乘，凡言式車者，謂俛身撫式以禮敬人。式，車前橫木也。」

許謙《讀論語叢說》下《鄉黨第十》（四部叢刊續編景元本）：「古者車皆立乘。馬驟車馳，難於立，故於車上立高五尺五寸橫一木，謂之較，伏之而立；或遇有所敬，則當俯身，故高三尺又橫一木在較下，謂之軾。有傲則俯身憑之，惟尸與婦人坐乘。」

清·姜宸英《湛園札記》卷三（清文淵閣四庫全書本）：「古者車皆立乘，唯安車與女人則坐。《呂氏春秋·貴因篇》：『至秦者立而至，有車也；適越者坐而至，有舟也。秦越遠途也，竫立安坐而至者，因其械也。』高誘注：『立猶行也。』非是且立，如何替得行字？所謂竫立者，猶正立執綏耳。」

〔二〕漢·蔡邕《獨斷》卷下（四部叢刊三編景明弘治本）：「凡乘輿車，皆羽蓋金華爪，黃屋左纛，金鑭方釳繁纓，重轂副牽。黃屋者，蓋以黃為裏也。左纛者，以氂牛尾為之，大如斗，在最後，左騑馬騣上。」

《宋書》卷十八《志第八·禮五》：「秦閱三代之車，獨取殷制。古曰桑根車，秦曰金根車也。漢氏因秦之舊，亦為乘輿，所謂乘殷之路者也。禮論輿駕議曰：『周則玉輅最尊，漢之金根，亦周之玉路也。』漢制，乘輿金根車，輪皆朱斑，重轂兩轄，飛軨。轂外復有轂，施轄，其外復設轄，施銅貫其中。《東京賦》曰：『重輪貳轄，疏轂飛軨。』飛軨以赤油為之，廣八寸，長三尺注地，繫兩軸頭，謂之飛軨也。以金薄繆龍，為輿倚較。較在箱上。槾文畫蕃。蕃，箱也。文虎伏軾，龍首銜軛，鸞雀立衡，槾文畫轓，翠羽蓋黃裏，所謂黃屋也。金華施橑末，建大常十二旒，畫日月升龍，駕六黑馬，施十二鸞，金為叉髦，插以翟尾。又加氂牛尾，大如斗，置左騑馬軛上，所謂左纛輿也。路如周玉路之製。應劭漢官鹵簿圖，乘輿大駕，則御鳳皇車，以金根為副。又五色安車、五色立車各五乘。建龍旂，駕四馬，施八鸞，余如金根之製，猶周金路也。其車各如方色，所謂五時副車，俗謂為『五帝車』也。江左則闕矣。白馬者，

朱其鬣，安車者，坐乘。又有建華蓋九重。甘泉鹵簿者，道車五乘，遊車九乘，在乘輿車前。又有象車，最在前，試橋道。晉江左駕猶有之。凡婦人車皆坐乘，故周禮王後有安車而王無也。漢制乘輿乃有之。」

金銀魚袋

唐制：開府儀同三司，及京官文武職事四品五品，並給隨身魚袋，賜紫者金魚袋，賜緋者銀魚袋。惟宋亦然。蓋古之鞶制也。《易‧訟》卦：「或錫之鞶帶。」《禮‧內則》：「男鞶革，女鞶絲」，《注》：「小囊，盛帨巾者。」《宋‧禮志》：「漢代著鞶囊者，側在腰間，或謂之傍囊，或謂之綬囊。」顧雜傳言李淳風有江中鯉魚之讖，為唐受命之符，故高祖初受禪，即罷隋竹使符、班銀菟符，旋又改銀菟符為銅魚符，以應其兆。始則用袋盛魚，後乃以魚飾袋，是若以袋為因符而有，而未知其所從來者遠也，第其制為稍異耳。

【附錄】

宋‧祝穆《事文類聚》前集卷五十三《喪事部‧不當佩魚》（清文淵閣四庫全書本）：

> 李宗諤云：「先公周顯德末翰林學士起復，裹素紗軟腳襆頭，黔紫公服。每入朝，猶佩魚袋。或曰：『魚袋者，取事君夙夜匪懈之義。然以金為飾，亦身之華也。居喪奪情，不當有金寶之飾。』公遽謝，不佩。」《談錄》。

宋‧洪邁《容齋隨筆》卷十《賞魚袋出處》（清修明崇禎馬元調刻本）：

> 隨筆書衡山唐碑別駕賞魚袋，云「名不可曉」，今按：唐職林魚帶門敘金玉銀鐵帶，及金銀魚袋云：「開元敕，非灼然有戰功者，餘不得輒賞魚袋。」斯明文也。

元‧王惲《玉堂嘉話》卷六（清文淵閣四庫全書本）：

> 金銀魚袋，唐高宗給五品上隨身銀魚袋，以防詔命之詐，出內必合之，三品以上金飾袋。垂拱中，都督刺史始賜魚。中宗景龍中，令特進佩魚，散官佩魚自此始。宋張師正《倦遊錄》云：「魚袋者，取事君夙夜匪懈之義。以金為飾，亦身之華也。」

鐵券

台州民錢允一有家藏吳越王鏐唐賜鐵券。洪武初，太祖欲封功臣，遣使

取其式而損益之。其制如瓦，第為七等。公二等，一高尺，廣一尺六寸五分。一高九寸五分，廣一尺六寸。侯三等，一高九寸，廣一尺五寸五分；一高八寸五分，廣一尺五寸；一高八寸，廣一尺四寸五分。伯二等。一高七寸五分，廣一尺三寸五分；一高六寸五分，廣一尺二寸五分。外刻歷履恩數之詳，以記其功。中鐫免罪減祿之數，以防其過。字嵌以金，凡九十七副，各分左右。左頒功臣，右藏內府，有故則合之以取信。

【附錄】

清·萬斯同《明史》卷一百三十二《志一百六·輿服四》（清鈔本）：

功臣鐵券，漢高□始與功臣剖符作誓，丹書鐵契，金匱石室，藏之宗廟。按：其誓曰「使黃河如帶，泰山如礪，國以永存，爰及苗裔」，凡十七字。紫陽方氏云：以鐵鑄符，以丹書此十七字於上，而各剖一半，諸侯執左符，留右符藏之宗廟。至唐，代宗嘗賜郭子儀鐵券，德宗嘗賜李納王武俊等鐵券，又賜安西管內黃姓蠻官鐵券。昭宗嘗以賜錢鏐，免鏐九死，子孫三死，其券詞用黃金商嵌。明初，功臣皆賜世券。成祖於靖難功臣亦有賜者。先是洪武中，帝欲封功臣，議為鐵券，而制未定。其後或言台州民錢允一為吳越王鏐之裔，家藏唐賜鐵券，遂遣使取之，因其式而損益焉。二十五年制之，以賜公侯。其制如瓦，第為七等。公二等：其一高一尺，廣一尺六寸五分；其一高九寸五分，廣一尺六寸。侯三等：其一高九寸，廣一尺五寸；其一高八寸五分，廣一尺五寸；其一高八寸，廣一尺四寸五分。伯二等：其一高七寸五分，廣一尺三寸五分；其一高六寸五分，廣一尺二寸五分。外銘歷履恩數之由，以紀其功。中鐫免罪減祿之數，以防其過。字嵌以金，凡九十七副，各分為左右。左頒諸功臣，右藏內府，有故則合之，以取信焉。

清·張廷玉《明史》卷六十八《志第四十四·輿服四》：

功臣鐵券：洪武二年，太祖欲封功臣，議為鐵券，而未有定制。或言台州民錢允一有家藏吳越王鏐唐賜鐵券，遂遣使取之，因其式而損益焉。其制如瓦，第為七等。公二等：一高尺，廣一尺六寸五分；一高九寸五分，廣一尺六寸。侯三等：一高九寸，廣一尺五寸五分；一高八寸五分，廣一尺五寸；一高八寸，廣一尺四寸五分。伯二等：一高七寸五分，廣一尺三寸五分；一高六寸五分，廣一尺

二寸五分。外刻履歷、恩數之詳，以記其功；中鐫免罪、減祿之數，以防其過。字嵌以金。凡九十七副，各分左右，左頒功臣，右藏內府，有故則合之，以取信焉。

銅柱

伏波銅柱，一在憑祥州思明府南界，一在欽州分茅嶺交阯東界。馬文淵又於林邑北岸立三銅柱為海界，林邑南立五銅柱為山界。唐馬總為安南都護，建二銅柱於漢故地。五代馬希範平蠻，立二銅柱於溪州。何銅桂之多，皆出於馬氏也。見《赤雅》。

【疏證】

見明·鄺露《赤雅》卷下《馬林銅柱》。（清知不足齋叢書本）

【附錄】

北魏·酈道元《水經注》卷三十六（清武英殿聚珍版叢書本）：

鬱水又南，自壽冷縣注於海。昔馬文淵積石為塘，達於象浦，建金標為南極之界。俞益期《箋》曰：馬文淵立兩銅柱於林邑岸北，有遺兵十餘家不反，居壽泠岸南，而對銅柱。悉姓馬，自婚姻，今有二百戶。交州以其流寓，號曰馬流。言語飲食，尚與華同。山川移易，銅柱今復在海中，正賴此民以識故處也。《林邑記》曰：建武十九年，馬援樹兩銅柱於象林南界，與西屠國分漢之南疆也。土人以其流寓，號曰馬流，世稱漢子孫也。

宋·王應麟《玉海》玉海卷第二十五《地理·漢銅柱》（清文淵閣四庫全書本）：

後漢伏波將軍馬援征南蠻，立銅柱為漢界，而南蠻懼不敢侵。《馬援傳》：「交阯女側貳反，拜伏波將軍討斬之，嶠南悉平。」《廣州記》曰：援到交阯，立銅柱為漢之極界也。建武十九年。《晉·地理志》「日南郡象林」，注：「今有銅柱，漢立此為界，貢金供稅。」《隋書》：「大業元年，劉方敗林邑，逕馬援銅柱南，八日至其國都，刻石紀功。唐南蠻傳：環王本林邑，林邑本漢象林縣。其南大浦有五銅柱，山形若倚蓋。周十里。西重巖，東涯海，漢馬援所植也。至明皇時，詔何履光以兵定南詔，取安寧城及鹽井，復立馬援銅柱乃還。」《馬總傳》：「元和中，舊史在四年。以虔州刺史遷安南都

護，廉清不撓，用儒術教其俗，政事嘉美，獠夷安之，建二銅柱於漢故處，鑱著唐德，以明伏波之裔。」《五代史》：「晉天福五年，楚馬希範平羣蠻，自謂伏波之後，立銅柱於溪州。」高一丈二尺，入地六尺，銘誓狀於上。《水經注》：「《楊氏南裔異物志》曰：『昔馬文淵積石為塘，達於象浦，建金標為南極之界。《林邑記》曰：『建武十九年，馬援植兩銅柱於象林南界，與西屠國分漢之南疆也。』」本朝太平興國七年三月，詔辰州不得移部內馬氏所鑄銅柱。

宋・程大昌《演繁露》卷十《銅柱》（清學津討原本）：

> 楚王馬希範既破羣蠻，自以為伏波之後，以銅五千斤鑄柱，高丈二尺，入地六尺，銘誓狀於上，立之溪州。

明・郎瑛《七修類稿》卷二十三《辯證類・銅柱考》（明刻本）：

> 銅柱，漢馬援所立，在交趾，聞今石培其下。《唐・南蠻傳》云：明皇時，詔何履光定南詔，取安寧城及鹽井，復立馬援銅柱。又史云：元和中，馬總為安南都護，又建二銅柱於故處，著唐德以表伏波之裔。《五代史》云：天福間，楚馬希範平群蠻，自謂伏波之後，立銅柱於溪州。共四次也。《太平御覽》：俞益期《箋》曰：馬文淵昔立銅柱於林邑，遺兵數十，號曰馬流。今柱沒海中，賴此民以識故處。《水經注》同據此，則今所有必何履光、馬總者也，故云復立故處。希範者，又在溪州矣。若今大理府者，乃鐵柱也。每歲民帖金以邀福，故似銅，此蒙氏所立。又嘗聞有讖云「銅柱折，交人滅」，此必指伏波所立之地耳。

明・彭大翼《山堂肆考》卷二十九《地理・交趾銅柱》（清文淵閣四庫全書本）：

> 《廣州記》：馬援征交趾，立銅柱為漢之極界。交趾人過其下，每以石培之，遂成丘陵。援有誓云：「銅柱折，交趾滅。」培之懼其折也。唐馬總又建二銅柱，劖著唐德，以明其為伏波之裔。《一統志》所載銅柱，在欽州分茅嶺下。

指南車

指南車，周公所作。《鬼谷子》云：「鄭人取玉，必載司南，為其不惑也。」至於秦、漢，其制無聞。張衡始復創造，漢末喪亂不存。魏高堂隆、秦朗皆

云：記者虛說，無其器。明帝青龍中，令博士馬鈞更造之，晉亂覆亡。石虎使解飛，姚興使令狐生又造焉。安帝義熙十三年，宋武帝平長安始得之。其制：設木人於車上，手指南，然機數不精，猶須人力。宋順帝昇明末，命范陽祖沖之再造，其制精巧，百屈千回，未嘗移變。晉代又有指南舟，俱見《宋書・禮志》。〔一〕

【疏證】

〔一〕《宋書》卷十八《志第八・禮五》：「指南車，其始周公所作，以送荒外遠使。地域平漫，迷於東西，造立此車，使常知南北。鬼谷子云：『鄭人取玉，必載司南，為其不惑也。』至於秦、漢，其制無聞。後漢張衡始復創造。漢末喪亂，其器不存。魏高堂隆、秦朗，皆博聞之士，爭論於朝，云無指南車，記者虛說。明帝青龍中，令博士馬鈞更造之而車成。晉亂覆亡。石虎使解飛，姚興使令狐生又造焉。安帝義熙十三年，宋武帝平長安，始得此車。其制如鼓車，設木人於車上，舉手指南。車雖回轉，所指不移。大駕鹵簿，最先啟行。此車戎狄所製，機數不精，雖曰指南，多不審正。回曲步驟，猶須人功正之。范陽人祖沖之，有巧思，常謂宜更構造。宋順帝昇明末，齊王為相，命造之焉。車成，使撫軍丹陽尹王僧虔、御史中丞劉休試之。其制甚精，百屈千回，未常移變。晉代又有指南舟。索虜拓跋燾使工人郭善明造指南車，彌年不就。扶風人馬岳又造，垂成，善明酖殺之。」

【附錄】

晉・崔豹《古今注・輿服第一》（四部叢刊三編景宋本）：

大駕指南車，起於黃帝。帝與蚩尤戰於涿鹿之野，蚩尤作大霧，士皆迷四方。於是作指南車以示四方，遂擒蚩尤而即帝位，故後常建焉。

大駕指南車，舊說周公所作也。周公治致太平，越裳氏重譯來獻白雉一、黑雉一、象牙一。使者迷其歸路，周公錫以文錦二疋，駢車五乘，皆為司南之制，越裳氏載之以南，緣扶南、林邑海際，朞年而至其國。使大夫□□將送至國而旋，亦乘司南而背其所指，亦朞年而還至。始製車轄轊皆以鐵，及還至，鐵亦銷盡。以屬巾車氏收而載之，常為先導，示服遠人而正四方也。車灋具在《尚方故事》。漢末喪亂，其灋中絕，馬先生紹而作焉，今指南車是其遺灋也。馬鈞，曹魏時人。

晉‧楊泉《物理論》（清平津館叢書本）：

　　指南車，見周官，亦見鬼谷子先生。《意林》。

　　給事中與高堂隆、秦朗爭指南車，二子云：「古無此車，記虛言耳。」先生曰：「爭虛空言不及如試之效也。」言於明帝，明帝詔使作之，車乃成。《意林》。

明‧柯維騏《宋史新編》卷三十三《志十九‧輿服》（明嘉靖四十三年杜晴江刻本）：

　　指南車一曰司南車，上有仙人，車雖轉而手常南指。一轅鳳首駕四馬駕士舊十八人太宗增為三十人。仁宗時，工部郎中燕肅始造指南車。肅上奏黃帝周公之法，其後俱亡。漢張衡、魏馬鈞繼作，屬世亂離，其器不存。宋武帝嘗為此車而制不精，祖沖之亦復造之。後魏太武帝使郭善明造，彌年不就。命扶風馬岳造，垂成而為善明鴆死，其法遂絕。唐元和中，典作官金公立以其車及記里鼓上之，憲宗閱于麟德殿，以備法駕。歷五代，至國朝，不聞得其制者。今創意成之，詔以其法下有司制之。大觀元年，內侍省吳德仁又獻指南車、記里鼓車之製。二車成，其年宗祀大禮始用之。

明‧徐應秋《玉芝堂談薈》卷二十八《指南車》（清文淵閣四庫全書本）：

　　李豫亨曰：指南車，舊傳周公所作。越裳氏重譯來獻，使者迷其歸路，周公錫以軿車五乘，皆為指南之製。越裳氏載之，週年而至其國。秦、漢其制無聞，後漢張衡始復創造。漢末其法不存，魏明帝始令博士馬鈞造之。晉亂又亡，石虎使解飛，姚興使令狐生又造。宋武平關中得之。其制如鼓車，設木人於車上，舉手指南。車驟迴轉，所指無差。至齊祖沖之又造之。今鹵簿中亦不復聞矣。世所用惟術家針盤，用水浮針，視其所指以定南北。近年吳、越、閩、廣屢遭倭變，倭船尾率用旱針盤，以辨海道。中國得其制，始多旱針盤。但其針用磁石煮製，氣過則不靈，不若水針盤之細密也。《推篷寤語》。馬鎬曰：大駕指南車，起於黃帝及蚩尤戰於涿鹿之野。蚩尤作大霧，皆迷四方，於是乃作指南車，以示四方，遂擒蚩尤而即位。故後漢恒見。舊說云周公所作，使越裳氏載之以南，緣扶南、林邑海際，期年而至其國。使大夫竇將送至國而還。其始製車轄轊皆以鐵，還至鐵亦銷盡。以屬巾車氏攻而載之，常為先道，示服遠

人而正方也。《中華古今注》。

如律令

漢人公移及《史記·儒林傳·序》述所載詔書，前、後《漢書》、《東觀餘論》所載檄文，末多作「如律令」三字，或作「急急如律令」五字。張道陵漢人，故符籙中承用之。李濟翁《資暇錄》謂令當讀作零，律令，雷邊捷鬼，周穆王時人，死為雷部小鬼，見干寶《搜神記》。善走，與雷相疾速，故云如此鬼之疾速也。〔一〕若讀去聲，作律法之發號施令，則誤矣。

按：程大昌據《風俗通論》謂漢法九章，因言曰：夫吏者，治也，當先自正，然後正人，故文書下如律令，言當承憲履繩，動不失律令也。今道流符咒，正倣官府制度為之，不必鑿以為雷鬼也。〔二〕

【疏證】

〔一〕唐·李匡乂《資暇集》卷中《急急如律令》（明顧氏文房小說本）：「符祝之類，末句『急急如律令』者，人皆以為如飲酒之律令，速去不得滯也。一說漢朝每行下文書，皆云如律令，言非律非令之文。書行下，當亦如律令，故符祝之類末句有如律令之言，並非之也。案：律令之令字宜平聲，讀為零，音若《毛詩》『盧重令』之『令』，若人姓令狐氏之令也。律令是雷邊捷鬼，學者豈不知之？此鬼善走，與雷相疾速，故云如此鬼之疾走也。」

〔二〕宋·程大昌《演繁露》卷十二《如律令》（清學津討原本）：「李濟翁《資暇錄》言今人符咒後言急急如律令者，令音零，律令雷鬼之最捷者，謂當如律令鬼之捷也。按：《風俗通》論漢法九章，因言曰：夫吏者，治也，當先自正，然後正人，故文書下如律令，言當承憲履繩，動不失律令也。今道流符咒家，凡行移悉倣官府制度，則其符咒之云如律令者，是倣官文書為之，不必鑿言雷鬼也。」

【附錄】

宋·王楙《野客叢書》卷十二《如律令》（明刻本）：

《資暇集》曰：「符祝之類，末句急急如律令者，人以為如飲酒之律令，速去不得遲也。一說謂漢朝每行下文書，皆云如律令，言非律非令文，書行下當亦如律令，故符祝有如律令之言。按：律令之令讀如零，律令是雷邊捷鬼，此鬼善走，與雷相疾，故曰如律令。」僕謂雷邊捷鬼之說，出於近世雜書，西漢未之聞也。漢人謂如律令

者，戒其如律令之施行速耳，豈知所謂捷鬼耶？此語近於巫史，不經之甚，宋時有文書如千里驛行之語，正漢人如律令之意也。

宋・葉大慶《考古質疑》卷五（清武英殿聚珍版叢書本）：

程氏《攷古編》云：「李濟翁《資暇集》曰今人符咒後言急急如律令者，令音零，律令雷鬼之最捷者，謂當如律令鬼之捷也。按：《風俗通》論漢法九章，因言曰：夫吏者，治也，當先自正，然後正人，故文書下如律令，言當承憲履繩，動不失律令也。今道流符咒，凡行移悉倣官府制度，則其符咒之後云如律令者正是倣官府文書為之，不必鑿以為雷鬼也。」

大慶按：《文選》袁紹檄豫州，終日如律令；曹公檄吳部曲，終亦曰如律令。是知李說之謬。蓋律者，所以禁其所不得為；令者，所以令其所當為；如律令者，謂如律令不得違也。道家符咒正是倣官府文書為之，誠如程氏說，故大慶復以袁紹、曹公之事而實之。

清・梁紹壬《兩般秋雨盦隨筆》卷六《急急如律令》（清道光振綺堂刻本）：

急急如律令，道家敕語也。解之者曰：「律令，雷部之獸，其行最速，故以為比。」然宣和中，陝右人發地得一檄，云：「永初二年六月丁未朔，廿日丙寅，得車騎將軍幕府文書，上郡屬國都尉二千石守丞廷義三水，十月丁未，到府受印，發夫討畔羌，急急如律令。馬四十四，驢二百頭，給內侍」云云。此檄梁師成得之以入石，然則急急如律令，乃漢之公移常語。張天師漢人，故沿用五字，道家得其祖述耳。

寓錢

孔子謂為明器者，知喪道矣，備物而不可用也。故塗車芻靈，自古有之。〔一〕至漢，祭河用寓龍寓馬，以木為之，是亦備物之意。今則用寓錢楮鏹以交鬼神，賄賂公行，雖幽明無以異，其孰有甚於此者？吾知聰明正直，其必有以吐之矣。故唐惟顏魯公、張司業家祭不同紙錢，宋惟錢鄧州若水不燒楮鏹，斯能不隨流俗為轉移者。《宋史》：「王嗣宗病，家人私焚紙錢以祈福，嗣宗止之，曰：『神苟有知，豈肯枉受賄耶？』」又歐陽子謂五代禮廢，寒食野祭而焚紙錢。王伯厚謂紙錢始於開元二十六年，王璵為祠祭使，祈禱或焚

紙錢，類巫覡，不自五代始也。〔二〕然封演《見聞記》謂紙錢蔡倫所造，魏、晉以來始有其事。古埋帛，今則燒之。〔三〕

按：倫製紙，以易竹簡縑帛耳，未必即為寓錢所自始。然云魏晉以來有其事，要亦理之可信者，是又不自開元始矣。

【疏證】

〔一〕《禮記·檀弓下第四》：「孔子謂為明器者，知喪道矣，備物而不可用也。哀哉！死者而用生者之器也，不殆於用殉乎哉！其曰明器，神明之也。塗車芻靈自古有之，明器之道也。」

〔二〕宋·王應麟《困學紀聞》卷十四《考史》（四部叢刊三編景元本）：「歐陽子謂五代禮壞，寒食野祭而焚紙錢。按：紙錢始於開元二十六年，王璵為祠祭使，祈禱或焚紙錢，類巫覡。非自五代始也。古不墓祭，漢明帝以後，有上陵之禮，蔡邕議以為禮有煩而不可省者。《舊唐書》開元二十年，寒食上墓，編入五禮，永為常式。寒食野祭，蓋起於此。朱文公謂漢祭河，用寓龍寓馬，以木為之，已是紙錢之漸。唐范傳正謂唯顏魯公、張司業家祭不用紙錢。本朝錢鄧州不燒楮鏹，呂南公為文頌之。」

〔三〕唐·封演《封氏聞見記》卷六《紙錢》（清文淵閣四庫全書本）：「紙錢，今代送葬為鑿紙錢，積錢為山，盛加雕飾，舁以引柩。按：古者享祀鬼神，有圭璧幣帛，事畢則埋之。後代既寶錢貨，遂以錢送死，《漢書》稱『盜發孝文園瘞錢』是也。率易從簡，更用紙錢。紙乃後漢蔡倫所造，其紙錢魏晉以來始有其事。今自王公逮於匹庶，通行之矣。凡鬼神之物，其象似亦猶塗車芻靈之類，古埋帛一本，埋帛下有金錢二字。今紙錢則皆燒之，所以示不知神之所為也。」

【附錄】

清·趙翼《陔餘叢考》卷三十《紙錢》（清乾隆五十五年湛貽堂刻本）：

歐陽公謂五代禮廢寒食野祭，而焚紙錢，以為紙錢自五代始，其實非起於五代也。《漢書·張湯傳》：「有人盜發孝文園瘞錢。」如淳曰：「埋錢於園陵，以送死也。」《南史》：「吳苞將終，謂其弟子曰：『吾今夕當死，壺中大錢一千，以通九泉之路。』」是漢及六朝固皆用實錢。然《漢書·郊祀志》令祠進五時牢具皆以木寓馬代駒，及諸名山川用駒者，皆以木寓馬代。則祭祀用牲，已有以木象形者，特未用於錢耳。《事林廣記》及《困學記聞》皆謂漢以來有瘞錢，後

里俗稍以紙寓錢,而不言起自何代。唐臨《冥報錄》、曾三異《同話錄》謂唐以來始有之,名曰寓錢,言其寓形於紙也。《法苑珠林》則謂起於殷長史,洪慶善《杜詩辯證》則謂起於齊東昏好鬼神之術,剪紙為錢,以代束帛。二說雖不同,然《封氏聞見記》謂紙錢魏、晉以來已有之,今自王公至士庶無不用之。封演,唐德宗時人,去六朝未遠,所見必非無據,則紙錢之起於魏、晉無疑也。《舊唐書·王璵傳》:「開元二十六年,璵為祠祭使,乃以紙錢用之於祠祭。」《通鑒》亦謂璵用紙錢,類巫覡,習禮者羞之。此又為朝廷祀典用紙錢之始。蓋自昔但里俗所用,而朝廷祭祠用之則自璵始耳。然曰習禮者羞之,則其時尚有不用者。《唐書》:「范傳正言:『顏魯公、張司業家祭不用紙錢。』」至宋,錢鄧公猶不燒楮鏹。蓋古人祭祀,本用玉幣,漢以來始用錢。後世鬼神事繁,乃易以紙,故一二守禮之士非之,以其起於祈禱以徼福也。其實律以《檀弓》明器之義,則紙錢固未嘗不可。邵康節春秋祭祀亦焚楮錢,伊川怪問之,曰:「脫有益,非孝子順孫之心乎?」朱子云:「國初言禮者錯看,徒作紙衣冠而不作紙錢,不知紙衣冠與紙錢何別?」戴埴《鼠璞》亦云漢之瘞錢,近於之死而致生之,易以紙錢,深有合於塗車芻靈之義。袁褧《楓窗小牘》記宋思陵神輿就道,諫官以為俗用紙錢,乃釋氏使人過度其親,恐非聖主所宜。孝宗抵之於地,曰:「邵堯夫何如人,而祭先亦用紙錢,豈生人處世能不用一錢乎!」《清異錄》載周世宗發引日,金銀錢寶皆寓以形,楮泉大若盞口,其印文黃曰泉臺上寶,白曰冥遊亞寶(亦見都穆《聽雨記談》)。此又後世黃白紙錢之始也。按《北夢瑣言》:王司徒潛與武相元衡善,元衡被刺,潛嘗四時燒紙錢祭之。有許琛者暴卒,見冥官,冥官謂未當死,乃放之還,因令寄聲王司徒,謂「我即武相公也。感司徒嘗資我紙錢,但多穿破。為我語司徒,須加檢校。」楊收為楊元玠所譖死,一日忽謁鄭愚借錢十萬,鄭允其半。收曰:「非銅錢也,燒時幸勿著地。」鄭如數燒之。南嶽道士秦保言偶曰:「真君上仙,何須紙錢?」夜夢真人曰:「此冥吏所藉,我何須之。」由是人皆信用紙錢。《夷堅志》:鄒智明得暴疾,請僧誦《孔雀明王經》,見有孔雀來逐鬼。鬼謂鄒曰:「我輩當去,願多燒冥錢與我。」乃呼僕買楮幣焚之,諸鬼盡去。項明

妻胡氏已死，其魂仍來與女同宿，且語項云：「吾父室廬敝，擬建新居，求錢助費。」乃焚紙鏹數百束。又云：「錢多無人輦送。」乃畫兩力士焚之。遂去。又趙天羽小說：明崇禎末，亦師市肆人鬼雜出，有以紙錢市物者，初不及辨，及晚始覺。乃設水盆，令交易者投錢於水，以別真偽。《東軒述異記》：高陽長發堂記：一人夢故友來訪，索銀錢，許之。友復曰：「錠須滿金滿銀，阡張紙帛須完全者。」又沈耀先死，其友人忽見之，與語冥間事，曰：「世間紙錢亦有用乎？」曰：「亦好。」然則紙錢紙鏹冥間真用之矣。豈人世之所意為者，鬼神即從而狗之耳？

食蛙

　　南人食蛙，見韓昌《南食》〔一〕及《答柳州食蝦蟆》〔二〕詩。宋葉榮甫謂〔三〕西北人未始不食之也。《東方朔傳》：「武帝為上林苑，朔諫，以為此地土宜薑芋，水多黿魚，貧者得以家給人足，無飢寒之憂。」師古《注》：「黿即蛙字，人亦取而食之。」又《周禮·秋官·蟈氏》，《注》云：「今御所食蛙也。」然則漢猶以蛙為御膳也。《霍光傳》：「霍山曰：『丞相擅減宗廟羔菟黿，可以此罪也。』」《注》云：「羔菟黿，所以供祭。」然則漢猶以蛙為宗廟之薦也。

【疏證】

〔一〕唐·韓愈《初南食貽元十八協律》：「鱟實如惠文，骨眼相負行。蠔相黏為山，百十各自生。蒲魚尾如蛇，口眼不相營。蛤即是蝦蟆，同實浪異名。章舉馬甲柱，斗以怪自呈。其餘數十種，莫不可歎驚。我來禦魑魅，自宜味南烹。調以鹹與酸，芼以椒與橙。腥臊始發越，咀吞面汗騂。惟蛇舊所識，實憚口眼獰。開籠聽其去，鬱屈尚不平。賣爾非我罪，不屠豈非情。不祈靈珠報，幸無嫌怨並。聊歌以記之，又以告同行。」

〔二〕唐·韓愈《答柳柳州食蝦蟆》：「蝦蟆雖水居，水特變形貌。強號為蛙蛤，於實無所校。雖然兩股長，其奈脊皺皰。跳踉雖云高，意不離濘淖。鳴聲相呼和，無理只取鬧。周公所不堪，灑灰垂典教。我棄愁海濱，恒願眠不覺。巨堪朋類多，沸耳作驚爆。端能敗笙磬，仍工亂學校。雖蒙句踐禮，竟不聞報效。大戰元鼎年，孰強孰敗橈。居然當鼎味，豈不辱釣罩。余初不下喉，近亦能稍稍。常懼染蠻夷，失平生好樂。而君復何為，甘食比豢豢

豹。獵較務同俗，全身斯為孝。哀哉思慮深，未見許回棹。」

〔三〕宋・葉大慶《考古質疑》卷四（清武英殿聚珍版叢書本）：「馬侍讀大年云：
『僕任夏縣令，一日會客蓮池上，苦蛙聲。坐中有州官，乃長安人，以微言
相戲，妄謂僕南人食此也。僕答曰：『此是長安故事。』客曰：『未聞也。』
僕取《東方朔傳》示之，客始服。』武帝為上林苑，朔諫，以為此地土宜
薑芋，水多鼃魚，貧者得以人給家足，無飢寒之憂。師古《注》：『鼃即蛙
字，人亦取而食之。馬氏舉是以為言，蓋謂長安人食蛙也。大慶攷《周禮・
秋官・蟈氏》，《注》云：『今御所食蛙也。』然則漢猶以蛙為御膳也。又
《霍光傳》：『霍山曰：「丞相擅減宗廟羔、菟、鼃，可以此罪也。」』注云：
『羔、菟、鼃，所以供祭。』然則漢猶以蛙為宗廟之薦也。馬氏乃不及此，
何耶？大慶因引二事以廣馬氏之不及，不必以食蛙為媿，而且謂客言為妄
也。」

揣摩

《春官》「典同」，賈《疏》謂「鬼谷子有飛鉗揣摩之篇，皆言從橫辨說
之術。飛鉗者，言察是非語飛而鉗持之；揣摩者，言揣人主之情而摩近之也」。
人見《戰國策》有「簡練以為揣摩」〔一〕之語，輒訓揣作量度，摩作研究，
失之矣。

【疏證】

〔一〕《戰國策・秦策》：「乃夜發書陳篋數十篋，得太公陰符之謀，伏而誦之，簡
練以為揣摩。」

【附錄】

清・陸隴其《讀禮志疑》卷六（清文淵閣四庫全書本）

大師賈疏謂康成律取妻而呂生子之義皆本律曆志，可見讀經不
可不知史。「典同」，賈《疏》謂「鬼谷子有飛鉗揣摩之篇，皆言從
橫辨說之術。飛鉗者，言察是非語飛而鉗持之；揣摩者，言揣人主
之情而摩近之」。愚按：四字說盡從橫人肺肝。

陽秋

晉簡文帝鄭后，諱阿春，故謂《春秋》為《陽秋》。桓彝曰：「季野皮裏陽
秋。」褚裒字季野。孫盛《晉春秋》曰《晉陽秋》。安帝太后李氏崩，尚書祠

部郎徐廣議曰：「陽秋之義，母從子貴。」若葛立方《韻語陽秋》之類，以易世而避其名，則惑矣。

【疏證】

宋・趙與時《賓退錄》卷三（宋刻本）：

> 晉簡文母鄭太后，諱阿春，晉人避其諱，皆以春秋為陽秋。《後傳》：「孝武下詔，依《陽秋》故事，上尊號。」孝武母《李太后傳》：何澄等議服制曰：「《陽秋》之義，母以子貴」是也。若《褚裒傳》桓彝目之曰「有皮裏陽秋」，《苟弈傳》張闓、孔愉難弈駁陳留王出城夫，謂「宋不城周，《陽秋》所譏」，則皆事在鄭后之前，晉之史官追改以避之耳。故孫盛輩著書曰《晉陽秋》。近世葛常之侍郎立方作詩話，極其該洽，顧名之曰《韻語陽秋》，以今人而為晉諱，不深考也。晉世後諱多矣，獨避鄭諱，為不可曉。然盛又有《魏氏春秋》，習鑿齒亦著《漢晉春秋》，司馬彪作《九州春秋》，則當時亦不盡避，史官亦不能盡改。蓋晉史凡十八家，而唐人修書又出於二十一人之手，豈無同異耶？

煉銀化金

倭人每浮舶至粵，市楚中白鉛，歸以煎煉，每百斤得銀十八兩，其餘滓成黑鉛，仍售中國。銀、鉛非出於倭也，但其術不傳，即爐火家亦不解耳。又《史記正義》〔一〕：安息國其人多巧，能化銀為金。

【疏證】

〔一〕《史記》卷一百二十三《大宛列傳》，《正義》引《康氏外國傳》云：「其國城郭皆青水精為礎，及五色水精為壁。人民多巧，能化銀為金。國土市買皆金銀錢。」

埋鐵製木

唐元和中，桑道茂善太一遁甲〔一〕。所居有二栢甚茂，曰：「人居而木蕃者去之。木盛則土衰，土衰則人病。」乃以鐵數十鈞埋其下。復曰：「後有發其地而死者。」太和中，溫造居之，發藏鐵而造死。〔二〕《淮南子》曰：「金勝木者，非以刀殘林也」〔三〕，此可以悟埋鐵之理。

【疏證】

〔一〕《舊唐書》卷一百九十一《方伎》：「桑道茂者，大曆中游京師，善太一遁甲

五行災異之說，言事無不中。代宗召之禁中，待詔翰林。建中初，神策軍修奉天城，道茂請高其垣牆，大為制度，德宗不之省。及朱泚之亂，帝蒼卒出幸，至奉天，方思道茂之言。時道茂已卒，命祭之。」

〔二〕唐・張讀《宣室志》卷一（清文淵閣四庫全書本）：「新昌里尚書溫造宅，桑道茂嘗居之。庭有一栢樹甚高，桑生曰：『夫人之所居，古木蕃茂者皆宜去之。且木盛則土衰，由是居人有病者，乃土衰之驗也。』於是以鐵數千鈞鎮於栢樹下。既而告人曰：『後有居者，發吾所鎮之鐵，則其家長當死。』唐太和元年，溫造居其宅，因修建堂宇，發地營繕，得其所鎮之鐵。後數日，造果卒。」後見宋・李昉《太平廣記》卷一百四十四《徵應十・溫造》。（民國景明嘉靖談愷刻本）

〔三〕見宋・李昉《太平御覽》卷九百五十二《木部一》。

【附錄】

《新唐書》卷二百〇四《方技列傳・桑道茂》：

桑道茂者，寒人，失其係望。善太一遁甲術。乾元初，官軍圍安慶緒於相州，勢危甚，道茂在圍中，密語人曰：「三月壬申西師潰。」至期，九節度兵皆敗。後召待詔翰林。建中初，上言：「國家不出三年有厄會，奉天有王氣，宜高坦堞，為王者居，使可容萬乘者。」德宗素驗其數，詔京兆尹嚴郢發眾數千及神策兵城之。時盛夏趣功，人莫知其故。及朱泚反，帝蒙難奉天，賴以濟。

李晟為右金吾大將軍，道茂齎一縑見晟，再拜曰：「公貴盛無比，然我命在公手，能見赦否？」晟大驚，不領其言。道茂出懷中一書，自具姓名，署其左曰：「為賊逼脅。」固請晟判，晟笑曰：「欲我何語？」道茂曰：「弟言準狀赦之。」晟勉從。已又以縑願易晟衫，請題衿膺曰：「它日為信。」再拜去。道茂果污朱泚偽官。晟收長安，與逆徒縛旗下，將就刑，出晟衫及書以示。晟為奏，原其死。

是時藩鎮擅地無寧時，道茂曰：「年號元和，寇盜翦滅矣。」至憲宗乃驗。道茂居有二伯甚茂，曰：「人居而木蕃者去之，木盛則土衰，土衰則人病。」乃以鐵數十鈞埋其下，復曰：「後有發其地而死者。」大和中，溫造居之，發藏鐵而造死。杜佑與楊炎善。盧杞疾之，佑懼，以問道茂，答曰：「君歲中補外，則福壽叵涯矣。」俄拜饒州刺史，後終司徒。李泌病，道茂署於紙曰：「厄三月二日就饗，

國與家吉而身危。」會中和日，泌雖篤，強入。德宗見泌不能步，
詔歸第，卒。是日北軍謀亂，仗士禽斬之。李鵬為盛唐令，道茂曰：
「君位止此，而冢息位宰相，次息亦大鎮，子孫百世。」鵬卒，後
石至宰相，福歷七鎮，諸孫通顯云。

埋木生煙

天啟六年十月辛酉，南京西華門內有煙無火，禮臣往視，乃舊宮材木瘞土
中久，煙自生，土石皆焦，以水沃之，三日始滅。

【疏證】

清·萬斯同《明史》卷四十志十四《志十四·五行三》（清鈔本）：

> 天啟元年五月二十六日，韓城縣學古槐一株，周圍丈餘，火從空出，自
> 頂逮根，遽成煨燼。六年十月辛酉，南京西華門內有煙忽起，不見火光。禮
> 臣往視，乃舊宮材木瘞土中久，煙自生，土石皆焦，以水沃之，三日始滅。

清·張廷玉《明史》卷二十九《志第五·五行二》（清乾隆武英殿刻本）：

> 天啟六年四月癸巳，白露著樹如垂綿，日中不散。十月辛酉，南京西
> 華門內有煙無火，禮臣往視，乃舊宮材木瘞土中久，煙自生，土石皆焦，
> 以水沃之，三日始滅。

清·嵇璜《續文獻通考》卷二百十八《物異考·木異》（清文淵閣四庫全書本）：

> 熹宗天啟六年四月癸巳，白露著樹如垂綿，日中不散。十月辛酉，南
> 京西華門內有煙無火，三日始滅。禮臣往視，乃舊宮材木瘞土中久，煙自
> 生，土石皆焦，以水沃之始滅。

清·龍文彬《明會要》卷七十《祥異三·草木之異》（清光緒十三年永懷堂刻本）：

> 天啟六年四月癸巳，白露著樹如垂線，日中不散。十月辛酉，南京西
> 華門外有煙無火，禮臣往視，乃舊宮材木瘞土中久，煙自生，土石皆焦，
> 以水沃之，三日始滅。

白衣冠

孔仲達曰〔一〕：「唐虞以前，喪服與吉服同，皆以白布為之，故《郊特牲》
曰：『太古冠布，齋則緇之。』不齋則用白布矣。」朱子亦謂「古人不專以
素色為凶。蓋古用皮弁，皮弁純白，自今言之則凶矣」。〔二〕然屈華夫《宗周
遊記》言「陝人皆麻葛巾白袍，或不巾，但裹一白布。蓋雍州居仲秋之位，

色尚白，故以白為常服。遇慶賀，亦皆麻葛巾白衣以往，弔喪則加一白布於巾上耳」。〔三〕

【疏證】

〔一〕見《禮記正義》卷五十八《三年問第三十八》。

〔二〕《朱子語類》卷第四十七《論語二十九·陽貨篇》「宰我問三年之喪章」（明成化九年陳煒刻本）：「問『縓緣』。曰：『縓，今淺絳色。小祥以縓為緣。看古人小祥，縓緣者不入，謂縓禮有四入』之說，亦是漸漸加深色耳。然古人亦不專把素色為凶。蓋古人常用皮弁，皮弁純白，自今言之，則為大凶矣。』」

〔三〕清·屈大均《翁山文外》卷一《宗周遊記》（清康熙刻本）：「是日初入關，見陝人皆麻葛巾白袍，或不巾，但裹一白布，無有異色衣冠者。蓋雍州居仲秋之位，色尚白，故以白為嘗服。遇慶賀亦皆麻葛巾白衣以往。弔喪則加一白布於巾上。」

白打

韋莊詩「上相閒分白打錢」，《齊雲論》曰：「白打，蹴踘戲也。」〔一〕《蹴踘譜》：「每人兩踢，名打二；曳開大踢，名白打。」蓋寒食蹴踘，見劉向《別錄》，猶《古今藝術圖》言北方寒食為鞦韆戲之類耳。「閒分白打錢」，則出錢賞賚，以博歡笑。若景龍四年清明，上御梨園，命三品以上拋球拔河可證也。楊用修謂「打錢，戲名」，已未深悉其義，而周櫟園謂「武藝十八，終以白打，如昔人以不持寸鐵為白戰，即今之手搏名短打者是也」〔二〕，亦未免好奇之過。

【疏證】

〔一〕唐·韋莊《長安清明唐地理志京兆府有長安縣》：早是傷春夢雨天，可堪芳草正芊芊。內官初賜清明火，上相閒分白打錢。紫陌亂嘶紅叱撥，綠楊高映畫鞦韆。遊人記得承平事，暗喜風光似昔年。五代·殷元勳《才調集補注》卷三（清乾隆五十八年宋思仁刻本）注「白打錢」：「《唐·百官志中》：『尚署獻球，寒食新進士於月燈閣置打球宴。』王建詩：『寒食內人長白打，庫中先散與金錢。』《齊雲論》：『白打，蹴踘也。兩人對踢為白打，三人角踢為官場。』」

〔二〕清·周亮工《閩小紀》卷一《白打》（清康熙周氏賴古堂刻本）：「予邵武寒

食詩有『幕府健兒猶白打』之句。按：王建詩『寒食內人常白打，庫中先散與金錢』，韋莊詩『內官初賜清明火，上相間分白打錢』，楊用修曰：『打錢，戲名，未明指為何事』；焦弱侯云：『按《齊雲論》：白打，蹴踘戲也。兩人對踢為白打，三人角踢為官場。』予謂白打即今之手搏，名短打者是也。昔人目手不持寸鐵為白戰，似即其意。武藝十八，終以白打。以白打為終，明乎其不持寸鐵也。以為蹴踘者非。」

【附錄】

明·焦竑《焦氏筆乘》卷三《白打錢》（明萬曆三十四年謝與棟刻本）：

王建詩：「寒食內人嘗白打，庫中先散與金錢。」韋莊詩：「內官初賜清明火，上相閒分白打錢。」用脩云：「白打錢，戲名，未明指為何事。」按《齊雲論》：「白打，蹴踘戲也。兩人對踢為白打，三人角踢為官場。」又丁晉公有白打大蹀斯。

清·杭世駿《訂訛類編》卷二《白打非蹴踘戲》（民國嘉業堂叢書本）：

《閩小記》云：周亮工著。「王建詩『寒食內人常白打』，韋莊詩『上相閒分白打錢』，楊用修曰『白打，戲名，未明指為何事』；焦弱侯云『蹴踘戲也，兩人對踢為白打，三人角踢為官場』。予謂白打即今之手搏，名短打者是也。昔人目手不持寸鐵為白戰，似即其意。武藝十八，終以白打。以白打為終，明乎其不持寸鐵也。以為蹴踘者非。」

不認親

崇禎時，北方小民製幘，低側其簷，自掩眉目，名曰不認親。其後寇亂民散，途遇親戚，有飲泣不敢言，或掉臂去之者。

【疏證】

清·嵇璜《續文獻通考》卷二百二十六《物異考·服妖》（清文淵閣四庫全書本）：

愍帝崇禎時，朝臣好以紗縠竹籜為帶，取其便易。北方小民製幘，低側其簷，自掩眉目，名曰不認親。

其後寇亂民散，途遇親戚，有飲泣不敢言，或掉臂去之者。

清·萬斯同《明史》卷四十《志十四·五行三·服妖》（清鈔本）：

崇禎時，朝臣好以紗縠竹籜為帶，取其便易，論者謂金銀重而貴，紗籜賤而輕，殆賤將乘貴也。又李建泰出師，帝餞於正陽門。建泰拜謝，印

綏花忽恕張如斗。又冬日朝，詔百官戴貂暖耳，陳啟以布為之，示貧也，非以臣事君之禮。時北方小民製幘，低側其簷，自掩眉目，名曰不認親。其後寇亂民散，途遇親戚，有飲泣不敢言，有掉臂去之者。

清‧吳偉業《綏寇紀略》卷十二（清文淵閣四庫全書本）：

北方小民製幘，低側其簷，自掩眉目，名曰不認親。其後寇亂民散，途遇親戚，有飲泣而不敢認，有掉臂而不欲認。一以畏人避罪，一以自為寡恩，先見之於首服焉。

清‧張廷玉《明史》卷二十九《志第五‧五行二》（清乾隆武英殿刻本）：

崇禎時，朝臣好以紗縠竹籜為帶，取其便易。論者謂金銀重而貴，紗籜賤而輕，殆賤將乘貴也。時北方小民製幘，低側其簷，自掩眉目，名曰不認親。其後寇亂民散，途遇親戚，有飲泣不敢言，或掉臂去之者。

鬼彈

世人詈人輒曰鬼彈。干寶《搜神記》言漢永昌郡不韋縣有禁水，惟十一二月差可渡。自正月至十月，逕之無不害人，不見其形，其作有聲，俗號為「鬼彈」，謂中人輒害也。〔一〕又《水經注》瀘水旁瘴氣特惡，氣中有物，不見其形，其作有聲，中本則折，中人則害，名曰「鬼彈」。〔二〕左思《蜀都賦》有「鬼彈飛丸以礌礚」句。〔三〕

【疏證】

〔一〕晉‧干寶《搜神記》卷十二：「漢永昌郡不違縣，有禁水。水有毒氣，唯十一月，十三月差可渡涉，自正月至十月不可渡，渡輒病殺人。其氣中有惡物，不見其形，其似有聲，如有所投擊，內中木則折，中人則害。土俗號為『鬼彈』。故郡有罪人，徙之禁防，不過十日，皆死。」

〔二〕北魏‧酈道元《水經注》卷三十六（清武英殿聚珍版叢書本）：「又東與禁水合。水自永昌縣而北逕其郡西，水左右甚饒犀象，山有鉤蛇，長七八丈，尾末有岐，蛇在山澗水中，以尾鉤岸上人牛食之。此水傍瘴氣特惡。氣中有物，不見其形，其作有聲，中木則折，中人則害，名曰『鬼彈』。惟十一月、十二月差可渡，正月至十月，逕之無不害人。故郡有罪人，徙之禁旁，不過十日皆死也。」

〔三〕明‧楊慎《丹鉛總錄》卷十九（清文淵閣四庫全書本）：「《左思別傳》云：思作《三都賦》，疾中猶改作《蜀都賦》，云：『金馬電發於高岡，碧山振翼

而雲披。鬼彈飛丸以碻磚，火井騰光而赫羲。』今本無鬼丸句。《水經注》：
『瀘水傍樟氣特惡，氣中有物，不見其形，其作有聲，中木則折，中人則
害，名曰鬼彈。』」

明·焦竑《焦氏筆乘》續集卷五《改蜀都賦》（明萬曆三十四年謝與棟刻本）：
「《左思別傳》：『思作《三都賦》，疾中猶改作《蜀都賦》，云：「金馬電發於高岡，
碧山振翼而雲披。鬼彈飛丸以碻磚，火井騰光而赫羲。」』此語甚工。今本作『金馬
騁光而絕影，碧雞倏忽而曜儀。火井沈熒於幽泉，高焰飛煽於天垂』，似不及改本。
鬼彈見《水經注》：『瀘水傍樟氣特惡，氣中有物，不見其形，其作有聲，中木則折，
中人則害，名為鬼彈。』」

明·胡震亨《讀書雜錄》卷上（清康熙刻本）：「《世說》劉孝標《注》引左思《蜀
都賦》云：『鬼彈飛丸以禠磚，火井騰光以赫曦。』今賦無之，惟云『金馬騁光而絕
景，碧雞倏忽而曜儀。火井沈熒於幽泉，高焰飛煽於天垂』。當嫌鬼彈不雅，卻分火
井為兩句耳。第未知是思所改，抑後人為之潤色也。」

【附錄】

宋·李昉《太平御覽》卷十五《天部十五·氣》（四部叢刊三編景宋本）：
《南中八郡志》曰：「永昌郡有禁水，水有惡毒氣，中物則有聲，
中樹木則折，名曰『鬼彈』。中人則奄然青爛。」

《太平御覽》卷七百九十一《四夷部十二·南蠻七·西南夷》：
又（開林按：指梁祚《魏國統》）曰：「西南夷有大湖，名曰禁
水。水中有毒氣，中有物，嘖嘖作聲，射中木石則破裂，中人則死，
其俗名曰『鬼彈』。聞聲已至，不可得見故也。」

《太平御覽》卷八百八十四《神鬼部四·鬼下》：
又（開林按：指《搜神記》）曰：「永昌郡不韋縣有禁水，水有
毒氣，惟十一月、十二月可渡涉。自正月至十月不可渡，渡輒病，
殺人。其氣有惡物，不見其形，作聲，如有所投擊，中木則折，中
人則害人，俗名『鬼彈』。」

《文士傳》曰：「左思初作《蜀都賦》曰：『鬼彈飛丸以碻磚』，
後又改易無此語。」

又《南中八部志》曰：「永昌郡有禁水，水有惡毒氣，中物則有
聲，中樹木則折，名『鬼彈』。中人則奄然青爛。」

明‧焦周《焦氏說楛》卷一（明萬曆刻本）：

> 《水經注》：「瀘水傍瘴氣特惡，中有物，不見其形，其作有聲，中木則折，中人則害，名鬼彈。」《蜀都賦》：「彈飛丸以爓燉。」

明‧慎懋官《華夷花木鳥獸珍玩考》鳥獸續考卷十《鉤蛇》：

> 先提山有鉤蛇，長七八丈，尾末有岐。蛇在山澗水中，以尾鉤岸上人牛食之。水傍瘴氣特惡，氣中有物，不見其形，其作有聲，中木則折，中人則害，名曰「鬼彈」。郡有罪人，徒之禁防，不過十日死也。

江中物怪

歲五六月，闌滄江中有物，黑如霧，光如火，聲如析木破石，觸之則死，或云瘴母也。《文選》謂之鬼彈，內典謂之禁水，此惟江邊有之，郡治絕無。見《順寧府雜志》。岑樓慎氏曰：「鬼彈」二字，《續博物志》與《雲南一統志》不同，故並記之，以俟識者取正云。

【疏證】

清‧方旭《蟲薈》卷三《昆蟲‧蟚》（清光緒刻本）：

> 《山堂肆考》：蟚一名水鏡。
>
> 《正字通》：蟚一名射工，一名射影，一名水弩，一名抱槍，一名含沙，一名短狐，一名水狐，一名溪鬼蟲。○旭按：水弩、短狐，說者多以為一物，惟《赤雅》言水弩與短狐不同。今考《錄異記》所說，水弩形狀與《驗方新編》所說射工形狀亦各有不相似處，或是兩物，未可知也。又《南中志》載永昌郡有禁水，惟十一二月可渡，餘月則殺人，其中有惡物不可見，中人則周身青爛，名曰鬼彈，亦此類。

清‧劉寶楠《愈愚錄》卷二《鬼蟚》（清光緒十五年廣雅書局刻本）：

> 《詩》：「為鬼為蟚。」《釋文》、《正義》不解鬼字，其訓蟚字，祇引《洪範五行傳》及陸璣《蟲魚疏》。今案：鬼、蟚一類，皆謂其能中傷人者。《漢舊儀》：「顓頊氏有三子，生而亡去，為疫鬼。一居江水，為瘧鬼；一居若水，為魍魎蟚鬼；《論衡‧訂鬼篇》無蟚字。一居人宮室區隅，善驚人，為小兒鬼。」《東京賦》：「八靈為之震慴，況魃蟚與畢方。」薛綜注：「魃，小兒鬼。」《抱朴子‧登涉篇》：「山中山精之形，如小兒而獨足，走向後，善來犯人。人入山，若夜聞人音大語，其名曰蚑，知而呼之，即不敢犯人

也。亦名熱內，亦可兼呼之。」《水經注·若水篇》瀘江水條下：「此水傍瘴氣時惡，氣中有物，不見其形，其作有聲，中木則折，中人則害。」劉孝標《世說新語注》：「左思初作《蜀都賦》云：『鬼彈飛丸以礌礧。』今無鬼彈，故其賦往往不同。是皆言鬼之中傷人也。」《春秋·莊十八年》：「秋，有蜮。」《左傳》：「為災也。」杜注：「蜮，短弧也。蓋以含沙射人為災。」《正義》：「服虔云：『徧身濩濩或或，故為災。』」《公羊傳》：「何以書？記異也。」何注：「蜮之言猶惑也。其毒害傷人形體，不可見。」《穀梁傳》：「蜮，射人者也。」范注：「蜮，短弧也。蓋含沙射人。」《楚辭·大招》：「蜮傷躬只。」《漢書·五行志》：「劉向以為蜮生南越，越地多婦人，男女同川，淫女為主，亂氣所生，故聖人名之曰蜮。蜮猶惑也，在水旁，能射人，射人有處，甚者至死，南方謂之短弧。劉歆以為蜮盛暑所生，非自越來也。」《京房易傳》曰：「忠臣進善，君不試，厥咎國生蜮。」《說文》：「蜮，短狐也。」段本改作弧。似鱉，三足，以氣射害人。《抱朴子·登涉篇》：「吳、楚之野有短狐，一名蜮，一名射工，一名射影，其實水蟲也。狀如鳴蜩，大似三合杯，有翼能飛，無目而利耳，口中有橫物角弩，如聞人聲。緣口中物如角弩，以氣為矢，則因水而射人，中人身者即發瘡，中影者亦病，而不即發瘡，不曉治之者殺人。其病似大傷寒，不十日皆死。」又云：「射工蟲，冬天蟄於山谷閒，大雪時索之，此蟲所在，其雪不積雷，氣起如灼蒸，當掘之，不過入地一尺則得也。陰乾末帶之，夏天自闢射工也。」《博物志》：「江南山谿中水射工蟲，甲類也，長一二寸，口中有弩形，氣射人影，隨所著處發瘡，不治則殺人。」周去非《嶺外代答》：「余在欽，一夕燕坐，見有似蜥蜴而差大者，身黃脊黑，頭有黑毛，抱疏籬之杪，張頷四顧，聳身如將躍也。適有士子相訪，因請問之。答曰：此名十二時，其身之色，一日之內，逐時有異。口嘗含毒，俟人過則射其影，人必病。余曰：非所謂蜮者與？生曰：然。」鄺露《赤雅》：「斑衣山子，插青銜弩，裸體歐交，遺精降於草木，嵐蒸瘴結，盎然化生。狐長三寸，狀如黃熊，口銜毒弩，巧伺人影，胎性使然也。予南海有水弩蟲，四月一日上弩，八月一日卸弩，亦能射人，與此不同。予遊六磨，影落澗水，為短狐所射，毒中左足。適欲撲殺，有大蟾鼓腹踊躍，摵其喉而食之。未幾，痛入骨髓，始殆如蟻卵，乍如蜂房，乍如盤渦，乍如蛇菌。一日一夜，其變百出。其大二寸，閒過三寸則死。毒大如狐，則對時死。

遍走羣醫，命在呼吸。蘧然猛省，蟾能食之，必能制之。偶有八字丹蟾，跳躍草際，取向毒處一吸，支體立運，毒口出涎滴石，石爛，魂魄漸復，如坐冰壺。其口兩月方合，聞鴛鴦鷺鷥皆能食之，腦可止痛。」諸說皆詳悉，故備錄之。

都都

六黃門居魯《臺海采風圖考》：「巡使按年巡歷南北二路，撫賞番黎，士女歡迎馬前，有跪獻都都者。張侍御潤詩云：『爭迎使節共歡呼，聽馬前頭眾婦趨。首頂糍盤陳野食，大官曾未識都都。』按：都都猶內地糍團也。」

【附錄】

清·黃叔璥《臺海使槎錄》卷六《番俗六考》：「余北巡至沙轆，嘎即率各土官婦跪獻都都。」

連橫《臺灣詩乘》卷二：「鉛山蔣心餘太史有《臺灣賞番圖》，為李西華黃門作，詩曰：「……都盧咽轆祝唐官，番呼漢人曰唐人。來獻都都糍團也。糗餈團。」

伽南香

黎媿曾筆記〔一〕：伽南出日本支國東浦寨，甚不易得。取時必先期割牲，密卜有無。走密林中，聽樹頭小兒語，急斫數斧而返，遲則有鬼搏人。隔年始一往取，先上其王及三儂，國之專政者。儂音鳥。重加洗剔，上者留之，厚酬其值，次下者聽別售。今中國所有，皆非真者。

按：郎瑛《七修類稿》言奇藍香出占城等國，他書多作奇南。《星槎勝覽》作棋楠。後得其國所賜書物，錄之於稿，乃知作奇藍二字。〔二〕愚謂梵書僧伽藍，眾園也，譯雲園，取生植義。夷俗多依佛氏教，則此香當作伽藍。乃是紛紛記錄，都無確據也。

【疏證】

〔一〕黎士弘（字媿曾）《仁恕堂筆記》一卷，見《昭代叢書》，無此。

此則似出清·徐岳《見聞錄》卷一《倭國》（清刻本）：

徽人吳三英曾至日本國，言貨至彼則報，島上市官判價無欺。客買彼貨，亦不貳價，不似中國市井多欺偽。其風俗淳樸，道不拾遺。婦人女子與人極褻狎，終不亂。捫其乳甚喜，曰：「你愛我。」若摟其足，謂有意私

之，出叉相刺。其奸禁甚嚴，不惟姦婦姦夫並死，其家不舉，則闔門論死。
客中有文人墨士，奇材異能者，王聞必召見，然每紆其途，以示土地廣潤。
又黎明塊曾筆記云：有人至日本支國東浦寨，呼中國人唐人，猶西北人呼
中國人為漢人也。國雖有王，專政者為將軍三儂，音馬。王擁虛位而已。
俗至潔，男女著白布衫，長垂至足。又云：中國伽楠皆非真，真者彼國亦
不易得。取伽楠法，先期割牲，密卜有無。走密林中，聽樹頭小兒語，急
斫數斧而返，遲則有鬼摶人。隔年始一往取，先上其王及三儂，重加洗剔，
上者留之，厚酬其值。次下者聽別售。又言將至東浦，過黑水洋最險。吹
沙無刻□，若無風緩渡，則沙壓舟沉。又言國亦有狀元，名必取人才出群
者。或數年得一人，不似中國每科必置一人為冠冕也。嘗覽《異域志》，云
日本乃徐福所領童男女避秦之虐，遂國於彼，而中國詩書亦得相傳，故其
人多尚作詩寫字。流傳既遠，數千年間，聲音不同，其文荒遠不足以續聖
教，故不相合耳。然猶市價不貳，道不拾遺，女不滛亂，何風之淳也！聖
教不行，宜其有浮海之歎歟？

〔二〕明・郎瑛《七修類稿》卷四十二《事物類・奇藍香》（明刻本）：「奇藍香出
占城等國，志書皆書奇南二字，《星槎勝覽》書棋楠二字。問之人，人不知
也。昨見潘希曾使安南，得其國之所賜書物，錄之於稿，乃此『奇藍』二
字，想志書等傳寫之訛也。」

【附錄】
明・文震亨《長物志》卷十二《香茗・伽南》（清粵雅堂叢書本）：
一名奇藍，又名琪琿。有糖結、金絲二種。糖結面黑若漆，堅若
玉，鋸開上有油若糖者最貴。金絲色黃，上有線若金者次之。此香
不可焚，焚之微有羶氣。大者有重十五六斤，以雕盤承之，滿室皆
香，真為奇物。小者以製扇墜、數珠，夏月佩之，可以避穢。居常
以錫合盛蜜養之。合分二格，下格置蜜，上格穿數孔，如龍眼大，
置香使蜜氣上通，則經久不枯。沉水等香亦然。

明・戴冠《濯纓亭筆記》卷九《辨物》（明嘉靖二十六年華察刻本）：
諸名香多出海外，占城、暹羅、真臘、爪哇諸蕃國伽南香，一
作奇南香，有金絲伽南為最上品，艾葉伽南次之，旋風伽南特偽者
耳。

明・慎懋官《華夷花木鳥獸珍玩考》花木續考卷九《伽南香》（明萬曆九

年刻本）：

香品雜出海上諸山，蓋香木枝柯竅露者，木立死而本存者，氣性皆溫，故為大螞所穴。螞食石蜜歸，而遺於香中，歲久漸漬，木受蜜氣結而堅潤，則香成矣。其香本未死，蜜氣未老者，謂之生結，上也。木死本存，蜜氣凝於枯根，潤若餳片，謂之糖結，次也。其稱虎班結、金絲結者，歲月既淺，木蜜之氣尚未融化，木性多而香味少，斯為下耳。諸香惟此種不堪入藥，故《本草》不錄。近世士夫以製帶銙，率多湊合，頗若天成。純全者難得耳。岑樓慎氏曰：廣州志東筦縣茶園村香樹出於人為，不如海語出於自然。且剖析詳明，故削廣志而錄之。

明·周嘉冑《香乘》卷五《奇藍香》（清文淵閣四庫全書本）：

占城奇南出在一山，酋長禁民，不得採取，犯者斷其手。彼亦自貴重。烏木降香，樵之為薪。《星槎勝覽》。

賓童龍國亦產奇南香。同上。

奇南香品雜出海上諸山，蓋香木枝柯竅露者，木立死而本存者，氣性皆溫，故為大螞所穴。螞食蜜歸，而遺漬於香中，歲久漸浸木，受蜜香結而堅潤，則香成矣。其香本未死，蜜氣未老者，謂之生結，上也。木死本存，蜜氣凝於枯根，潤若餳片，謂之糖結，次也。其稱虎皮結、金絲結者，歲月既淺，木蜜之氣尚未融化，木性多而香味少，斯為下耳。有以製帶袴，率多湊合，頗若天成。純全者難得。《華夷續考》。

奇南香、降真香為木，黑潤。奇南香所出產，天下皆無，其價甚高，出占城國。同上。

奇藍香上古無聞，近入中國，故命字有作奇南、茄藍、伽南、奇南、棋㻶等，不一而用，皆無的據。其香有綠結、糖結、蜜結、生結、金絲結、虎皮結。大署以黑綠色，用指搯有油出，柔靭者為最。佩之能提氣，令不思溺。真者價倍黃金，然絕不可得。倘佩少許，縶一登座，滿堂馥郁，佩者去後，香猶不散。今世所有，皆彼酋長禁山之外產者。如廣東端溪硯，舉世給用，未嘗非端，價等常石，然必宋坑下巖水底，如蘇文忠所謂「千夫挽縴，百夫運斤」之所出者，乃為真端溪可寶也。奇南亦然。

倘得真奇藍香者，必須慎護。如作扇墜、念珠等用，遇燥風黴濕時不可出，出數日便藏，防耗香氣。藏法用錫匣，內實以本體香末，匣外再套一匣，置少蜜，以蜜滋末，以末養香。香匣方則蜜匣圓，蜜匣圓則香匣方，香匣不用蓋，蜜匣以蓋總之，斯得藏香三昧矣。

奇南見水則香氣盡散，俗用熱水蒸香，大誤謬也。

明・彭大翼《山堂肆考》卷一百八十三《器用・香・犀角燕口》（清文淵閣四庫全書本）：

《香譜》：沉香出真臘者為上，占城次之，𤐨泥為下。而香之大槩，生結者為上，熟脫者次之；堅黑者為上，黃者次之。狀如犀角者謂犀角，沉如燕口者為燕口，沉如附子者謂附子，沉如梭者謂梭，沉文橫而堅致者謂之隔沉。又奇藍香出占城等國，志書皆書奇南。《星槎勝覽》又作棋楠，至海語又作伽南。近世士夫以製帶銙，率多湊合，頗若天成。又云伽南木乃沉香之生結者。

明・項元汴《蕉窗九錄・香錄・伽南香》（清學海類編本）：

有糖結伽南，鋸開上有油如飴糖，黑白相閒，黑如墨，白如糙米。焚之，初有羊羶微氣。有金絲伽南，色黃，止有絡若金絲。惟糖結為佳。

明・徐樹丕《識小錄》卷三《伽南香》（涵芬樓秘笈景稿本）：

伽南香，一名奇南，《本草》不載，惟占城有之。有堅軟淺深不同。其木最大，枝柯竅露，大螘穴之。螘食蜜歸，遺矢於中，木受蜜氣而堅潤，則香成矣。香成則木本漸壞，其傍草樹咸枯。香本未死，蜜氣復老，謂之生結，上也。木死本存，蜜氣凝於枯根潤若錫片，謂之糠結，次也。其稱虎班結、金絲結者，歲月既淺，木蜜之氣尚未融化，木性多而香味少，斯為下品。生結紅而堅，糖結黑而軟。生結國人最重，不以入國。入中國者乃糖結。試者爪掐之即入，爪起便合，帶之香可芬數室，價倍白銀。萬曆年間，彼國曾貢至四百斤。瓊州亦有土伽南，白質黑點，即所謂鷓鴣香，入手終日護鬱，其價每斤亦值金半斤。郭尚書應聘開府時，有遺糖結數斤，曰：「知君不愛金珠，敢以清物貢。」公曰：「此亦尤物。吾聞之墨者，名臭其寧以香博臭。」端人至今述之。按：《三國志》：「魏文帝求雀頭香

於吳」，當即此香類也。俟博攷。

清·程岱葊《野語》卷八《伽南香》（清道光十二年刻二十五年增修本）：

> 伽楠香一名奇楠。嘉善徐季芳岳《聞見錄》載日本國取伽楠香
> 法，先期割牲，密卜有無，走密林中，聽樹頭小兒語，急砍數斧而
> 返，遲則有鬼摶人。隔年始一往，先上其王，次及三儂音馬，日南
> 貴官。厚酬其值，次者聽別售。《明史》云：「奇楠香，占城國有之，
> 酋長遣人守視，不得採，犯者斷手足。」中國多以沉香偽之。

龍涎香

龍涎香，傳為鰌魚精液泡水面凝為涎，能止心氣痛，助精氣，以淡黃色
嚼而不化者為佳。番子浮水取之，價十倍，不可多得。按：何喬遠《名山藏》
云〔一〕：「龍涎香出蘇門答剌國。其國西有龍涎嶼，獨峙南巫里洋之中，群
龍交戲其上，遺涎焉。國人駕獨木舟伺採之。每一斤值其國金錢一百九十二
枚，準中國銅錢九千文。嘉靖三十四年，下戶部取香百斤，遍市京師不得，
下諸藩司採買。部文至廣東，臺司集議，懸價每斤銀一千二百兩，僅訪買得
十一兩上進。內驗不同，姑存之，亟取真者。部文再至，廣州獄夷囚馬那別
的貯有一兩三錢，上之，黑褐色。密地都密地山夷人繼上六兩，白褐色。細
問狀云：黑者採在水，白者採在山，皆真不贗。尋有密地山商再上，通前共
得十七兩二錢五分，次年進入，內辨驗是真，許留用。自後夷舶聞上供，稍
稍挾來市，始定價每香一兩價百金。龍涎之為用也，入香合和，能收斂腦麝
清氣，雖數十年香味仍在。得其真，和香焚之，翠煙裊空不散。或言涎沫有
三品：曰汎水，曰滲沙，曰魚食。惟汎水者可入香用。又言魚食亦有二種。
海旁有花若木芙蓉，春夏間盛開。花落海，大魚吞之。若腹腸中先食龍涎，
花咽入，久即脹悶，昂頭向石上吐沫，乾枯可用，惟糞者不佳。」

【疏證】

〔一〕見明·何喬遠《名山藏》卷二十八《典謨記》。（明崇禎刻本）

宋·陳敬《陳氏香譜》卷一《龍涎香》（清文淵閣四庫全書本）：

> 葉庭珪云：「龍涎出大食國，其龍多蟠伏於洋中之大石，臥而吐涎，涎
> 浮水面，人見烏林上異禽翔集，眾魚游泳，爭嗜之則㪍取焉。然龍涎本無
> 香，其氣近於臊，白者如百藥，煎而膩理；黑者亞之，如五靈脂而光澤。
> 能發眾香，故多用之以和香焉。」潛齋云：「龍涎如膠，每兩與金等，舟人

得之則巨富矣。」溫子皮云：「真龍涎，燒之置杯水於側，則煙入水，假者則散。」嘗試之有驗。

明·費信《星槎勝覽》卷三《龍涎嶼》（明嘉靖古今說海本）：

望之獨峙南巫里洋之中，離蘇門答剌西去一晝夜程，此嶼浮灩海面，波激雲騰。每在春間，羣龍來集於上，交戲而遺涎沫。番人挐駕獨木舟登此嶼，採取而歸。或風波，則人俱下海，一手附舟旁，一手捎水，而得至岸。其龍涎初若脂膠，黑黃色，頗有魚腥氣，久則成大塊，或大魚腹中刺出，若斗大，亦覺魚腥。焚之清香可愛。貨於蘇門答剌之市，官秤一兩用彼國金錢十二箇，一斤該金錢一百九十二箇，準中國銅錢九千箇，價亦非輕矣。

明·周嘉冑《香乘》卷五《香品·龍涎香》（清文淵閣四庫全書本）：

龍涎嶼，望之獨峙南巫里洋之中，離蘇門答剌西去一晝夜程。此嶼浮灩海，而波激雲騰，每至春間，羣龍來集於上，交戲而遺涎沫，番人挐駕獨木舟登此嶼，採取而歸。或風波，則人俱下海，一手附舟旁，一手捎水，而得至岸。其龍涎初若脂膠，黑黃色，頗有魚腥氣，久則成大塊。或大魚腹中刺出，若斗大，亦覺魚腥，和香焚之可愛。貨於蘇門答剌之市，官秤一兩用彼國金錢十二個，一勐該金錢一百九十二個，準中國錢九千個，價亦匪輕矣。《星槎勝覽》。

錫蘭山國、卜剌哇國、竹步國、木骨都束國、剌撒國、佐法兒國、忽魯謨斯國、溜山洋國俱產龍涎香。同上。

諸香中龍涎最貴，重廣州市值每兩不下百千，次等亦五六十千，係番中禁榷之物。出大食國近海旁，常有雲氣罩住山間，即知有龍睡其下。或半年，或二三年，土人更相守候，視雲氣散，則知龍已去矣。往觀之，必得龍涎。或五七兩，或十餘兩，視所守之人多寡均給之。或不平，更相仇殺。或云龍多蟠於洋中大石，龍時吐涎，亦有魚聚而潛食之，土人惟見沒處取焉。《稗史彙編》。

大洋海中有渦旋處，龍在下湧出，其涎為太陽所爍，則成片，為風飄至岸，人則取之，納於官府。同上。

香白者如白藥煎，而膩理極細；黑者亞之，如五靈脂而光澤。其氣近於燥，似浮石而輕。香本無損益，但能聚煙耳，和香而用真龍涎，焚之則翠煙浮空，結而不散。坐客可用一剪以分煙縷，所以然者，入蜃氣樓臺之餘烈也。同上。

龍出沒於海上，吐出涎沫有三品。一曰汎水，二曰滲沙，三曰魚食。泛水輕浮水面，善水者伺龍出沒，隨而取之。滲沙乃被波浪漂泊洲嶼，凝積多年，風雨浸淫，氣味盡滲於沙土中。魚食乃因龍吐涎，魚競食之，復作糞散於沙磧，其氣雖有腥燥，而香尚存。惟汎水者入香最妙。同上。

泉廣合香人云：龍涎入香，能收斂腦麝氣，雖經數十年香味仍存。同上。

所謂龍涎出大食國西海。多龍枕石而臥，涎沫浮水積而能堅，鮫人採之以為至寶。新者色白，稍久則紫，甚久則黑。《嶺外雜記》。

嶺南人有云：非龍涎也，乃雌雄交合，其精液浮水上結而成之。

龍涎自番舶轉入中國，炎經職方，初不著其用，彼賈胡殊自珍秘，價以香品高下分低昂。向南粵友人貽余少許，珍比木難，狀如沙塊，厥色青黎，厥香鱗腥，和香焚之，乃交醞其妙，裊煙蜒蜿，擁閉緹室，經時不散，旁置盃水，煙徑投撲其內，斯神龍之靈，涎沫之遺，猶微異乃爾。

明·文震亨《長物志》卷十二《香茗·龍涎香》（清粵雅堂叢書本）：

蘇問答剌國有龍涎嶼，羣龍交臥其上，遺沫入水，取以為香。浮水為上，滲沙者次之；魚食腹中，剌出如斗者又次之。彼國亦甚珍貴。

明·彭大翼《山堂肆考》卷一百八十三《器用·香·龍涎》（清文淵閣四庫全書本）：

葉廷珪《香譜》：龍涎出大食國，其龍多蟠於洋中大石，臥而吐涎，眾魚聚而嚼之，土人見則沒而取焉。然龍涎無香其氣近於臊，白者如百藥而膩理，黑者亞之，如五靈芝而光澤。能發眾香，故人常用之以和香。

清·談遷《棗林雜俎》中集：

龍涎香，出蘇門答剌國。其國西有龍涎嶼，峙南巫里洋之中，郡龍交戲其上，遺涎焉。國人駕獨木舟伺採之，每一斤值其國金錢百九十二枚，準中國銅錢九千文。嘉靖三十四年，下戶部取香百斤，徧示京師，不得，下諸藩司採買。廣東購每斤千二百金，僅得十一兩進內，驗不同，姑存之。亟取真者。廣東獄囚馬那別的貯有一兩三錢，上之，黑褐色。密地山夷人繼上六兩，白褐色。細問狀，云：黑者採在水，白者採在山，皆真，不贗。尋有密地山商再上，通前共十七兩三錢五分。次年進內，辨驗是真，許留用。自後夷舶聞上供，稍稍挾來，定價每兩售百金。龍涎之為用也，入香合和，能收斂腦麝清氣，雖數十年香味仍在；焚之，翠煙裊空不散。或言

涎沫有三品：曰泛水，曰滲沙，曰魚食。泛水則輕泛水面，善水者伺龍出隨取之。滲沙則凝積多年，氣滲沙中。魚食則化糞散於砂磧。惟泛木者可入香用。又魚食亦有二種：海旁有花若木芙蓉者，春夏間盛開，花落，海犬魚食之，若腹腸中先食龍涎，花齧入，久即漲悶，昂頭向石上吐沫，乾枯可用，惟糞者不佳。

清·趙學敏《本草綱目拾遺》卷十《鱗部·龍涎香》（清同治十年吉心堂刻本）：

朱國楨《大政記》：龍涎香出蘇門答剌國，西有龍涎嶼，峙南巫里大洋之中，羣龍交戲其上，遺涎焉。國人駕獨木舟伺採之，舟如龍形，浮海面，人伏其中，隨風潮上下，傍亦用漿，龍遇之亦不吞也。每一觔值其國金錢一百九十二枚，準中國銅錢九千文。嘉靖三十四年，下戶部取香百觔，遍市京師不得，下廣東藩司採買。部文至，臺司集議，懸價每觔銀一千二百兩，僅得十一兩上進，內驗不同，姑存之，亟取真者。部文再至，廣州夷囚馬那別的貯有一兩三錢，上之，黑褐色；密地都密地山夷人繼上六兩，白褐色。細問狀之，黑者採在水，白者採在山，皆真，不贋。尋有密地山商再上，通前共得十七兩二錢五分。次年進入內，辨驗是真，許雷用。自後夷船聞上供，稍稍挾來市，始定價每一兩價百金。龍涎之為用也，入香合和，能收斂腦麝清氣，雖十年香味仍存。得其真者，和香焚之，翠煙裊空不散。涎沫有三品：曰汎水，曰滲沙，曰魚食。汎水則輕浮水面，善水者伺龍出取之。滲沙則凝積年久，氣滲沙中。魚食則化糞於沙磧。惟汎水者可食香用。又言魚食亦有二種。海旁有花若木芙蓉，春夏間盛開，花落海，大魚吞之，若腹腸先食龍涎，花咽入，久即脹悶，昂頭向石上吐沫，乾枯可用，惟糞者不佳。

焙鴨

順德黎景升暹著《上僚翁傳》，謂翁忘其姓名，業焙鴨，嘗言其法曰：始集卵五六百，為一筐，置之土壚，覆以衣被，環以木屑，種火文武其中，設虛筐候之。卵得火，小溫，輒轉徙，虛筐而上下之，晝夜六七徙，凡十有一日而登之床。床策亦籍以衣被，而重覆其上，時旋減之。通一月，而雛孳孳啄殼出矣。然業是者，其志欲勤，其身欲親，其火候欲勻，其卑幼有事於左右者欲和而群，其耳目必專，無外分。若是者，雛肥而澤，易育且速長。故凡畜養者，競趨吾門。論者謂其得相通云。

【疏證】

明·田藝蘅《留青日札》卷三十一《湯火鴨》（明萬曆重刻本）：

　　廣東湯燖鴨卵出雛，浙江火焙鴨卵出雛，皆異。

清·羅天尺《五山志林》卷七《辨物·火焙鴨》（道光三十年粵雅堂校刊本）：

　　語云：西域骨種羊，廣東火焙鴨，皆奇事也。黎遹著《上僚翁傳》，備其法，錄之：上僚翁者，不知何姓名，居順邑東北上僚里，年最高，人因呼上僚翁。世業焙鴨，不習他技，他以雌雞伏卵，不可多得也。翁獨傳其法，間以語余曰：「始集卵五六百為一筐，置之土爐，復以衣被，環以木屑，種火文武其中，設虛筐候之。卵得火，小溫，輒轉徙虛筐而上下之，晝夜六七徙，凡十有一日而登之床。床策亦籍以衣被，而重複其上，時旋減之。通一月，而雛孳孳啄殼出矣。然業是者，其志欲勤，其身欲親，其火候欲勻，其卑幼有事於左右者欲和而群，其耳目必專，毋外分。若是者。雛肥而澤，易育且速長。故凡畜養者，競趨吾門，吾用是獲利，以衣以食與盧，傳三世未已。他業者，火不熄焉，則猛焉，或不親身，又愛其力，視聽不專，或非理虐及左右，故卵恒焦，或弛不出，出輒死，損資破業相尋也。」予聞而歎曰：翁之道，其相道乎？天下鰥寡孤獨，顛連而無告者，皆此類也。為相者，躬自戮力，贊化育，調元氣，以理論下僚，俾安其位，而仁其政，汲汲焉惟生理是圖，黎民有不遂而榮寵有不久隆者，亦鮮矣。

　　尺按：邑有上僚鄉，而非業焙鴨，唯邑北二十餘里北滘村辛姓多業是。其法與黎遹所說同，但所祀為師者，則尉遲公。說謂初有鐵匠置鴨卵數枚火爐旁，久而雛啄殼出，怪異之，因悟火焙之法。以尉遲公曾為鐵匠，故祀之，亦祭川先河意也。其法巧妙，幾奪造化，所鬻販有遠近，計其地里而予之，或三四日，或十數日，必俟到其他乃破殼出，真神巧也。至他方亦有納卵炒米中，滿月而成雛者，亦火焙之類也。夫論者多疑骨種羊為無是公，例之焙鴨，想非虛語哉！近聞余友梁武尹云有種鱉法，謂取鱉切而碎之如豆大，外包以莧菜，乘六月節布之沙坦中，不越旬而小鱉蠕蠕出焉。彼曾試之驗。續余覽建陽孟貫《藥論》云「紅莧為破鱉還丹」，益信。俗謂鱉忌莧菜，有故矣。審爾，則種羊亦自不虛，況吳淵穎所載埋脛骨事，又彰彰不爽耶？

清·俞樾《茶香室叢鈔》茶香室續鈔卷二十四《火焙鴨》（清光緒二十五年刻春在堂全書本）：

國朝羅天尺《五山志林》云：「語云：西域骨種羊，廣東火焙鴨，皆奇事也。始集卵五六百一筐，置之土壚，覆以衣被，環以木屑，種火文武其中，設虛筐候之。卵得火，小溫，輒轉徙虛筐而上下之，晝夜六七徙，凡十有一日而登之牀，亦藉以衣被而重覆其上，時旋減之，通一月而雛啄殼出矣。所祀為師者，則尉遲公，謂初有鐵匠置鴨卵數枚火壚旁，久而雛出，因悟火焙之法。尉遲公曾作鐵匠，故祀之。」

種羊

姚桐壽《樂郊私語》曰：「大漠迤西，俗能種羊。凡屠羊用其皮肉，而留其骨，以初冬末日埋著地中，至春陽季月末日，為吹笳咒語，有子羊從土中出。凡埋骨一具，可得數子羊。此蓋四生胎外之化也。」

【疏證】

此則出元・姚桐壽《樂郊私語》（民國景明寶顏堂秘笈本）：

楚石大師為沙門尊宿，嘗從駕上都，有《漠北懷古》諸作。余嘗讀其「自言羊可種，不信繭成絲」之句，疑以為羊可種乎？因以問師。師曰：「大漠迤西，俗能種羊。凡屠羊，用其皮肉，惟留骨。以初冬末日，埋著地中。至春陽季月上未日，為吹笳咒語，有子羊從土中出。凡埋骨一具，可得子羊數隻。」此蓋四生胎外之化也，亦不足怪。特非中國所有，致生疑耳。後讀浦江吳立夫《西域種羊皮書褲歌》云：「波斯國中神夜語，波斯牧羊俱雜虜。當道劀刀羊可食，土城留種羊脛骨。四圍築垣聞杵聲，羊子還從脛骨生。青草叢抽臍未斷，馬蹄踏鐵繞垣行。羊子跳踉卻在草，鼠王如拳不同老。飫肉筵開塞饌肥，裁皮褲作書林寶。南州俠客遇西人，昔得手褲今無倫。君不見冰蠶之錦欲盈尺，康洽年來貧不貧。」此又云以脛骨種之，與琦師目見之者不同也。蓋波斯國別有種法，如吳詩所聞耳。

明・孫能傳《剡溪漫筆》卷五《種羊》（明萬曆四十一年孫能正刻本）：

大漠迤西，俗能種羊。凡屠羊，用其皮肉，惟留骨。以初冬末日，埋著地中。至春陽季月上未日，為吹笳咒語，有子羊從土中出。凡埋骨一具，可得子羊數隻。楚石琦禪師《漠北懷古》詩云：「自言羊可種，不信繭成絲」，蓋紀實也。吳立夫萊亦有《西域種羊皮書褲歌》云：「波斯國中神夜語，波斯牧羊俱雜虜。當道劀刀羊可食，土城留種羊脛骨。四圍築垣聞杵聲，羊子還從脛骨生。」詳姚桐壽《樂郊私語》。羊可種而生，

亦異聞也。

明・周嬰《巵林》卷五《解馮・種羊》（清文淵閣四庫全書本）：

《詩紀》載北齊高昂《征行》詩曰：「壟種千口牛，泉連百壺酒。朝朝圍山獵，夜夜迎新婦。」注云「見《太平廣記》。」

解之曰：《太平廣記》引《談藪》，此詩作「隴種千口羊」，《詩紀》及《詩所》乃云「千口牛」，誤也。《史記正義》及《太平廣記》引宋膺《異物志》曰：「大秦國北附庸小邑，有羊羔自然生於土中。候其欲萌，築牆繞之，恐獸所食也。其臍與地連，割絕則死。擊鼓驚之，乃驚鳴，臍遂絕。則逐水草，以一二百口為羣。」豈其類乎？然此不言種之也。四明孫能傳一之《剡溪漫筆》曰：「大漠迤西，俗能種羊。凡屠羊，用其皮肉，惟留骨。以初冬末日，埋著地中。至春陽季月上未日，為吹笳呪語，有子羊從土中出。凡埋骨一具，可得子羊數隻。楚石琦禪師《漠北懷古》詩云：『自言羊可種，不信繭成絲』，蓋紀實也。吳立夫萊亦有《西域種羊皮書褥歌》云：『波斯國中神異語，波斯牧羊俱雜虜。當前割刀羊可食，土城留種羊脛骨。四圍築垣聞杵聲，羊子還欲脛骨生。』姚洞壽《樂郊私語》。羊可種而生，亦異聞也。」據此，則隴種千口羊蓋實有是事，書之為牛，將牛亦可種耶？

王士禎《池北偶談》卷二十三《談異四・羊馬》

西域種羊，或云以皮肉埋地，或云以脛骨，率用初冬季春未日，其詳見於《異物志》、《剡溪漫筆》諸書。吳立夫《淵穎集》有《波斯國種羊皮書褥歌》。又元僧楚石詩：「自言羊可種，不信繭成絲。」予嘗考之，不自立夫、楚石始也。北齊高昂詩：「隴種千口羊，泉連百壺酒。朝朝圍山獵，夜夜迎新婦。」形諸歌詠，其來久矣。《雙槐歲鈔》以骨羊草馬作對云。雲南越賧故地之西，多薦草，產善馬，始生若羔，歲中紐莎靡，飲以米瀋，七年可騎，日馳數百里，世稱「越賧駿」。見《唐書》。周嬰《巵林》云：《太平廣記》引《談藪》，作「壟種千口羊」。《詩紀》、《詩所》乃云「千口牛」，誤也。

清・來集之《倘湖樵書》卷二《種血氣之物》（清康熙倘湖小築刻本）：

劉郁《出使西域記》：「以羊臍種於土中，溉以水，聞雷而生，臍係地中。及長，驚以木聲，臍乃斷，便能行齧草。至秋可食，臍內復有種，名壟種羊。」五臺山僧有詩曰：「自言羊可種，不信繭成絲。」段公路《北戶

錄》云：「大秦國有地生羊，其色黑。羔生土中，國人築牆圍之。臍與地連，割之則死。但走馬擊鼓以駭之，驚鳴臍絕，便逐水草。」楚石大師云：「大漠迤北，凡屠羊，用其皮肉，惟留骨。以初冬未日，埋著地中。至春陽季月末日，為吹笳咒語，有子羊從土中出。凡埋骨一具，可得羊數雙。」吳淵穎《西域種羊皮書褥歌》則又言波斯國中，將羊脛骨留土中，四圍築垣，聞杵聲則羊子從脛骨生矣。抽臍未斷，馬蹄踏鐵，繞垣而行，羊子跳踉而出。此又與琦師所見少異。《劉子·觀量篇》云：「晉文種菜，曾子植羊，非性闇蠢，不辨方隅，以其運大，不習小務也。」注：「植羊謂剗羊皮，用土種之也。」豈古乃有此法耶？

清·史夢蘭《止園筆談》卷五（清光緒四年刻本）：

今西域骨種羊盛行於中國，冠服皆用之。或謂骨種乃骨重之譌，蓋謂羊無種理也。余案：元姚桐壽《樂郊私語》載楚石大師從駕上都，《漠北懷古》詩有「自言羊可種，不信繭成絲」之句，自注云：大漠迤西，俗能種羊。凡屠羊，用其皮肉，惟留骨。以初冬未日，埋著地中。至春陽季月上未日，為吹笳呪語，有子羊從土中出。凡埋骨一具，可得子羊數隻。此蓋四生胎外之化也，亦不足怪，特非中國所有，致生疑耳。後讀浦江吳立夫《西域種羊皮書褥歌》云：波斯國中神夜語，波斯牧羊俱雜虜。當道割刀羊可食，上城留種羊脛骨。四圍築垣聞杵聲，羊子還從脛骨生。青草叢抽臍未斷，馬蹄踏鐵繞垣行。羊子跳踉卻在草，鼠王如拳不同老。飫肉莚開塞饌肥，裁皮褥作書林寶。南州俠客遇西人，昔得羊褥今無倫。君不見冰蠶之錦欲盈尺，康洽年來貧不貧。此又云以脛骨種之，與琦師目見之者不同也。蓋波斯別有種法，如吳詩所聞耳。元劉郁《西使記》：壟種羊，出西海。以羊臍種土中，漑以水，聞雷而生。臍係地中，及長，驚以木，臍斷，便行嚼草，至秋可食，臍內復有種。

宜男草

人多以萱為宜男，其說見於《風土記》〔一〕。又梁徐勉《萱草花賦》：「其葉四垂，其跗六出。亦曰宜男，加名斯吉。」然《南方草木狀》曰〔二〕：「水蔥花葉皆如鹿蔥，花色有紅、黃、紫三種。出始興。婦人懷姙佩其花，生男者即此，非鹿蔥也。」蓋水蔥生水中，如蔥，亦名翠管。〔三〕又《群芳譜》曰〔四〕：「鹿蔥色頗類萱」，然各自一種。《本草》注萱即今之鹿蔥〔五〕，亦誤。

【疏證】

〔一〕宋·李昉《太平御覽》卷第九百九十六《百卉部三·萱》（四部叢刊三編景宋本）：「《風土記》曰：『花曰宜男，姙婦佩之，必生男，又名萱草。』」

〔二〕見晉·嵇含《南方草木狀》卷上。（宋百川學海本）

〔三〕元·胡古愚《樹藝篇》草部卷二《水蔥》（明純白齋鈔本）：「水蔥生水中，如蔥而中空，又名翠管。王維詩『水鷲波兮翠管靡』是也。」

〔四〕見清·汪灝等《佩文齋廣群芳譜》卷四十六《花譜·鹿蔥》。（清康熙刻本）

〔五〕宋·唐慎微《重修政和經史證類備用本草》卷十《草部下品之上·藜蘆》（四部叢刊景金泰和晦明軒本）：「今萱草亦謂之鹿蔥。」卷十一《草部下品之下·萱草》：「萱草，俗謂之鹿蔥。」

一品妃

崔豹《古今注》：「當歸一名文無。」《本草》云：「七八月開花，似蒔蘿，淺紫色。」新安汪度詠一品妃詩，自注云：「當歸花曾入禁苑，賜此名。」

【疏證】

此則出清·王士禎《香祖筆記》卷九（清文淵閣四庫全書本），云：「新安門人汪洪度，字於鼎，夙有詩名。嘗有詠一品妃詩，云：『敢以三春草，蒙稱一品妃。植根緣湛露，發艷借恩輝。幸自生同蒂，羞將影獨違。未須勞遠寄，念此亦當歸。』自注：『當歸花曾入禁苑，賜此名。』余按：藥花入詩最新。如人參、枳殼皆見唐人詩，連翹見楊太宰夢山詩。余丙子使蜀，山路中見白芨花，因得『西風盡日濛濛雨，開遍空山白芨花』之句。若當歸，詩人止習用太史慈、姜伯約事，未詠其花，始見於鼎此詩耳。按崔豹《古今注》：『當歸一名文無。』《本草》云：『七八月開花，似蒔蘿，淺紫色。』」

晉·崔豹《古今注·問答釋義第八》（四部叢刊三編景宋本）：「牛亨問曰：『將離相贈之以勺藥者，何也？』答曰：『芍藥一名可離，故將別以贈之。亦猶相招召贈以文無，文無一名當歸也。欲忘人之憂，則贈之以丹棘，丹棘一名忘其憂草，使人忘其憂也。欲蠲人之忿，則贈之青堂，青堂一名合懽，合懽則忘忿。』」

宋·唐慎微《重修政和經史證類備用本草》卷八《草部中品之上·當歸》。（四部叢刊景金泰和晦明軒本）又見明·李時珍《本草綱目》卷十四《草之三·當歸》。（清文淵閣四庫全書本）

《千百年眼》史源補考

開林按：我在湖北大學讀研究生期間，閱讀張燧《千百年眼》十二卷（河北人民出版社 1987 年版）時，發現有些條目文字見於他書，並做了一些筆記。2019 年 10 月，承蒙朱志先兄寄贈大著《千百年眼校釋》、《史源學視野下張燧〈千百年眼〉研究》（武漢大學出版社 2018 年版），深感志先兄對此書浸淫之久，用力之深。茲就《千百年眼校釋》（卷一～卷三）未校釋之條目稍作補充。

卷　一

（第 1 頁）上古文籍

泰山封禪，文字萬家，周有外史專掌三皇五帝之書，則古人文籍，不必盡滅今時。顧世類弗傳者，良由洪荒始判，楮墨未遑。重以祖龍烈焰，煨燼之中，僅存如線。漢世諸儒，稍加綴拾，劉氏《七略》遂至三萬餘卷。考諸班氏《藝文》，西京製作，才十二三耳。世以「皇、夔、稷、契，何書可讀」，然乎否耶？

按：明·胡應麟《少室山房筆叢》甲部經籍會通一（明萬曆刻本）：

> 然泰山封禪，文字萬家，合雒禪通，沿洄十紀。騄微此例，則古人文籍不必盡減今時。顧世類弗傳者，良由洪荒始判，楮墨未遑。竹簡韋編，既非易致；靈文秘檢，又率難窺。重以祖龍烈焰，煨燼之中僅存如線。漢世諸儒稍加綴拾，劉氏《七略》遂至三萬餘卷。

考諸班氏秋文，西京製作纔十二三耳。世以鼻、夔、稷、契何書可讀，然乎？否耶？

（第2頁）古史之謬

譙周《古史考》，以炎帝與神農，各為一人。羅泌《路史》，以軒轅與黃帝，非是一帝；史皇與蒼頡，乃一君一臣；共工氏或以為帝，或以為伯而不王；祝融氏或以為臣，或以為火德之主。楊朱云：「三皇之事，若存若亡。五帝之事，若覺若夢。三王之事，或隱或顯，億不識一。當身之事，或見或聞，萬不識一。目前之事，或存或廢，千不識一。」至哉言乎！

按：完全抄錄楊慎《丹鉛總錄》卷二十六《瑣語類》。（清文淵閣四庫全書本）

（第9頁）瞽象殺舜之由

虞氏自幕故有國，至瞽瞍亦無違命，則粗能守其國者也。其欲殺舜，蓋欲廢嫡立幼。而象之欲殺其兄，亦欲奪嫡故爾。不然，豈以匹夫之微、愛憎之故而遽殺人哉！然則舜固有國之嫡，而乃為耕稼陶漁之事何居？或者見逐於父母，故勞役之；或避世嫡不敢居，而自歸於田漁耳。故雜書有謂舜見器之苦惡，而陶河濱；見時之貴矅，而販負夏。孔子曰：耕漁陶販，非舜事也，而往為之，以救敗耳。此說雖出雜書，而實得聖人之意。瞽、瞍之欲殺舜，在初年之間。而堯之舉舜，則在其克諧之後。《史記》反覆重出而莫之辯，固也。然孟子當時，亦不辯萬章之失何也？蓋孟子不在於辯世俗傳訛之跡，而在於發明聖人處變之心。則其事蹟之前後有無，固不必拘拘也。

按：宋・金履祥《通鑑前編》卷一《二載定閏法》（清文淵閣四庫全書本）：

　　嘗考其情，則虞氏自幕故有國，至瞽瞍亦無違命，則粗能守其國者也。其欲殺舜，蓋欲廢嫡立幼。而象之欲殺其兄，亦欲奪嫡故爾。不然，豈以匹夫之微、愛憎之故而遽欲殺之哉！然則舜固有國之嫡，而其為耕稼陶漁之事，何也？曰：古之國家子弟，固非如後世之养養。舜之為田漁，而人從之，又非必如今之漁人陶工也。或者見逐於父母，故勞役之；或避世嫡不敢居，而自歸於田漁，亦因是以行其政教而濟時之窮。故雜書有謂舜見器之苦惡，而陶河濱；

見時之貴糶，而販負夏。孔子曰：耕漁陶販，非舜事也，而往為之，以救敗耳。此說雖出雜書，而實得聖人之意。又瞽、瞍之欲殺舜，在其初年之間。而堯之舉舜，則在其克諧之後。《史記》反覆重出而莫之辯，固也。然孟子當時亦不辯萬章之失，何也？蓋孟子不在於辯世俗傳訛之跡，而在於發明聖人處變之心，務使學者得聖人之心，以推天理人倫之至。則其事蹟之前後有無，皆不必辯矣。

（第9頁）納大麓非山麓

《孔叢子·宰我問》書云：「『納於大麓，烈風雷雨弗迷』，何謂也？」孔子曰：「此言人之應乎天也。堯既得舜，歷試諸艱，使大錄萬幾之政，是故陰清陽和，五星來備，風雨各以其應，不有迷錯愆伏，明舜之行合於天也。」此說與注疏合，意古相傳如此。今以大麓為山麓，是堯納舜於荒險之地，而以狂風霹靂試其命，何異於茅山道士之鬪法哉！

按：原出楊慎《丹鉛總錄》卷二十三，曰：

> 《孔叢子》：「宰我問：『《書》云：納於大麓，烈風雷雨弗迷。何謂也？』孔子曰：『此言人言之應乎天也。堯既得舜，歷試諸難，使大錄萬幾之政，是故陰清陽和，五星來備，風雨各以其應，不有迷錯愆伏，明舜之行合於天也。』此說與注疏合，意古相傳如此。今以大麓為山麓，是堯納舜於荒險之地，而以狂風霹靂試其命，何異於茅山道士之鬪法哉！」

所引《孔叢子》見卷一《論書第二》（清嘉慶宛委別藏本），故此處標點有誤。

（第10頁）象刑辨

《舜典》曰：「象以典刑。」皋陶曰：「方施象刑惟明。」是唐虞固有象刑矣。而去古既遠，說者不一。荀況記時人之語曰〔註1〕：「象刑墨黥，慅嬰共艾，畢菲對屨，殺赭衣而不純也。」漢文帝詔除肉刑曰：「有虞氏畫衣冠，異章服以為僇而民不犯。」此二說者，皆譌傳也。禹之稱舜曰：「與其殺不辜，寧失不經。」又曰：「怙終賊刑，刑故無小」，是豈嘗不殺不刑哉！荀況有云：「以為治耶，則人固莫觸罪，非獨不用肉刑，亦不用象刑矣。人或觸罪矣，而直輕其刑，是殺人者不死，傷人者不刑也。」數語雖堯、舜復出，

〔註1〕見《荀子·正論》。

無以易也。然則象刑云者,是必模寫用刑物象,以明示民,使知愧畏耳。禹鑄鼎象物,使民知奸回,亦此意。

　　按:宋·程大昌《考古編》卷四有《象刑》五篇(民國校刻儒學警悟本)。此乃節錄糅雜其文而成。原文曰:

象刑一

　　　　《舜典》曰:「象以典刑。」《皋陶謨》曰〔註2〕:「方施象刑惟明。」是唐虞固有象刑矣。而去古既遠,說者不一。荀況記時人之語曰〔註3〕:「象刑:墨黥、慅嬰、共艾畢、菲對屨、殺赭衣而不純也。」漢文帝詔除肉刑曰〔註4〕:「有虞氏畫衣冠,異章服以為僇,而民不犯。今法有肉刑三,而奸不止。」武帝之策賢良曰:「唐虞畫像而民不犯。」應劭曰:「二帝但畫衣冠,異章服,而民不犯也。」《孝經緯》曰:「三王無文,五帝畫像,三王肉刑。畫像者,上罪墨象赭衣雜屨,中罪赭衣雜屨,下罪雜屨而已。」《白虎通》曰:「畫像者,其衣服象五刑也。犯墨者蒙巾,犯劓者以赭著其衣,犯髕者以墨蒙其髕,象而畫之;犯宮者扉,扶未反。犯大辟者布衣無領。」凡此數說者,雖不能會歸於一,要其大致,皆謂別異衣服以愧辱之,而不至於用刑。此遠古而譌傳也。禹之稱舜曰:「與其殺不辜,寧失不經。」〔註5〕特不殺不辜耳,而未嘗去殺也。「怙終賊刑」〔註6〕,「刑故無小」〔註7〕,是未嘗置刑不用也。戰國之時,未經秦火,凡謂象刑者,示辱而已,無所事於刀鋸斧鉞也。荀況既知其不然,而亦不能別援古典,以當其有無,特能推理以辨,而曰:「以為治耶,則人固不觸罪,非獨不用肉刑,亦不用象刑矣。人或觸罪矣,而直輕其刑,是殺人者不死,傷人者不刑也。」此數語者,雖堯、舜復出,無以易也。(下略)

象刑二

　　　　(上略)則象刑云者,是必模寫用刑物象,以明示民,使知愧

〔註2〕見《尚書·益稷》,非《皋陶謨》。
〔註3〕見《荀子·正論》。
〔註4〕見《漢書》卷二十三《刑法志》。
〔註5〕見《大禹謨》。
〔註6〕見《舜典》。
〔註7〕見《大禹謨》。

畏，而可他求泛說哉！第世言象刑者，不究其本，而直謂畫像可以
代刑，則人不信耳。

象刑四

此其鑄鼎象物之意，與畫像而期不犯之意同也。

（第13頁）《禹貢》為古今地理之祖

《禹貢》一書，作於虞、夏之際，乃千百年談地理者，卒莫能外也。是
故，大賢如孟子，其論洪水曰：「決汝漢，排淮泗，而注之江。」是江有通淮
之道矣。及考之《禹貢》，則曰「沿於江海，達於淮泗」，是江未嘗有達淮之
理。蓋吳王夫差掘溝以通於晉，而江始有達淮之道，孟子蓋指夫差所掘之溝，
以為禹跡也，明矣。博洽如史遷，其作《河渠書》曰：「斯為二渠，復禹舊
跡。」是以二渠出於禹者也。及考之禹跡，河自龍門，至於大陸，皆為一流，
至秦河決魏都，始有二流。子長蓋誤指秦時所決之渠，以為禹跡也，明矣。
吁！《禹貢》之書，不過數千言爾，古今言地理之牴牾，莫不於此取質焉。
後此者，其可捨之而不為依據乎？夫《禹貢》所以不可及者何？神聖之擘畫，
原非後儒所能彷彿。且也，州不繫於方域，而繫之山川，所以千古如一日，
而莫之能違也。

按：原出宋·鄭樵《六經奧論》卷二《書經·禹貢地理辨》（清文淵閣四
庫全書本）：

日歷代輿圖所述，先儒多論及之，皆不足以為據。所可據者，
《禹貢》一書耳。然《禹貢》之書，實作於虞夏之際，而欲盡後世
之地理，亦難乎參稽矣。何者？大賢如孟子，嘗言地理之誤矣，惟
《禹貢》足以明之；博洽如史遷，嘗言地理之誤矣，惟《禹貢》足
以辨之。揚雄、班固皆相忘於誤者也，亦惟證之以《禹貢》而已。
況漢而下諸儒之議論乎！何以知之？孟子曰：「決汝漢，排淮泗而注
之江。」是江有通淮之道矣。及考之《禹貢》，則曰：「沿於江海，達
於淮泗」，是江未嘗有達淮之理。蓋吳王夫差掘溝以通於晉，而江始
有達淮之道，孟子蓋指夫差所掘之溝以為禹跡也明矣。史遷之作《河
渠書》，曰：「廝為二渠，復禹舊跡。」是以二渠出於禹者也。及考
之禹跡，河自龍門，至於大陸，皆為一流。至秦，河決魏都，始有
二流。子長之論，其誤指秦時所決之渠以為禹跡也明矣。……吁！

《禹貢》一書不過數千言爾，古今言地理之牴牾，莫不於此取質焉。則後之言地理者，其可捨之而不為依據乎？《禹貢》一書所以不可及者，何邪？得道之言與材智之言異。《禹貢》之言，其深於道乎！書出於道，非後世地理家比也，故州不繫於方域而繫之山川，至後世則有四至八到之說矣。山川小者繫其州，大者條而出之，至後世為一山跨數州，一水而見數郡矣。冀州不言四方所距，至後世則京兆、扶風與郡縣同體矣。禹跡所及，東至萊牧，西至和夷，以至皮卉之服，無不為之績敘而已，至後世則羈縻州郡皆入中國圖籍矣。四者之意既已周知，而復於終篇，不過百言，遂能盡九州之田賦、土地之所宜、道路山川之遠近，非深於道能之乎？

（第 14 頁）帝賚良弼

傅說事，世咸疑之，以為夢而得賢可也。或否焉，亦將立相之與。且天下之貌相似亦多矣，使外象而內否，亦將寄以鹽梅舟楫之任與？審如是，則叔孫之夢豎牛，漢文之夢鄧通，卒為身名之累，夢果可憑與？或者又云：武丁嘗遁於荒野而後即位，彼在民間，已知說之賢矣。一旦欲舉而加之臣民之上，人未必帖然以聽也，故徵之於夢焉。且商俗信鬼，因民之所信而導之，是賢人所以成務之幾也。此說辨矣而亦非。蓋所云夢賚者，實帝感其恭默之誠而賚之也。其性情治者其夢寐不亂，乃可以孔子夢周公同觀。鄭文夢鹿而得真鹿，心誠於得鹿者，尚可以得。況誠於求賢，而有不得者乎？

按：楊慎《丹鉛總錄》卷十《人品類·傅說》（清文淵閣四庫全書本）：

武丁以夢相傅說事著於書矣，而世猶疑之曰：夢而得賢可也，或否焉，亦將立相之與？且其旁求以象之肖也，天下之貌相似亦多矣，使外象而內否，亦將寄以鹽梅舟楫之任與？審如是，則叔孫之夢豎牛，漢文之夢鄧通，卒為身名之累，夢果可憑與？或曰：非也。武丁嘗遁於荒野而後即位，彼在民間已知說之賢矣，一旦欲舉而加之臣民之上，人未必帖然以聽也，故徵之於夢焉。是聖人之神道設教也，是所謂民可使由而不可使知也。且又商之俗質而信鬼，因民之所信而導之，是聖人所以成務之幾也。劉禹錫之言曰：「在舜之庭，元凱舉焉，曰舜用之，不曰天授。在殷中宗，襲亂而興，心知說賢，乃曰帝賚堯民，知餘難以神誣。商俗以詭，引天而毆，蓋亦

意料之言也。」《莊子》載太公之事云：「文王見一丈夫釣，欲舉而授之政，而恐大臣父兄之弗安也；欲終而釋之，而不忍百姓之無天也。於是旦而屬之大夫曰：昔者寡人夢見良人，黑色而頯，號曰：寓而政於臧丈人，庶幾乎民有瘳乎。遂迎臧丈人而授之政。顏淵問於仲尼曰：『文王其猶未邪？又何以夢為乎？』仲尼曰：『默。女無言。夫文王盡之也，而又何論刺焉。彼直以循斯須也。』」禹錫之言，蓋本莊子。彼以武丁、文王之用說與望，猶田單之妄用一男子為軍師，類乎聖人之神道設教，以幾成務，而不使民知，恐不如是也。其所云夢賚者，實帝感其恭默之誠而賚之也。其性情治者，其夢寐不亂，乃可以孔子夢周公同觀，而非叔孫之踐妖、漢文之啟幸矣。鄭人夢鹿而得真鹿，心誠於得鹿也。心誠於得鹿者，非天理之公也，而尚可以得，況誠於求賢而有不得者乎？司馬彪《莊子音義》謂傅說生無父母，洪氏注《楚辭》謂說一旦忽然從天而下，便為成人，無少長之漸。此兒童之言也，固不必辨。

（第14頁）伊尹放君之誤

陳越石云：「商甲不惠於天下，其臣放之。後能改過，復歸於亳。善矣不可以為法。如日蝕不吐，河清難俟，中原之鹿將軼，時乘之龍待駕，於臣之業，何如？又況乎體非金石而冒霧露，如懷失國之垢以損其身，則試君之謗，消無日矣。殷之君臣，亦幸而成耳。噫！泥泥接踵，羿羿比肩，後之為人臣者，其始也；未嘗不伊不周，其終也，未嘗不羿不泥，皆取伊、周以為嚆矢也。」越石此論似矣，尚未深考。按孫季昭《示兒編》云：「《書》所載伊尹放太甲於桐，『放』當作『教』，以其篆文相近故訛爾。」其論甚偉，可息紛紛之疑。勾曲外史張天雨取其說，書於伊尹古像之後。

按：陳越石之言出自其《太甲論》，見宋·姚鉉《重校正唐文粹》卷三十六（四部叢刊景元翻宋小字本），曰：

> 殷甲不惠於天下，其臣放之。後能改過，亦為臣之所立。或曰：社稷之臣必當如是。淺於國者之為論也。至若承湯之教，全殷之統，立臣之節，豈如是邪？君上之不肖與賢智，豈臣下之有不知邪？擇其嗣，當求賢而立之。不知其非賢，以為不明，因而放之，令其自新，如日蝕不吐，河清難俟，中原之鹿將軼，時乘之龍待駕，於臣

之業何如哉？況乎體非金石而冒霧露，如懷失國之誑以損其身，則
弒君之謗消無日矣。陳子曰：臣之忠，有幸而忠者也；君之立，有
幸而立者也。知殷之君臣，皆幸而成者。噫！泯泯接踵，羿羿比肩，
君可放乎哉？其後，新取於西，魏成於東，司馬氏之有天下，其始
也未嘗不伊不周，其終也未嘗不羿不泯，皆取伊、周以為嚆矢也。
孟子曰：「無伊尹之心則篡也。」有旨哉！

孫奕之說見《履齋示兒編》卷二《放諸桐》（元劉氏學禮堂刻本），其文曰：

「大甲既立不明，伊尹放諸桐。」甚哉！「放」字流傳之誤，
有以泯經旨也。今夷考於書，並無放之之文。自「大甲既立不明」
也，乃舉湯「顧諟天命」以訓之。及其「罔念聞」也，又舉湯之「坐
以待旦」以訓之。至於未克變也，乃始「營於桐宮，密邇先王其訓」。
其終始告戒啟迪之意，無非訓之而已，孰謂伊尹而肯為放君之醜耶？
原伊尹之意，不處太甲於亳，而処於桐，使近先王之墓，以終其喪。
故曰「王徂桐宮居憂」而已。惟其克終允德，所以「惟三祀，十有
二月朔，以冕服奉王歸於亳」，乃即吉服也，故獨止於三年之久焉。
雖復辟之後，猶以「終始惟一」之說反覆訓戒之，未始少志。而曰
「伊尹為放君」，吾不信也。況《書》曰「密邇先王其訓」，《孟子》
亦曰「太甲悔過，以聽伊尹之訓己」，則知《書序》為「教諸桐」也
明矣。且舜放驩兜，則驩兜之罪不可赦，湯放桀，則桀之惡不可揜。
大甲不明，初無大過，何放之有？則知《書序》為非「放諸桐」也
益明矣。「放」、「教」字相近，以隸古定者，遂從而譌久矣，當讀作
「伊尹教諸桐」。且《書序》之譌，不寧惟是。《泰誓》曰：「惟十有
三年春，大會於孟津。」《序》則曰：「惟十有一年，武王伐殷。一日
伐午，師渡孟津。」

（14頁）微子不奔周

微子左牽羊，右把茅，皆必無之事。肉袒面縛，蓋出左氏之誣也。史曰：
「微子抱祭器而入周。」既入周矣，又豈待周師至而後面縛乎？況武王伐紂
非伐微子，則面縛銜璧，當在武庚，亦非微子事也。即抱器入周，亦必無之
事。劉敞曰：古者同姓，雖危不去國。微子，紂庶兄也，何入周之有？《論
語》云「去之」者，去紂都而遁於荒野也。一時武王釋箕子之囚，封比干之

墓，而獨不及微子，以微子遁野，未之獲也。迨武庚再叛，卒於就戮，始求微子以代殷後，而微子於此義始不可辭耳。前日奔周之說，毋乃疏謬已乎！

按：《校釋》稱「王進鋒《〈史記・宋微子世家〉一則史料辯證》有對微子奔周之事的補正，但遺憾其未見楊慎、焦竑、張燧之論，當再補正之」。檢楊慎《丹鉛總錄》卷十三《訂訛類・微子》：

> 《史記・宋世家》：「武王克商，微子肉袒面縛，左牽羊，右把茅。」亡弟恒讀史至此，謂予曰：「微子有四手，兄知之乎？」予曰：「書傳未聞。」乃笑曰：「使無四手，何以既面縛，而又有左手牽羊，右手把茅乎？」然究言之，皆必無之事。肉袒面縛，出於左氏，乃楚人以誑莊王受許男之降，借名於武王而誣微子也。史云：「微子抱祭器而入周。」既入周矣，又豈待周師至而後面縛乎？又究而言之，抱器入周亦必無之事。劉敞曰：「古者同姓，雖危不去國。微子，紂庶兄也，何入周之有？」《論語》云「去之」者，去紂都也。雖去，不踰國，斯仁矣。

與此處文本相近。

另，明・焦竑《焦氏四書講錄》論下卷七《微子第十八篇》「微子去之」章（明萬曆刻本）云：

> 微子有賢譽，紂嘗忌之。若諫紂決被殺，殺便死於無名，且無以承祖宗之祀，不得不去去。是避去，非適周也。《書》曰「我不顧行遯」是矣。適周在武王克殷後。《左氏》載楚克許，許男面縛銜璧，衰絰輿櫬以見。楚子問逢伯，逢伯云：「武王克殷，微子啟如是，武王親釋其縛，受其璧而祓之，焚其櫬，禮而命之。」則去非適周可證矣。

實則，此處史源當追溯至金履祥之說。其《通鑑前編》卷五《殷高宗武丁》、《書經注》卷六《微子》（清十萬卷樓叢書本）曰：

> 履祥讀《西伯戡黎》、《微子》之書，而知商之所以亡，周之所以王也。夫祖伊之辭在於警紂，而初不及於咎周。微子、箕子諸公在於歎紂之必亡，而未嘗忌周之必興。蓋祖伊、箕子、王子比干與武王、周公皆大聖賢，其於商周之際，皆可謂仁之至、義之盡。其有以知紂之必亡商之信不可以不伐審矣。諸子豈捨理而論勢？武王豈以一毫私意利欲行乎其間哉？然觀微子之所自處，與箕子之所以

處微子者，不過遯出而已。而孔氏遂有知紂必亡而奔周之說，何微子叛棄君親而求為後之速也？此必不然矣。而傳又有武王克商，微子面縛銜璧，衰絰輿櫬之說，是尤傳之訛也。夫武王伐紂，非討微子也。使微子而未遯，則面縛銜璧亦非其事也。且如孔氏之說，則微子从已奔周矣。如《左氏》之說，則微子面縛請降矣。武王豈不聞微子之賢，縱其時周家三分天下有其二，業已伐商，無復拘廢昏立明之節，然賓王家備三恪，何不即以處微子而顧首以處武庚也，武王不亦失人而微子不亦見卻可羞之甚乎？故子王子謂面縛銜璧，必武庚也，後世失其傳也。武王為生民請命，其於紂放廢之而已矣，必不果加兵其頸也。既而入商，則紂已自焚矣。武庚為紂嫡冢，父死子繼，則國家乃其責，故面縛銜璧，衰絰輿櫬，造軍門以聽罪焉。武王悼紂之自焚，故憐武庚之無罪，是以釋其縛，焚其櫬，使奉有殷之祀，亦不絕紂也。若微子則遯於荒野，一時武王釋箕子之囚，封比干之墓，百爾恩禮，舉行悉徧，而未及微子，以微子遯野未之獲。也迨武庚再叛，卒於就戮，始求微子以代殷後，而微子於此義始不可辭爾。前日奔周之說，毋乃躁謬已乎！

此外，劉敞之說，見《公是集》卷四十九《商周二賢贊》（清文淵閣四庫全書本），文曰：

古者同姓，雖危不去國。微子，紂庶兄也，何入周之有？及紂殺比干，箕子諫之尤力，紂遂囚箕子而奴辱之。武王告諸侯曰：紂乃囚正士，可伐矣。武王伐紂，敗之牧野，紂自殺。武王則使人釋箕子囚，載與俱歸，而作洪範。由是言之，箕子之不死，幸耳，豈自苟全須史者哉？然微子所以能去者，以先其未亂也。雖去，猶不逾國，斯仁矣。如已亂無為去也，必去之，是逃也，非仁者也。

（第15頁）夷、齊辨

《論語》「為衛」、「千駟」二章，孔子所以稱夷、齊者，事無始末，莫知其何所指，雖有大儒先生，亦不得不取證於《史記》。蓋孔子之後，尚論古人無如孟子。孟子止言伯夷，不及叔齊。其於伯夷也，大概稱其制行之清，而於孔子此二章之意，亦未有所發。唯《史記》後孔、孟而作成書，備而記事。富如子貢「夷、齊何人」之問，孔子「求仁得仁」之對，倘不得《史記》以

知二子。嘗有遜國俱逃之事，則夫子不為衛君之微意，子貢雖知之，後世學者何從而知之也？然遷好奇而輕信，反滋來者無窮之惑。《論語》稱伯夷、叔齊餓於首陽之下，未嘗言其以餓而死也，而史遷何自知之？餓者豈必皆至於死乎？且首陽之隱，未見其必在武王之世，安知其不以逃國之時至首陽也？孤竹小國，莫知的在何所，而首陽在河東之蒲坂。《詩》之《唐風》曰：「采苓采苓，首陽之巔。采苦采苦，首陽之下。」或者即此，首陽蓋晉地也。夷、齊逃國，倉卒而行，掩人之所不知，固宜無所得食，然亦不必久居於此。惟其遜國俱逃，事大卓絕，故後世稱之，指其所嘗棲止之地曰：「此仁賢之跡也。」夫是首陽之傳，久而不泯，何必曰死於此山而後見稱耶？《論語》此章，本自明白，於景公言死，而於首陽不言死。況其所以深取夷、齊者，但舉其辭國一節而意自足。若曰：夫子取其不食周粟以餓而死，則此章本文之所無也。若諫伐一事，尤為舛繆。使果有之，夷、齊當諫於未舉事之初，不當俟其戎車既駕，而後出奇，駭眾於道路也。太公與己均為大老，出處素與之同，不於今日，白首如新，方勞其匆匆，扶去於鋒刃將及之中也。乃紀傳摹寫二子，冒昧至前，太公營救之狀，殆如狂夫出鬥，群小號呶。而迂怪儒生，姓名莫辨，攘臂其間，陳說勸止。嗟乎殆哉！其得免於死傷也，稍有識者所不為，謂夷、齊為之乎！遷於《史記》，才有一字之增，而遂與《論語》，略無一字之合。使果如是，《采薇》一歌，足發明武未盡善，而孔則刪之；食粟之恥，有大於不聽惡聲，而孟則置之。揆之事理，胡刺繆也！然則遷豈無所據乎？曰：遷自言之矣。所謂「予悲伯夷之志，睹逸詩可異焉」者，此遷之所據，乃一傳之病源也。逸詩者，「西山采薇」之章也。夫古詩稱採草木蔬茹於山者甚多，豈皆有所感憤，而不食人粟者乎？且詩言西山，不言首陽，不當以附會《論語》之所云也。是此詩誤遷，而遷誤後世也。

按：節錄王直《抑菴文後集》卷三十五《夷齊十辯》〔註8〕（清文淵閣四庫全書本）而成，曰：

> 一辯夷、齊不死於首陽山，二辯首陽所以有夷、齊之跡，三辯山中乏食之故，四辯夫子用齊景公對說之山，五辯武王之世恐無夷、齊，六辯《史記》本傳不當削海濱闢紂之事，七辯道遇武王與《周

〔註8〕 又見文見明·程敏政《皇明文衡》卷十四（四部叢刊景明本）、明·唐順之《荊川稗編》卷七十二（明萬曆九年刻本）。

紀》書來歸之年不合，八辯父死不葬與周紀書祭文王墓而後行者不同，九辯太史公之誤原於輕信逸詩，十辯《左氏春秋傳》所載武王遷鼎義十非之說亦誤。謹按：《論語》第七篇：「冉有曰：『夫子為衛君乎？』子貢曰：『諾。吾將問之。』入，曰：『伯夷、叔齊何人也？』曰：『古之賢人也。』曰：『怨乎？』曰：『求仁而得仁，又何怨？』出，曰：『夫子不為也。』第十六篇：「齊景公有馬千駟，死之日，民無得而稱焉。伯夷、叔齊餓於首陽之下，民到於今稱之。其斯之謂與？」此二章，孔子所以稱夷、齊者，事無始末，莫知其何所指。雖有大儒先生，亦不得不取證於《史記》。蓋孔子之後，尚論古人，無如孟子。孟子止言伯夷，不及叔齊。其於伯夷也，大槩稱其制行之清，而於孔子此二章之意，亦未有所發。惟《史記》後孔孟而作，成書備而記事富，時有以補前聞之缺遺。如子貢「夷、齊何人」之問，孔子「求仁得仁」之對，倘不得《史記》以知二子嘗有遜國俱逃之事，則夫子不為衛君之微意，子貢雖知之，後世學者何從而知之也？此史遷多見先秦古書，所以為有功於世也。然遷好奇而輕信，上世之事經孔、孟去取權度，一定不可復易者，《史記》反從而變亂之，以滋來者無窮之惑，則遷之功罪豈相掩哉！蓋夷、齊不食周粟之類是已。《史記》既載此事於傳，又於《周紀》、《齊世家》諸篇歷言文王、武王志在傾商，累年伺間，備極形容，文字既工，蕩人耳目。學古之士，無所折衷，則或兩是之。曰武王之事不可以已，而夷、齊則為萬世立君臣之大義也，昌黎韓公之論是已。其偏信者則曰夷、齊於武王謂之弒君，孔子取之，蓋深罪武王也，眉山蘇公之論是已。嗚呼！此事孔、孟未嘗言，而史遷安得此歟？或聞予言而愕，曰謂孟子未嘗言則可，首陽之事，孔子章章言之。子既知有《論語》，而又疑此，則是不信孔子也。予應之曰：予惟深信孔子，是以不信史遷也。且謂《論語》本文何以言之？夫「齊景公有馬千駟，死之日，民無得而稱焉。伯夷、叔齊餓於首陽之下，民到於今稱之」，《論語》未嘗言其以餓而死也，而史遷何自知之？餓者豈必皆至於死乎？夫首陽之隱，未見其必在武王之世，而二子昔嘗逃其國而不立，證諸孔子對子貢之意，則可信矣。安知其不以逃國之時至首陽也？孤竹小國，莫知的在何所。傳者謂齊威北伐山戎，嘗過焉。山

戎與燕、晉為鄰，則孤竹可知。而首陽在河東之蒲坂，《詩》之《唐風》曰「秀苓采苓，首陽之巔。采苦采苦，首陽之下。」或者即此首陽，蓋晉地也。若夷、齊果孤竹君之子，則兆國以來，諒亦非遠。何必曰不食周粟而後隱此邪？今且以意度之，國謀立君而己逃去，則必於山谷無人不可物色之所，然後能絕國人之思。首陽固其所也。蓋倉卒而行，掩人之所不知，固宜無所得食。又方君父大故，顛沛隕越之際，食亦何心。其所以兄弟俱在此者，一先一後，勢或相因，而今不可知耳。然亦不必久居於此，踰月移時，國人立君既定，則可以出矣。惟其遜國俱逃，事大卓絕，故後世稱之。指其所嘗棲止之地，曰此仁賢之跡也。夫是首陽之傳，久而不泯，何必曰死於此山而後見稱邪？予所以意其如此者無他，蓋《論語》此章本自明白，於景公言死，而於首陽不言死。後人誤讀，遂謂夫子各以死之日評之耳，此大不然也。夫孔子以景公與夷、齊對言，大意主於有國無國，尤為可見。問國君之富，數馬以對。諸侯曰千乘，所謂「有馬千駟」者，蓋斥言其有國也。夷、齊可以有國而辭國者也。崔子弒景公之兄莊公，而景公得立。崔子猶為政，景公安為之上，莫之問也。享國日久，奉己而已。觀其一再與晏子感慨悲傷，眷戀富貴，直欲無死，以長有之。其死也泯然，一無聞之人耳。孔子歎之曰：「嗟哉斯人！彼有內求其心，棄國不顧，如夷、齊者，獨何人哉！」彼所以千古不泯者，豈以富貴哉？由此論之，則孔子所以深取夷、齊，但指其辭國一節，而意自足。若曰夫子取其不食周粟以餓而死，則此章本文之所無也。夫今去夫子又遠矣，餓於首陽一語之外，前不言所始，後不言所終，予疑其在遜國俱逃之時。而不死者，蓋意之。然予之意之也，蓋猶近似而無害於義理。若遷之意之也，略無近似而害於義理特甚焉。大槩遷也專指文、武為強大諸侯，窺伺殷室以得天下，故於《世家》則首吳太伯，於《列傳》則首伯夷。遷之說出，而孔、孟所以言文武盛德至仁者，皆變亂矣。此事若不見取於大儒先生，猶可姑存，以俟來哲。今亦不幸，君子可欺，斷然按之以釋《論語》，則武王萬世當為夷、齊之罪人，夷、齊借之以狗，使萬世亂臣賊子知畏清議如此也。而武王何罪哉？予言更僕未終，亦不得已也。然實欲反覆究竟，折服史遷，使不可再措一辭者。吾

徒之學誦詩讀書，論世知人，不當草草，幸毋倦聽。夫夷、齊，孔子之言略，孟子雖不言叔齊，而言伯夷甚詳。若並取證於孟子，則史遷所載諫伐以下，曉然知其決無也。孟子言伯夷之歸周也，曰：「伯夷闢紂，居北海之濱，聞文王作，興曰：『盍歸乎來？』」《史記》本傳則不然，削其海濱闢紂之事，但於遜國俱逃之下，即書曰「於是往歸西伯。及至，西伯卒」。此下遂書叩馬諫武王之語數，「其父死不葬」，「以臣弒君」，蓋以為遇武王於道也。所謂「於是」云者，如《春秋》之書遂事，繞逃其國，遂不復返而歸周也。則不知此行也，二子亦已免喪否歟？厄於勢而不返，容或有之。然逃彼歸此，如同時然，身喪父死，自不得與於哭泣之哀也，而忍以父死不葬責他人歟？嗚呼！此必無之事也。夫遷所以削其海濱闢紂者何哉？謂遷為未嘗見孟子歟，則遷知其有書七篇，其作《孟子傳》，自言嘗讀之而屢歎矣。然而如此書伯夷者，其意可想也。遷以不食周粟為奇節，故欲見伯夷處心，後來全不直武王，而其初本無惡於紂也。夫事不惟其實，所不合己意則削之，千載而下，讀「於是」一語，尚可想其遷就增損之情態，而何以傳信乎？故曰當一以孟子為斷。夫伯夷、太公兩不相謀，而俱歸文王，孟子稱為天下之大老。太公之老，古今所共傳，則伯夷之年，當亦不相上下。孟子必不虛加之也。然伯夷德齒，昔縱與太公同，而後來年齡豈必與太公等？吾意武王之時，未必猶有所謂伯夷也。而遷所作《周紀》，又自與傳不同。何以言之？伯夷以太老而歸文王，文王享國凡五十年，吾不知其始至也，在文王初年歟？中年歟？末年歟？不可考也。而遷於《周紀》則嘗以為初年矣。其言曰：「文王繼公季而立，敬老慈幼，禮賢待士，士以此多歸之。夷、齊在孤竹，聞西伯善養老，往歸之。」然後曰：「太顛、閎夭、散宜生、鬻子、辛甲、太公之徒，皆往歸之。」然後曰：「崇侯譖西伯於紂，囚於羑里。」然後曰：「紂釋文王，賜弓矢鈇鉞，得專征伐。」又數年而書「聽虞芮訟」，又明年而書「伐犬戎」。自此每年書一事，而各以「明年」二字冠於其上。如是者凡七。上去夷齊來歸之年，不知其幾矣。大槩書文王五十年之事，稍稍排布歲年，而夷之歸為首，其他未之先也。以天下之大老，其來在文王即位未久之年，若謂其人猶及武王已平殷亂，天下宗周之後，姑少

計之，亦當百有餘歲矣，恐不必不食周粟隱於首陽山，而考終已久矣。遷既書於《周紀》如此，及作《伯夷傳》，乃言夷、齊方至，文王已卒，道遇武王，以木主為文王伐紂，叩馬而諫，不知此當為兩夷齊乎？抑即《周紀》所書之夷齊乎？若即《周紀》所書之夷、齊，則歸周已數十年，非今日甫達岐豐之境也。諫武王當於未與事之初，不當俟其戎車既駕，而後出奇駭眾於道路也。太公與己均為大老，出處素與之同，不於今日，白首如新，方勞其匆匆，扶去於鋒刃將及之中也。嗚呼！紀、傳一人作也，乃自相牴牾如此，尚有一語之可信乎？觀其摹寫二子，冒昧至前，左右愕貽，欲弒武王，無語太公營救之狀，殆如狂夫出鬪，群小號呶。而迂怪儒生，姓名莫辨，攘臂其間，陳說勸止。嗟乎！殆哉！其得免於死傷也，不亦幸哉！武王方為天下去賊虐諫臣、毒痛四海之紂，而行師無紀，左右遽欲害敢諫之士，戕天下之父，死生之命在左右與太公，而武王若罔聞知。萬一扶去之手，緩不及用，則是彼殺比干，此殺夷齊，其何以有辭於紂也？武王順天應人之舉，後世敢造此以誣之？噫，甚矣！《傳》曰「父死不葬」，《紀》則曰「武王祭於畢，東觀兵，至於孟津，載木主車中」。畢也者，文王葬地也。古無墓祭，祭畢之說亦妄。然一曰祭於畢，一曰父死不葬，又何也？故凡遷書諫伐以下，大率不可信。使其有之，孔子不言，孟子言之矣。予若以孔子之說折遷，遷未必屈服。惟《傳》自言之，《紀》自破之。其他卷猶曰破碎不全，不盡出於遷之手，而此《紀》此《傳》皆遷全文，讀者知其非遷莫能作，又不得疑其補綴於後人也。曰：然則《紀》與《傳》孰愈？曰：《紀》書文王，其妄居半。及書武王，則妄極矣。若其書夷、齊一節，猶略優於《傳》也。蓋《紀》言其歸周，及文王之生，而《傳》言其至值文王之死也。及文王之生者，與孟子同。而值文王之死者，無稽之言也。曰：然則首陽之事，其究如何？曰：予前固言之。果有夷、齊暫隱之跡，而不在武王克商之時。武王克商之時，恐已無所謂夷、齊。而孟子又不言叔齊歸周。惟後之讀《論語》者惑於遷史，增加孔子本文，執所謂餓者為夷齊，蓋棺之終事，是以展轉附會爾。夫理至於一是而止，予生百生之後，安敢臆度，輕破古今共信之說？蓋見遷於《論語》才有一字之增，而遂與孟子略無一字之合。又《紀》、

《傳》色色不同，徒以無稽之言貽惑後世，是以詳為之辨。庶幾自此觀夷、齊者，惟當學其求仁得仁與夫制行之清、廉頑立懦之類，而不必惑其叩馬恥粟以至於死。然後《語》、《孟》稱道之意可明也。夫讀《論》、《孟》，則見二子可師，乃志士仁人，甚自貴重，其身抗，志甚高，觀理甚明，俯仰浩然，清風可仰而不可及。孔、孟之所謂賢，由之則俱入堯舜之道也。讀《史記》則見二子可怪，乃羈旅妄人闌於是非進退，輕發嘗試，不近人情，悻然以去，終與自經於溝瀆而莫知之者比。史遷之所謂賢，由之則不過於陵仲子之操也。學者於此，從《語》、《孟》乎？從《史記》乎？曰：如此則遷無所據，而容心為此，何也？曰：遷自言之矣。所謂「予悲伯夷之志，睹逸詩可異焉」者，此遷之所據，乃一傳之病源也。逸詩者，「西山采薇」之章也。《三百篇詩經》，夫子所刪，尚莫知各篇為何人作。遷偶得一逸詩，而妄意之，曰此必夷、齊也。夷、齊嘗餓於首陽，今言「采薇西山」，是不食周粟故也。夫古詩稱採草木蔬茹於山者甚多，豈皆有所感憤而不食人粟者乎？粟生於地，人人食之，己獨不食，則食之者人人皆非也。異哉！恥一武王而天下皆無與己同類之人。然則試使夷、齊之教行，一世之人無一人肯食周地之粟而後可乎？夷、齊之風，百世聞之而興起，何當時此事無一人見之而聽從乎？夫天下所謂西山，不知其幾，自東觀之，皆西也。詩言西山，不言首陽，不當以附會《論語》之所云也。末句曰「吁嗟徂兮，命之衰矣」，遷以為夷、齊死矣。悲哉！此臨絕之音也。夫「徂」者，往也。安知作歌者之意，不思有所往？上言「我安適歸」，則無所辟地闖世矣。下又言「吁嗟徂兮」，則於不可中求可，猶思有所往焉。既而遂自決曰「命之衰矣」，歸之於天，而終無可奈何之辭也。豈必為徂卒之徂乎？神農虞夏固不可見，而以暴易暴，何可以指武王？武王非暴君也，必欲求其稱此語者，則自春秋戰國。至於秦項滅國滅社，何處不有乎？然則世必有遭罹荼毒而作此詩者，非夷、齊也。此詩誤遷，而遷誤後世也。（下略）〔註9〕

〔註9〕清‧蔡新《緝齋文集》附錄上（清乾隆刻本）：
明王直作《夷齊十辯》，據孔、孟以駁史遷，又據史遷《伯夷傳》與《周紀》之互異以駁史遷，幾無可置喙。隱於首陽山，疑為遜國時事，甚有理。又謂《左氏》武王遷鼎洛邑，皆不可信。俱有見。

（第16頁）商之後獨盛於夏、周

《舜典》所稱伯禹以下二十有二人，而禹之功最大，故踵舜以興，身有天下矣。稷養契教，功亦不在禹下，而於天下未能身有之，唯子孫始繼世光大焉。稷之後為成周，天地文明，萃於一代。契之後亦數生聖賢，而商之賢君，比夏與周又最多者，何也？開闢以來，未有性命之說，至湯始言降衷、恒性也，其萬世道學之祖乎？故不獨能身有天下，即其後王，若太戊、盤庚、武丁，皆能著書立言。雖凌遲之末，猶有三仁焉。微子宜有商而避之。弗父何宜有宋而又避之。至孔父嘉，乃別為公族而受民，五世之後，復生聖人，為萬世帝王之師。是二十二人之中，契之明德，豈夏與周所能及乎！

按：全錄明‧張萱《疑耀》卷七《商之後獨盛於夏、周》。（明萬曆三十六年刻本）

（第17頁）太王未嘗剪商

太王翦商之說，不知何據。夫太王遷岐，在商帝乙之世。商家中興，又五十九年後二百有六年，商始亡，太王安從剪之乎？己猶崎嶇避狄，而謀及商之天下，人情乎？以文王當紂之時，尚自難王，泰伯安得遂有天下耶？議者乃謂太王有是心，泰伯不從，遂逃荊蠻。嗚呼！是何重誣古人也！按《說文》引《詩》，作「實始戬商」，解云福也，蓋謂太王始受福於商，而大其國爾。不知後世何以改「戬」作「剪」，且《說文》別有「翦」字，解云滅也。以事言之，太王何嘗滅商乎？改此者必漢儒以口相授，音同而訛耳。許氏曾見古篆文，當得其實。但知「翦」之為「戬」，則紛紛者自息，若作「翦」，雖滄海之辨，不能洗千古之惑矣。

按：楊慎《升菴集》卷四十二《大王翦商》〔註10〕：

> 胡庭芳曰：「愚讀《詩》至大王『實始翦商』，未嘗不慨。後之論者，皆不能不以辭害意也。何以言之？大王蓋當祖甲之時，去高宗中宗未遠也。後二百有六年，商始亡。且武王十三年以前，尚臣事商。則翦商之云，大王不但不出之於口，亦決不萌之於心，特以其有賢子聖孫，有傳立之志，於以望其國祚之緜洪，豈有一毫覬覦之心哉？議者乃謂大王有是心，泰伯不從，遂逃荊蠻，是大王固已

〔註10〕清‧袁棟《書隱叢說》卷九《翦商》（清乾隆刻本）錄楊慎之文，不言係引用。

形之言矣。夫以唐高祖尚能駁太宗之言，曾謂大王之賢反不逮之乎？」余謂此言是矣。但未知《詩》之字誤也。按：《說文》引《詩》作「實始戩商」，解云福也。蓋謂大王始受福於商，而大其國爾。不知後世何以改「戩」作「翦」。且《說文》別有「翦」字，解云滅也。以事言之，大王何嘗滅商乎？改此者，必漢儒以口相授，音同而訛耳。許氏曾見古篆文，當得其實。但知「翦」之為「戩」，則紛紛之說自可息。若作「翦」，雖滄海之辨，不能洗千古之惑矣。曾謂古公亶父之賢君，而蓄后羿寒浞之禍心乎？

（18頁）武王追王明文

唐梁蕭、宋歐陽公、游定夫皆有文王未嘗稱王之論。然不過以《語》、《孟》及《泰誓》、《武成》之文，夷、齊、虞、芮、仲連、曹操之事，冥探曲證，彷彿比擬，卒無武王追王之明文。雖蘇、張口舌，人誰適從。愚讀太史公《伯夷傳》，有曰：「西伯卒，武王載木主，號為文王，東伐紂。」此非武王追王之明文乎？古稱馬遷良史，其文核，其事實，執此則諸公論說可以盡廢。千古以來，覽者俱未之及，何哉？

按：明·郎瑛《七修類稿》卷二十五《辯證類·武王追王明文》（明刻本）：

唐梁蕭、宋歐陽公、游定夫皆有文王未嘗稱王之論，然不過以《語》《孟》及《泰誓》《武成》之文，夷、齊、虞、芮、仲連、曹操之事，冥探曲證，彷彿比擬，卒無武王追王之明文。雖蘇、張口舌，人誰適從。愚讀太史公《伯夷傳》，有曰：「西伯卒，武王載木主，號為文王，東伐紂。」此非武王追王之明文乎？古稱馬遷良史，其文核，其事實，執此則諸公論說可以盡廢。嗚呼！紛紛千古，考索無人，簪橫吾前，迷而不見，惜哉！

（18頁）《金縢》非古書

讀《書》至《金縢》，反覆詳究，疑其非古《書》也。夫周公面卻二公穆卜，以為「未可戚我先王」矣，乃私告三王，自以為功。此憸人佞子之所為也，而謂周公為之乎，且滋後世刲股醺天之俗。其冊祝有曰：「今我即命於元龜，爾其許我，我其以璧與珪，歸俟爾命；爾不許我，我乃屏璧與珪。」夫人有事於先王，而可以珪璧要之乎？又曰：「公歸，乃納冊於金縢之匱中。」

蓋卜冊之書藏於宗廟，啟之則必王與大夫皆弁。既曰周公別為壇墠，則不於宗廟之中明矣。不於宗廟，乃私告也。周公人臣也，何得以私告之冊，而藏於宗廟金縢之匱，又私啟之也？又曰：「王與大夫盡弁，以啟金縢之書，乃得周公所自為代武王之說。」夫武王疾瘳四年而崩，周公居東二年而歸，凡六年之久。周公尚卜，惡有朝廷六年無事，而不啟金縢之匱，至今乃啟之耶？即此五事，反覆詳究，是編非古書也必矣。

按：明‧程敏政《皇明文衡》卷九王廉《迂論》九首之七《金縢非古書》〔註11〕：

> 予讀書至《金縢》，反覆詳究，疑其非古《書》也。使周公而然，非周公也。金縢曰「既克商二年，王有疾，弗豫。二公曰：『我其為王穆卜。』周公曰：『未可以戚我先王。』公乃自以為功，為三壇同墠。為壇於南方，北面周公立焉；植璧秉珪，乃告太王、王季、文王。史乃冊祝曰：『惟爾元孫某，遘厲虐疾；若爾三王，是有丕子之責於天，以旦代某之身。』」夫周公面邸二公穆卜，以為未可戚我先王矣。陰乃私告三王，自以為功，此憸人佞子之所為也，而謂周公然之乎？死生有命，周公乃欲以身代武王之死，使周公而然，則為不知命矣，且滋後世剝股醢天之俗。周公元聖，豈其然乎？又曰：「今我即命於元龜，爾其許我，我其以璧與珪，歸俟爾命爾。不許我，我乃屏璧與珪。」夫人子有事，於先王而可以珪璧要之乎？使周公而然，非達孝者矣。又曰：「公歸，乃納冊於金縢之匱中。」蓋卜冊之書藏於宗廟，啟之則必王與大夫皆弁。既曰周公別為壇墠，則不於宗廟之中明矣。不於宗廟，乃私告也。周公人臣也，何得以私告之冊而藏於宗廟金縢之匱，又私啟之也？使周公而然，則為挾家宰之權而不有其君者也。又曰：「王與大夫盡弁，以啟金縢之書，乃得周公所自以為功，代武王之說。」周公冊書，宜不在宗廟金縢之匱。即在其中，武王疾瘳四年而崩，周公居東二年而歸，凡六年之久，周人尚卜，惡有朝廷六年無事而不啟金縢之匱，至今乃啟之耶？即此五事，反覆詳究，頗疑是編非古書也。舊傳今文古文皆有蔡氏，又能曲為之說，釋之加詳矣。相傳既久，固非迂論之所能奪，

然於心未始不致疑也，故疏於篇，以俟知者。

（19頁）三監、武庚之叛不同情

三監、武庚之叛，同於叛而不同於情。武庚之叛，意在於復商；二叔之叛，意在於得周也；至於奄之叛，意不過於助商；而淮夷之叛，則外乘應商之聲，內撼周公之子，其意又在於得國。二叔非武庚不足以動眾，武庚非二叔不足以間周公，淮夷非乘此聲勢又不能以得魯，此所以相挺而起，同歸於亂周也。抑當是時，亂周之禍亦烈矣。武庚挾殷畿之頑民，而三監又各挾其國之眾，東至於奄，南及於淮夷、徐戎，自秦、漢之勢言之，所謂山東大抵皆反者也。其他封國雖多，然新造之邦，不足以御之，故邦君御事，有「艱大」之說，有「民不靜，亦惟在王宮邦君室」之說，則一時孔急之勢可知已。象之欲殺舜，止於亂家，故舜得以全之。管叔之欲殺周公，至於亂國，故成王得以誅之，周公不得以全之也。使管叔而不誅，則凡為王懿親者，皆可以亂天下而無死也。豈治世所宜有哉！

按：金履祥《通鑑前編》卷七《作大誥東征》：

夫三叔武庚之叛，同於叛而不同於情。武庚之叛，意在於復商；三叔之叛，意在於得周也。至於奄之叛，亦不過於助商；而淮夷之叛，則外乘應商之聲，內撼周公之子，其意又在於得魯。三叔非武庚不足以動眾，武庚非三叔不足以間周公，淮夷非乘此聲勢又不能以得魯。此所以相挺而起，同歸於亂周也。抑當是時，亂周之禍亦烈矣。武庚挾殷畿之頑民，而三監又各挾其國之眾，東至於奄，南及於淮夷、徐戎，自秦、漢之勢言之，所謂山東大抵皆反者也。其他封國雖多，然新造之邦，不足以御之，故邦君御事，有「艱大」之說，其艱難之勢誠大也；有「民不靜，亦惟在王宮邦君室」之說，是欲閉關自守也。……象之欲殺舜，止於亂家，故舜得以全之。管叔之欲殺周公，至於亂國，故成王得以誅之，周公不得以全之也。《傳》曰：管蔡為戮周公右王《書序》曰「成王伐管叔、蔡叔」，則管、蔡之誅，是成王之意。使管叔而可以無誅，則天下後世之為王懿親者，皆可以亂天下而無死也。可以亂天下而無死，則天下之亂相尋於後世矣，而可乎？故黜殷，天下之公義；誅管、蔡，亦天下之公義也。夫苟天下之公義，聖人不得而私，亦不得而避也。吁！

是亦成王周公之不幸也。

（19頁）湯、武不可並言

商之取夏，周之取商，一也。湯崩而太甲不明，甚於成王之幼沖，然夏人帖然，未嘗萌蠢動之心。及武王既喪，商人不靖，觀《鴟鴞》、《小毖》之詩，悲哀急迫，炎炎然若不可以一朝居，何也？湯放桀於南巢，蓋亦聽其自屏於一方而終耳，未至於以黃鉞斬紂之甚也，故夏人之痛不如商人。夫以懷王之死，楚人尚且悲憤不已，有「楚雖三戶，亡秦必楚」之語，況六百年仁恩之所滲漉者哉！當是時，若非以周公之聖，消息彌縫於其間，商、周之事，未可知也。且湯既勝夏，猶有慚德，栗栗危懼，若將隕於深淵。至於武王，則全無此等意思矣。由是論之，湯、武亦豈可並言哉？朱文公云：「成湯聖敬日躋，與《盤銘》數語，猶有細密工夫。至武王往往並不見其切己事。」此雖儒者之見，亦闡幽之論也。

按：宋・羅大經《鶴林玉露》卷十一《湯武》（明刻本）：

余嘗疑商之取夏，周之取商，一也。湯崩而大甲不明，甚於成王之幼沖，然夏人帖然，未嘗萌蠢動之心。及武王既喪，商人不靖，觀《鴟鴞》、《小毖》之詩，悲哀急迫，炎炎然若不可以一朝居，何也？湯放桀於南巢，蓋亦聽其自屏於一方而終耳，未至如以黃鉞斬紂之甚也，故夏人之痛不如商人。夫以懷王之死，楚人尚且悲憤不已，有「楚雖三戶，亡秦必楚」之語，況六百年仁恩之所滲漉者哉！當是時，若非以周公之聖，消息彌縫於其間，則周之復為商也決矣。且湯既勝夏，猶有慙德，栗栗危懼，若將隕於深淵。至於武王，則全無此等意思矣。由是論之，湯武亦豈可並言哉？朱文公云：「成湯聖敬日躋，與《盤銘》數語，猶有細密工夫。至武王往往並不見其切己事。」

（第20頁）殷有三人

武王遷頑民於洛邑，封箕子於朝鮮。朝鮮遼海外徼，去關洛東西數千餘里，名雖不臣，實有屏諸四夷之意，其堤防疑慮可知也。若余所恨者，更有一事。箕子為紂懿親，不忍言紂之惡，是也。《洪範》之陳，是亦不可以去乎？然則夫子稱「殷有三仁」者何？不知此「仁」字，非朱紫陽「至誠惻怛」

之解。《論語》如此「仁」字凡三見：「井有仁焉」，又「觀過斯知仁矣」，又「其為仁之本歟」，「仁」當作「人」看。夫子曰「殷有三仁」，蓋言殷有三人如此，具眼者能自辨之。

按：「若余所恨者」之前，係出明‧郭良翰《問奇類林》續問奇類林卷一《君德》（明萬曆三十七年黃吉士等刻增修本）：

> 武王遷頑民於洛邑，封箕子於朝鮮。朝鮮，遼海外徼，去關洛東西數千餘里，名雖不臣，實有屏諸四夷，不與同中國之意。武王封兄弟之國十五人，姬姓之國四十人，周之子孫不狂惑者皆為諸侯，獨箕子卻忍置之海外，其隄防疑慮可知也。余於此蓋有三恨：箕子嘗欲立微子，帝乙不從而立紂。此一恨也。武王既殺紂，何不立微子以存商？此二恨也。微子不可，則武庚未聞失德也，不立武庚而自為之。三恨也。微子、武庚且然，其肯封箕子於中國以為頑民倡耶？朝鮮之封，武周思患甚遠。

（第 20 頁）世官之弊

虞夏用人，止於世族。今觀《商書》，一則曰「敷求哲人」，一則曰「旁招俊乂」。伊尹、萊朱、巫咸、傅說，諸大臣皆非親舊，然則立賢無方，湯蓋用此致治矣。其後周公往往言之，亦未得盡行。管、蔡之叛，周公雖逆知之，必不敢言，言則必不用管、蔡。當時習俗已久，決謂周公間親間舊，而忠言反為薄論，孟子所謂「周公之過，不亦宜乎」者，正此謂也。武王數紂之惡曰「官人以世」。此豈獨紂之罪，自唐虞以來，已如此矣。然武王雖惡紂之世官，而亦未能改積習之常，久則難變也。孟子曰：「國君進賢，如不得已，將使卑逾尊，疏逾戚。」以今言之，何不得已之有？即朝釋耒耜，暮登槐袞，人亦安之矣。又通論之，魯之三桓，鄭之七穆，楚之昭、屈、景，其子孫盤據，苗裔嬋媛，雖貪如狼、狠如羊、蠢如豕、虣如虎，皆用之。而當時秀民才士，屈於族姓，而老死田野者，不知其幾矣。惜哉！至秦用客卿，漢用刀筆，而此弊始除。迨東晉六朝，王、謝、崔、盧輩，各據顯位，謂之華腴膏粱，又蹈前弊矣。南之並韶，北之侯景，皆憤族姓之下，至於作亂。景在江南，求娶於王、謝不得，乃按劍曰：「會須令吳兒女作奴！」雖其兇悍出於天性，致亂亦有由矣。則湯之立賢無方，固虞夏以來，所未有也。

按：楊慎《升菴集》卷四十五《立賢無方》：

蓋嘗考之，虞夏用人，止於世族。……今觀《商書》，一則曰「敷求哲人」，二則曰「旁招俊乂」。伊尹、萊朱、巫賢、傅說，諸大臣非以親舊，以其賢也。蓋主於立賢，則有德是親，固不間親之情；主於親，則未必皆賢，且妨賢之路矣。信矣，立賢無方，為不易之中道。而周公往往言之，亦未得盡行其志也。何以知其然也？管、蔡之叛雖未發，而周公明哲，豈不能逆知之？周公知之而亦難於言，蓋言之必不用管、蔡。當時習俗已久，必謂周公間親間舊，而忠言反為薄論。孟子所謂「周公之過，不亦宜乎」者，正此之謂也。武王數紂之惡，曰「官人以世」。此豈獨紂之罪。自唐虞以來，已如此矣。武王雖惡紂之官人以世，而已不能改積習之常，久則難變也。故曰周公亦未得盡行其志也。孟子曰：「國君進賢，如不得已，將使卑踰尊，疏踰戚。」以今言之，國君用賢，亦何不得已之有？蓋尊者親者未必賢，必進疏遠之賢而用之，則尊與戚之黨嘩然而議，是其時積習使然也。若在今日，則朝釋未耜，暮登槐袞，人亦安之矣。又通論之，魯之三桓，鄭之七穆，楚之昭、屈、景，其子孫盤據，苗裔嬋媛，雖貪如狼，狠如羊，蠹如豕，虓如虎，皆用之。而當時秀民才士，屈於族姓而老死田野者，不知其幾矣。惜哉！至秦用客卿，漢用刀筆，而此弊始除。迨東晉六朝，又蹈其弊。南之王、謝，北之崔、盧，雖貪狼蠹虓，皆據顯位，謂之華腴膏梁。南之並韶，北之侯景，亦憤族姓之下，而至於作亂。景在江南，求婚於王、謝不得，乃按劍曰：「會須令吳兒女作奴。」雖其兇悍出於天性，致亂亦有由矣。然則湯之立賢無方，豈非萬世君人相國之第一義乎？

（第21頁）封建難復

封建之弊，不特見於周、秦之際，而已見於三代之初。蓋舜之時，蠻夷嘗猾夏矣，而命皋陶以修五刑、五流之制。有苗嘗弗率矣，雖命禹以徂征，卒之以舞羽干而格。夫蠻夷、有苗，皆要荒之外，王政所不加者也，而士師足以治之，不戰足以服之，則當時四嶽十二牧所統之國，其謹侯度而不勤征討也，審矣。此在唐虞則然也，蓋家天下自夏始，大封同姓，而命之曰藩屏王室自周始。然三代之封建，豈得已哉！蓋以諸侯歸殷者三千焉，資以黜夏，湯不得而廢；歸周者八百焉，資以勝商，武王不得而易。用是知封建非殷商聖人意也，勢也。故封建之弊，亦遂始於夏而成於周。是以禹一傳而啟有有

扈氏之征，再傳而仲康有羲和之征。夫有扈之罪曰「威侮五行，怠棄三正」而已，羲和之罪曰「沉湎於酒，畔宮離次」而已。二罪者，以法議之，則誅止其身。使其人生於漢世，則一廷尉足以定其罪，而啟與仲康必命六師以征之，且紀其事曰「大戰」，曰「徂征」，又曰「殲厥渠魁，脅從罔治」，則兵師之間，所傷眾矣。至於周衰，人心未離而諸侯先叛，天子擁空名於上，而列國擅威命於下，因循痿痺，以至於移祚，謂非封建之弊乎？總之，時不唐、虞，君不堯、舜，終不可復行封建。謂郡縣之法，出於秦，而必欲易之者，則書生不識變之論也。夫置千人於聚貨之區，授之以梃與刃，而欲其不為奪攘矯廉，則為之主者，必有伯夷之廉、伊尹之義，使之靡然潛消其不肖之心，而後可。苟非其人，則不若藏梃與刃，嚴其檢制，而使之不得以逞。此後世封建之所以不可行，而郡縣所以為良法也。王綰、淳于生之徒，乃欲以三代不能無弊之法，使始皇行之，是教盜跖假其徒以利器，而又與之共處也，則亦不終日而刃劇四起矣。

　　楊升庵曰：封建起於黃帝，而封建非黃帝意也；土官起於孔明，而土官非孔明意也，勢也。封建數千萬年，至秦而廢。土官歷千百年，川之馬湖安氏，弘治中以罪除；廣之田州岑氏，正德中以罪除。而二郡至今利之。倘有言復二氏者，人必群唾而眾咻之矣。封建之說，何以異此！

　　按：馬端臨《文獻通考》卷二百六十五《封建考六》（清浙江書局本）：

　　　　愚嘗因諸家公私之論而折衷之曰：封建、郡縣皆所以分土治人，未容遽曰此公而彼私也。然必有公天下之心，然後能行封建，否則莫如郡縣；無公天下之心，而欲行封建，是授之以作亂之具也。嗚呼！封建之難行久矣，蓋其弊不特見於周、秦之際，而已見於三代之初。……舜之時，蠻夷嘗猾夏矣，而命皋陶以修五刑、五流之法；有苗嘗弗率矣，雖命禹以徂征，卒之以舞干羽而格，則是亦不戰而屈之也。夫蠻夷、有苗皆要荒之外，王政所不加者也，而士師足以治之，不戰足以服之，則當時四嶽十二牧所統之國，其謹侯度以奉其上，而不勤征討也審矣。……是則唐虞以公天下之心行封建，而當時封建所以無敝也。蓋家天下自夏始，大封同姓而命之曰藩屏王室自周始，二者皆聖人隨時制變以綱維，斯世未容以私議之也。然上視堯舜則少褊矣。故封建之敝，始於夏而成於周。是以禹一傳而啟有有扈氏之征，再傳而仲康有羲、和之征。夫以天子而征諸侯，

諸侯弗率而上干天子之征，禹之前無有也，而始於有扈。夫有扈之罪曰「威侮五行，怠棄三正」而已。羲、和之罪曰「沉湎於酒，畔官離次」而已。二罪者以法議之，則誅止其身，而二人生於漢世，則一廷尉足以定其罪矣。而啟與仲康必命六師以征之者，則必恃其土地、甲兵，不即引咎而悍然以抗其上矣。《書》紀其事，曰「大戰」，曰「徂征」，而觀其誓師之辭，有不用命之戮焉，有愛克厥威之戒焉，殲渠魁、釋脅從之令焉，則兵師之間，所傷眾矣。夫治一人之罪而至於興師，使無辜之人受用兵之禍，則封建之敝也，故曰已見於三代之初，此之謂也。夫有扈、羲、和之罪，雖王政所必討，而比之猾夏則有間矣。舜之時，士師明刑，足以正蠻夷猾夏之罪，而啟、少康之時，非天子總六師，不足以治諸侯怠慢沉湎之過，則可以見當時諸侯擅其富強，非文告刑禁之所能詰也。自是而後，天子私其天位，而世守之諸侯亦私其國之土地、甲兵而擅用之。幸而遇賢聖之君，德足以懷，而威足以制，則猶可攝服，而其中衰之際，人心未離，而諸侯先叛之。至於周列五等邦，群后雖曰親賢並建，而終不以異姓先諸姬。文昭武穆之封遍於天下，封建之法益詳，經制益密而示人益褊矣。是以夏商有國數百年苟未至於桀、紂之暴，猶足以制宇內而朝諸侯，而周數傳而後，即有末大不掉之憂。……蓋時不唐虞，君不堯舜，終不可復行封建。謂郡縣之法出於秦而必欲易之者，則書生不識變之論也。夫置千人於聚貨之區，授之以挺與刃，而欲其不為奪攘矯虔，則為之主者必有伯夷之廉，伊尹之義，使之靡然潛消其不肖之心而後可。苟非其人，則不若藏挺與刃，嚴其撿制，而使之不得以逞。此後世封建之所以不可行，而郡縣所以為良法也。而王綰、淳于生之徒乃欲以三代不能無敝之法，使始皇行之，是教盜跖假其徒以利器而與之共處也，則亦不終日而刃劌四起矣。

其中雜入柳宗元《封建論》（柳宗元《河東先生集》卷三宋刻本）一節文字，曰：

> 夫殷周之不革者，是不得已也。蓋以諸侯歸殷者三千焉，資以黜夏，湯不得而廢；歸周者八百焉，資以勝殷，武王不得而易。

楊升庵之說見《升菴集》卷四十八《封建》。

（第 22 頁）井田不可行

井田未易言也。周制凡授田不易之地家百畝，一易之地二百畝，再易之地三百畝，則田土之肥瘠，所當周知也。上地家七人，中地家六人，下地家五人，則民口之眾寡，所當周知也。農民每戶授田百畝，其家眾男為餘夫，年十六則別受二十五畝。士、工、商受田五口，乃當農夫一人。每口受二十畝，則其民或長或少，或為士，或為商，或為工，又所當周知也。為人上者，必能備知閭里之利病，詳悉如此，然後授受之際，可以無弊。蓋古之帝王分土而治，自公、侯、伯、子、男以至孤卿大夫，所治不過百里之地，皆世其土，子其人。又如邾、莒、滕、薛之類，亦皆數百年之國，而土地不過五七十里，小國寡民，法制易立。有國者，授其民以百畝之田，壯而畀，老而歸，不過如後世富家，以祖父世有之田，授之佃客。程其勤惰，以為予奪；校其豐凶，以為收貸。其東阡西陌之利病，皆以少壯之所習聞，雖無俟乎考核，而奸弊自無所容矣。降及戰國，大邦凡七，而麼麼之能自存者無幾，諸侯之地愈廣，人愈眾。井田之法，雖未全廢，而其弊已不可勝言。故孟子云：「令也制民之產，仰不足以事父母，俯不足以育妻子。」又云：「暴君污吏，慢其經界。」可見當時未嘗不授田，而諸侯之地廣人眾，考核難施，故法制隳弛，奸弊滋多也。至秦人盡廢井田，任民所耕，不計多少，而隨其所佔之地以致賦。蔡澤言：「商君決裂井田，廢壞阡陌，以靜百姓之業，而一其志。」夫曰靜曰一，則可見周授田之制，至秦時必是擾亂無章、輕重不均矣。漢既承秦，而卒不能復三代井田之法。蓋守令之遷除，其歲月有限，而田土之還授，其奸弊無窮。雖慈祥如龔、黃、召、杜，精明如趙、張、三王，既不久於其政，則豈能悉其土地民俗之所宜，如周人授田之法乎？則不過受成於吏手，安保其無弊？後世蓋有爭田之訟，歷數十年而不決者矣。況官授人以田，而欲均平乎？是以晉太康時，雖有男子一人，占田七十畝之制，而史不詳言其還受之法。未幾五湖雲擾，則已無所究詰。直至魏孝文始行均田，然其立法之大概，亦不過因田之在民者而均之，不能盡如三代之制。一傳而後，政已圮亂。齊、周、隋因之，得失無以大相遠。唐太宗口分世業之制，亦多蹖後魏之法，且聽其買賣而為之限。至永徽而後，則兼併如故矣。蓋自秦至今千九百餘年，其間能行授田、均田之法者，自元魏孝文至唐初才二百年，而其制盡隳矣。何三代貢、助、徹之法，千餘年而不變也？蓋有封建足以維持井田故也。封建廢而欲復井田，不其難乎！況夫井田之制，溝澮洫塗甚備，

凡為此者，非塞溪壑、平澗谷、夷丘陵、破墳墓、壞廬舍、徙城郭、易疆隴，不可為也。縱使盡能得平原曠野，而遂規畫於其中，亦當驅天下之人，竭天下之糧，窮數十年專力於此，不治他事，而後可使其地盡為井田，盡為溝洫，已而又為民作屋廬於中，以安其居而後可。吁！亦已迂矣！井田成而民之死，其骨已朽矣。自非至愚，孰肯以數十年無用之精神，行萬分不一成之事乎？知時變者，可以思矣。

漢中郎區博諫王莽曰：「井田雖聖王法，其廢久矣。今欲違民心，追復千載絕跡，雖堯舜復起，而無百年之漸，弗能行也。」區博之言，可謂至論。宋儒張橫渠必欲行井田，且曰：「期以數年，不刑一人而可復。」嗚呼！何言之易也！朱子猶惜其有志未就而卒，智不如區博遠矣。

按：馬端臨《文獻通考》卷一《田賦考一》：

愚又因水心之論而廣之曰：井田未易言也。周制：凡授田，不易之地家百畝，一易之地二百畝，再易之地三百畝，則田土之肥瘠所當周知也。上地家七人，中地家六人，下地家五人，則民口之眾寡所當周知也。上農夫食九人，其次食八人，其次食七人，則其民務農之勤怠又所當周知也。農民每戶授田百畝，其家眾男為餘夫，年十六則別受二十五畝，士工商受田，五口乃當農夫一人，每口受二十畝，則其民之或長，或少，或為士，或為商，或為工又所當周知也。為人上者必能備知閭里之利病，詳悉如此，然後授受之際可以無弊。蓋古之帝王分土而治，外而公、侯、伯、子、男，內而孤卿、大夫，所治不過百里之地，皆世其土，子其人。於是取其田疇而伍之，經界正，井地均，穀祿平，貪夫豪民不能肆力以違法制，污吏黠胥不能舞文以亂簿書。至春秋之世，諸侯用兵爭強，以相侵奪，列國不過數十，土地浸廣。然又皆為世卿、強大夫所裂，如魯則季氏之費、孟氏之成，晉則欒氏之曲沃、趙氏之晉陽，亦皆世有其地。又如邾、莒、滕、薛之類，亦皆數百年之國，而土地不過五七十里，小國寡民，法制易立。竊意當時有國者授其民以百畝之田，壯而畀，老而歸，不過如後世大富之家，以其祖父所世有之田授之佃客。程其勤惰以為予奪，較其豐凶以為收貸，其東阡西陌之利病，皆其少壯之所習聞，雖無俟乎考核，而奸弊自無所容矣。降及戰國，大邦凡七，而麼麼之能自存者無幾。諸侯之地愈廣，人愈眾。雖時

君所尚者用兵爭強，未嘗以百姓為念，然井田之法未全廢也。而其弊已不可勝言，故孟子有「今也制民之產，仰不足以事父母，俯不足以畜妻子」之說，又有「暴君污吏，慢其經界」之說。可以見當時未嘗不授田，而諸侯之地廣人眾，考核難施，故法制隳弛，而奸弊滋多也。至秦人盡廢井田，任民所耕，不計多少，而隨其所佔之田以制賦。蔡澤言「商君決裂井田，廢壞阡陌，以靜百姓之業，而一其志。」夫曰「靜」，曰「一」，則可見周授田之制，至秦時必是擾亂無章，輕重不均矣。……漢既承秦，而卒不能復三代井田之法，何也？蓋守令之遷除，其歲月有限；而田土之還授，其奸弊無窮。雖慈祥如龔、黃、召、杜，精明如趙、張、三王，既不久於其政，則豈能悉知其土地民俗之所宜，如周人授田之法乎？則不過受成於吏手，安保其無弊？後世蓋有爭田之訟，歷數十年而不決者矣。況官授人以田，而欲其均平乎！……是以晉太康時，雖有男子一人占田七十畝之制，而史不詳言其還受之法。未幾，五胡雲擾，則已無所究詰。直至魏孝文始行均田，然其立法之大概，亦不過因田之在民者而均之，不能盡如三代之制。一傳而後，政已圮亂。齊、周、隋因之，得失無以大相遠。唐太宗口分、世業之制，亦多踵後魏之法，且聽其買賣而為之限。至永徽而後，則兼併如故矣。蓋自秦至今，千四百餘年，其間能行授田、均田之法者，自元魏孝文至唐初才二百年，而其制盡隳矣。何三代貢、助、徹之法千餘年而不變也？蓋有封建足以維持井田故也。

後一部分源於宋·蘇洵《嘉祐集》卷五《田制》（四部叢刊景宋鈔本）：

溝洫之制，夫間有遂，遂上有徑；十夫有溝，溝上有畛；百夫有洫，洫上有塗；千夫有澮，澮上有道；萬夫有川，川上有路。萬夫之地，蓋三十二里有半，而其間為出為路者一，為澮為道者九，為洫為塗者百，為溝為畛者千，為遂為徑者萬。此二者，非塞谿壑、平澗谷、夷丘陵、破墳墓、壞廬舍、徙城郭、易疆壠，不可為也。縱使能盡得平原廣野，而遂規畫於其中，亦當驅天下之人，竭天下之糧，窮數百年專力於此，不治他事，而後可以望天下之地盡為井田，盡為溝洫，已而又為民作屋廬於其中以安其居而後可。吁！亦已迂矣！井田成而民之死，其骨已朽矣。

另，區博之諫見《漢書》卷九十九中《王莽傳中》。此一節源於楊慎。《丹鉛總錄》卷二十七《瑣語類》：

> 中郎區博諫莽曰：「井田雖聖王法，其廢久矣。周道既衰，而民不從。秦知順民之心，可以獲大利也。故滅廬井而置阡陌，遂王諸夏，訖今海內未厭其敝。今欲違民心，追復千載絕跡，雖堯舜復起，而無百年之漸，弗能行也。天下初定，萬民新附，誠未可施行。」區博之言，特告王莽非其人耳，其實至論也。後世儒者必欲行井田，何哉？

《升菴集》卷六十八《俗儒泥古》：

> 張橫渠必欲行井田，胡致堂必欲復封建，幸而不用。不幸而試，其敗塗地矣。朱子猶惜其有志未就而卒，亦迂矣哉！

（第24頁）三書紀周穆王之賢

夫子定《書》，自周成、康後，獨存穆王作《君牙》《冏命》《呂刑》三書。欲知穆王用人，與其訓刑之意，如是明審，可知穆王之為人，不墜先烈矣。韓退之作《徐偃王廟碑》，乃曰：「偃王君國子民，待四方一出於仁義。時穆王無道，意不在天下。得八龍騎之，西宴王母於瑤池忘歸。諸侯贄於徐庭者，三十六國。」如退之說，則夫子所取三篇，可以無傳。今觀穆王三篇，其命君牙為大司徒，則自謂守文、武、成、康之遺緒，其心憂危，若蹈虎尾、涉春冰，必賴股肱心膂，而為之輔翼也。其命伯冏為太僕正，則自謂怵惕惟厲，中夜以興，思免厥愆，至有「僕臣諛，厥後自聖」之言，非惟見任君牙、伯冏之得人，且知其飾躬畏咎也。其命呂刑以侯也，則歷告以謹刑罰、恤非辜。雖當耆年，而其心未嘗不在民。反謂之「不在天下」，何耶？《呂刑》中有云：「王享國百年耄。」言時已老矣，而猶荒度，作《呂刑》，以誥四方。荒度之義，與荒度土功同。太子晉稱周無道者，曰夷、厲、宣、幽，而不及穆，可為明證。

按：鄭樵《六經奧論》卷二《書經·君牙　伯冏　呂刑》：

> 夫子定《書》，自周成、康後，獨存穆王作《君牙》、《伯冏》、《呂刑》三書。欲知穆王用人與其訓刑之意如是明審，可知穆王之為人，不墜文武成康之風烈矣。韓退之作《徐偃王廟碑》，乃曰：「偃王君國子民，待四方一出於仁義。時穆王無道，意不在天下，

得八龍騎之，西宴王母於瑤池忘歸。諸侯贄於徐庭者三十六國。」如退之說，則夫子所取三篇可以無傳。……今觀穆王三篇，其命君牙為大司徒，則自謂守文、武、成、康之遺緒，其心憂危，若蹈虎尾、涉春冰，必賴股肱心膂而為之輔翼也。其命伯冏為太僕正，則自謂「怵惕惟厲，中夜以興，思免厥愆」。至有「僕臣諛，厥後自聖」之言，非惟見任君牙、伯冏之得人，且知其飭躬畏咎也。其命呂侯以刑也，則歷告以謹刑罰，恤非辜。雖當耄年，而其心未嘗不在民。反謂之「不在天下」，何邪？……讀《呂刑》「穆王享國百年耄荒」，則曰王老而荒怠好遊故也。故列子之說傳於左氏以及於韓子，信韓子之說必至此也。據《書》曰「王享國百年耄」，言時已老矣，而猶荒度，作《呂刑》以詰四方，正知王之不忘也。荒度之義與「荒度土功」同。若果耄且荒，何暇訓夏贖刑乎？

卷 二

（第 26 頁）孔子著述

孔子生平，唯於《周易》有贊，《詩》《書》則刪之，《禮》《樂》則定之，《春秋》則筆削之。筆但筆其舊文，有削則不盡筆，定亦不添一筆，刪則不筆者多矣，蓋不貴增而貴減。文王、周公之象象多詭奇，而孔子之傳文極顯淺。殷《盤》、周《誥》之書，詞多澀舌，而魯《論》之紀載無聱牙。古文自古，今文自今，要以暢事理覺後覺而止矣，蓋不尚詭而尚平。嗚呼！此聖人「竊比」之深意，非若後世爭妍筆楮為也。

按：袁樹珊《命譜》第一卷《至聖先師孔子·孔子著述》即錄此文，注出《千百年眼》。（中州古籍出版社，1995）而聞一多原載於 1916 年 10 月 4 日《清華週刊》第 81 期的《二月廬漫紀（續七）》第一則亦即此文〔註12〕，不言係引用。

另，錢基博《文最·春秋第六》錄《易·文言傳》，稱：

孔子生平，惟於《周易》有贊。《論語》，弟子所記，已非孔子自作。而《詩》、《書》則刪之，《禮》、《樂》則定之，《春秋》則筆削

〔註12〕聞一多《聞一多文集》散文雜文卷，群言出版社 2014 年版，第 17 頁。

之。筆但筆其舊文，有削則不盡筆，定亦不添一筆，刪則不筆者多
矣，蓋不貴增而貴減。文王演易之辭多詭奇，而孔子之傳文極顯淺；
《殷盤》、《周誥》之書詞多溢舌，而《魯論》之記言無聱牙；古文
自古，今文自今，要以暢事理覺後覺而止矣，蓋不尚詭而尚平。嗚
呼！此聖人竊比之深意，非若後人點竄《堯典》、《舜典》為也。茲
錄《易‧文言傳》《序卦傳》。

乾、坤二卦《文言》，實為後儒經解之祖。〔註13〕

錢氏此番議論當亦本之《千百年眼》。

（第 26 頁）《南》《雅》《頌》無優劣

《南》《雅》《頌》以所配之樂名，《邶》至《豳》以所從得之地名，史
官本其實，聖人因其故，不能於魯太師之舊，有所增加。則季札之所觀，前
乎夫子，其有定目也久矣。學者求聖人太深，曰：六經以軌萬世，其各命之
名，必也有美有惡，或抑或揚，不徒然也。重以先儒贅添《國風》一名，參
措其間，四《詩》之目出，而大小高下之辨起，從其辨而推之，有不勝其駁
者矣。《頌》愈於《雅》，康、宣其減魯僖乎？《雅》加於《風》，則《二南》
其不若幽、厲矣。且《詩》《書》同經，夫子刪定，《詩》有《南》《頌》《雅》，
猶《書》之有《典》《謨》《訓》《誥》《誓》《命》也。《誥》之與《命》，《謨》
之與《訓》，體同名異，世未有以優劣言者。其意若曰：是特其名云爾。若
其善惡得失，自有本實，不待辭費故也。是故秦穆之誓，上同湯、武；文侯
之命，參配傅說。世無議者，正惟不眩於名耳。而至於《詩》之品目，獨嶢
嶢焉，可謂不知類矣。

按：程大昌《考古編》卷一《詩論四》：

《南》、《雅》、《頌》以所配之樂名，《邶》至《豳》以所從得之
地名，史官本其實，聖人因其故，未嘗少為加損也。夫子自衛反魯，
然後樂正，雅頌各得其所。其曰得所者，復其故列云也。既曰復其
故列，則非夫子剏為此名也。季札觀魯在襄之二十九年，夫子反魯
在哀之十一年，卻而數之，六經之作，上距季札無慮六十餘年。詩
之布於南於雅於頌於諸國，前乎夫子，其有定因也久矣，則不待夫
子既出而剏以名之也。學者求聖人太深，曰六經以軌萬世，其各命

〔註13〕錢基博《集部論稿初編》，華中師範大學出版社 2012 年版，第 98～99 頁。

之名，必也有美有惡，或抑或揚，不徒然也。重以先儒贊添國風一名，參錯其間，曰詩之目，萬世不敢輕議。又從而例其義，曰一國之事係一人之本謂之風，言天下之事形四方之風謂之雅，雅者，正也，言王政之所由廢興也。政有小大，故有小雅焉，有大雅焉。頌者，美盛德之形容以其成功告於神明也。四者立，而大小高下之辨起。從其辨而推之，有不勝其駁者矣。頌愈於雅，康、宣其減魯僖乎？雅加於風，則二南其不若幽、厲矣。……且《詩》、《書》同經夫子刪定，《詩》有南雅頌，猶《書》之有典謨訓誥誓命也。誥之與命，謨之與訓，體同名異，世未有以優劣言者。其意若曰是特其名云爾。若其善惡得失，自有本實，不待辭費故也。是故秦穆之誓，上同湯、武；文侯之命，參配傅說。世無議者，正惟不眩於名耳。而至於《詩》之品目，獨嘵嘵焉，是非謂之不知類也乎？

（第 27 頁）二 《雅》當以體制

《詩大序》曰：「政有大小，故有《小雅》焉，有《大雅》焉。」此說未安。《大雅》所言，皆受命配天、繼代守成固大矣。《小雅》所言，《天保》以上治內，《采薇》以下治外，亦豈小哉！華谷嚴坦叔云：「《雅》之小、大，特以體之不同爾。蓋優柔委曲，意在言外，《風》之體也；明白正大，直言其事，《雅》之體也。純乎《雅》之體者，為《雅》之大；雜乎《風》之體者，為《雅》之小。今考《小雅》正經十六篇，大抵寂寥短章，其篇首多寄興之辭，蓋兼有《風》之體。《大雅》正經十八篇，皆春〔註14〕容大篇，其辭旨正大，氣象開闊，與《國風》夐然不同，比之《小雅》，亦自不侔矣。至於《變雅》亦然，變、小《雅》中固有《雅》體多，而《風》體少者，然終不得為《大雅》也。《離騷》出於《國風》，言多比興，意亦微婉，世以《風》《騷》並稱，謂其體之同也。太史公稱《離騷》者，可謂兼之矣。言《離騷》兼《國風》《小雅》，而不言其兼《大雅》；見《小雅》與《風》《騷》相類，而《大雅》不可與《風》《騷》並言也。《小雅》《大雅》之別昭昭矣。」華谷此說，深得二《雅》名義，可破政有小大之說。

按：錄自楊慎《升菴集》卷四十二《大雅小雅》。

〔註14〕「春」，《升菴集》作「春」。

（第27頁）《詩序》不可廢

《桑中》《東門之墠》《溱洧》《東方之日》《東門之池》《東門之楊》《月出》，《序》以為刺淫，而《朱傳》以為淫者所自作；《靜女》《木瓜》《采葛》《丘中有麻》《將仲子》《遵大路》《有女同車》《山有扶蘇》《蘀兮》《狡童》《褰裳》《子之豐》《風雨》《子衿》《揚之水》《出其東門》《野有蔓草》，《序》本別指他事，而《朱傳》亦以為淫者所自作。夫以淫昏不檢之人，發而為放蕩無一恥之詞，而其詩篇之繁多如此，夫子猶存之，則不知其所刪何等一篇也。夫子之言曰「思無邪」，如《序》者之說，則雖詩詞之邪者，亦必以正視之；如朱子之說，則雖詩詞之正者，亦必以邪視之。且《木瓜》《遵大路》《風雨》《子衿》諸篇，雖或其詞間未莊重，然首尾無一字及婦人，而謂之淫耶，可乎？蓋嘗論之，均一勞苦之詞也，出於序情閔勞者之口，則為「正雅」；而出於因役傷財者之口，則為「變風」也。均一淫泆之詞也，出於奔者之口，則可刪；而出於刺奔者之口，則可錄也。均一愛戴之詞也，出於愛桓叔、共叔者之口，則可刪；而出於刺鄭莊、晉昭者之口，則可錄也。

按：錄自焦竑《焦氏筆乘》卷二《馬端臨論詩序不可廢》。（明萬曆三十四年謝與棟刻本）

馬端臨之說見《文獻通考》卷一百七十八《經籍考五》。焦氏乃節錄、並合其文而成。馬氏原文曰：

> 蓋嘗論之均一勞苦之辭也，出於敘情閔勞者之口則為正雅，而出於困役傷財者之口。則為變風也。均一淫泆之詞也，出於奔者之口則可刪，而出於刺奔者之口則可錄也。均一愛戴之辭也，出於愛叔段、桓叔者之口則可刪，而出於刺鄭莊、晉昭者之口則可錄也。……今以文公《詩傳》考之，其指以為男女淫泆奔誘，而自作詩以敘其事者，凡二十有四，如《桑中》、《東門之墠》、《溱洧》、《東方之日》、《東門之池》、《東門之楊》、《月出》，則序以為刺淫，而文公以為淫者所自作也；如《靜女》、《木瓜》、《采葛》、《丘中有麻》、《將仲子》、《遵大路》、《有女同車》、《山有扶蘇》、《蘀兮》、《狡童》、《褰裳》、《丰》、《風雨》、《子衿》、《揚之水》、《出其東門》、《野有蔓草》，則序本別指他事，而文公亦以為淫者所自作也。夫以淫昏不檢之人，發而為放蕩無恥之辭，而其詩篇之繁多如此，夫子猶存之，則不知所刪何等一篇也。……夫子曰：「思無邪。」如序

者之說，則雖詩辭之邪者，亦必以正視之。如《桑中》之刺奔，《溱洧》之刺亂之類是也。如文公之說，則雖詩辭之正者，亦必以邪視之，如不以《木瓜》為美齊桓公，不以《采葛》為懼讒，不以《遵大路》、《風雨》為思君子，不以《褰裳》為思見正，不以《子衿》為刺學校廢，不以《揚之水》為閔無臣，而俱指為淫奔謔浪，要約贈答之辭是也。且此諸篇者，雖疑其辭之欠莊重，然首尾無一字及婦人，而謂之淫邪者乎？

（第28頁）歌詩與作詩不同

古人歌詩合樂之意，蓋有不可曉者。夫《關雎》《鵲巢》，閨門之事，后妃夫人之詩也，而鄉飲酒、燕禮歌之。《采蘋》《采蘩》，夫人大夫妻能主祭之詩也，而射禮歌之。《肆夏》《繁遏》《渠》，宗廟配天之詩也，而天子享元侯歌之；《文王》《大明》《綿》，文王興周之詩也，而兩君相見歌之。以是觀之，其歌詩之用，與詩人作詩之本意，蓋有判然不相合者，不可強通也。則烏知鄭、衛詩，不可用之於燕享之際乎？《左傳》載列國聘享，賦詩固多斷章取義，然其大不倫者，亦以來譏誚。如鄭伯有賦《鶉之奔奔》，楚令尹子圍賦《大明》，及穆叔不拜《肆夏》，甯武子不拜《彤弓》之類是也。然鄭伯如晉，子展賦《將仲子》；鄭伯享趙孟，子太叔賦《野有蔓草》；鄭六卿餞韓宣子，子齹賦《野有蔓草》；子太叔賦《褰裳》，子游賦《風雨》；子旗賦《有女同車》，子柳賦《蘀兮》。此六詩，皆文公所斥以為淫奔之人所作也，然所賦皆見善於叔向。趙武、韓起不聞被譏，乃知鄭、衛之詩未嘗不施之於燕享。而此六詩之旨意訓詁，當如《序》者之說，不當如文公之說也。

按：錄自馬端臨《文獻通考》卷一百七十八《經籍考五》。

（第29頁）春秋逸《詩》《書》

僖二十三年，趙衰賦《河水》，則春秋之世，其詩猶存，今亡矣。楚左氏倚相，能讀《三墳》《五典》，則春秋之世，其書猶存，今亡矣。宋洪邁為山林教時，林少穎為《書》學《論》，講「帝釐下土」數語，曰：「知之為知之，《堯典》《舜典》之所以可言也；不知為不知，《九共》《槀飫》，略之可也。」

按：錄自唐順之《荊川稗編》卷一《六經總論》，題為鄭樵《詩書逸篇猶存於春秋之世》。

（第29頁）《詩小雅雨無》解

「《雨無》，正大夫刺幽王也。」此小序之文。「雨無」為句，「正大夫刺幽王也」為句。正大夫，即第二章所稱離居者，《箋》、《正義》《集傳》並以「雨無正」名篇，誤矣。然則「雨無」之義若何？膏澤不下也。

按：不詳其出處。吳曾《能改齋漫錄》卷五《辨誤·〈詩·小雅〉誤作〈雨無正〉》（清文淵閣四庫全書本）曰：

> 《毛詩·小雅·雨無》一篇，今傳者誤作《雨無正》。七章，二章章十句，二章章八句，三章章六句，學者遂因其失，以「雨無正」名篇，失矣。蓋篇中第二章云「正大夫離居，莫知我勩」，《箋》云：「正，長也。長官之大夫。」

（第30頁）不日成之

《靈臺》詩曰：「不日成之。」古注：「不設期日也」；今注：「不終日也。」愚按不設期日，既見文王之仁，亦於事理為協。若曰不終日，豈有一日可成一臺者？此古注所以不可輕易也。

按：錄自楊慎《升菴集》卷四十二《不日成之》。

（第30頁）管仲知鮑叔尤深

鮑叔固已識管仲於微時，仲相齊，叔薦之也。仲既相，內修政事，外連諸侯，桓公每質之鮑叔，鮑叔曰：「公必行夷吾之言。」叔不惟薦仲，又能左右之如此，真知己也。及仲寢疾，桓公詢以政柄所屬，且問鮑叔之為人，對曰：「鮑叔，君子也。千乘之國，不以其道予之，不受也。雖然其為人好善，而惡惡已甚。見一惡，終身不忘，不可以為政。」仲不幾負叔乎？不知此正所以護鮑叔之短，而保鮑叔之令名也。叔之知仲，世知之，孰知仲之知叔之深如是耶！曹參微時與蕭何善，及何為宰相，與參隙。何且死，推賢惟參。參聞亦趣治行：「吾且入相。」使者果召參。參又屬其後相悉遵何約束，無所變更。此二人事，與管仲相反而實相類。

按：不詳其出處。其後，清·葉良儀《餘年閒話》卷四曾引此論（清康熙四十五年葉士行三當軒刻本）：

> 千古稱知己者，必曰管、鮑。然人因管仲自述其微時之事，皆

以為鮑叔之知仲耳。至於仲之知叔之深，則人未常及也。夫仲之相齊，乃鮑叔所薦。及既相，內修政事，外連諸侯。桓公每質之鮑叔，叔曰：「公必行夷吾之言。」是叔不惟薦仲，又能左右之如此。其為知己，固不待言矣。迨仲寢疾，桓公詢以政柄所屬，且問鮑叔之為人。對曰：「鮑叔，君子也。千乘之國，不以其道予之，不受也。雖然，其為人好善，而惡惡已甚。見一惡，終身不忘，不可以為政。」仲言如此，不幾於負叔乎？不知此正所以護叔之短，而保叔之令名。其知叔更深於叔之知仲也。若後之君子，感其薦舉，感其調護，當彌留之際，人主見問，不過深贊其賢，力舉自代而已。此而謂之不負恩則可耳。若以為真知己，不幾誣乎？

（第 30 頁）廢井田自管仲

世儒罪秦廢井田，不知井田之廢，始於管仲作內政，已漸壞矣，至秦乃盡壞耳。元陳孚《題管仲》詩：「畫野分民亂井田，百王禮樂散寒煙。平生一勺橫污水，不信東溟浪沃天。」可謂闡幽之論。又九河之壞，亦自管仲始。《詩緯》所謂「移河為界在齊呂」是也。

按：錄自楊慎《升菴集》卷七十八《壞井田》。所引陳孚詩，見《陳剛中詩集》之《觀光槁》（明鈔本），題為《管仲井》。

（第 31 頁）風馬牛不相及

楚子問齊師之言曰：「君處北海，寡人處南海，唯是風馬牛不相及也。不虞君之涉吾地也，何故？」劉元城以為此醜詆之辭，言齊、楚相去南北，如此遠離，馬牛之病風者，猶不相及。今汝人也，而輒入吾地，何也？其說即《書》所謂「馬牛其風」意。近有解者，「牛走逆風，馬走順風，故不相及。」此說亦新。

按：出宋・馬永卿《嬾真子》卷五，曰：

楚子問齊師之言曰：「君處北海，寡人處南海，唯是風馬牛不相及也。不虞君之涉吾地也，何故？」注云：「馬牛之風佚，蓋末界之微事，故以取論。」然注意未甚明白。僕後以此事問元城先生，曰：「此極易解，乃醜詆之辭爾。齊、楚相去南北，如此遠離，馬牛之病風者猶不相及。今汝人也，而輒入吾地，何也？」僕始悟其說，

即《書》所謂「馬牛其風」。《注》云「馬牛其有風佚」，此兩「風」字同為一意。

（第31頁）尾大不掉

尾大不掉，此非喻言也。西域有獸曰羯，尾大於身之半，非以車載尾，則不可行。元白湛淵有《詠羯》詩：「羯尾大如斛，堅車載不起。此以不掉滅，彼以不掉死。」

按：錄自張萱《疑耀》卷二《尾大不掉》。（明萬曆三十六年刻本）

另，元·陶宗儀《南村輟耕錄》卷九（四部叢刊三編景元本）已載：「『羯尾大如斛，堅車載不起。此以不掉滅，彼以不掉死』者，西漠有羯，尾大於身之半，非車載尾不可行也。」

白珽詩見《湛淵集·續演雅十詩》之七。（清文淵閣四庫全書本）

（第32頁）晉文公知大計

晉文公避驪姬之難，處狄十有三年，奚齊、卓子，相繼戮死，秦、晉之人歸心焉。文公深信舅犯，靜而待之，若將終焉者。至於惠公起而赴之，如恐不及。於是秦人責報於外，而里丕要功於內，不能相忍，繼以敗滅。內外絕望，屬於文公。然後文公徐起而收之，無尺土之賂、一金之費，而晉人戴之，遂伯諸侯。彼其處利害之計，誠審矣，是以主盟中夏幾二百年，其功業與齊桓等，而子孫過之遠甚也。

按：《校釋》於「處狄十有三年」之「三」字有腳注，稱：「按：蘇軾《古史》原文，此處為『二』。」此文見宋·蘇轍《古史》十六《晉唐叔世家第九》（宋刻元明遞修本）。

（第32頁）秦繆公學於寧人

《秦風》：「有車鄰鄰，有馬白顛。未見君子，寺人之令。」此詩之意，在後二句。夫為一國之君，高居深宮，不接群臣，壅蔽已甚矣。又不使他人，而特使寺人傳令焉，其蔽益甚矣。夫秦夷狄之國也，其初已如此姍笑三代柄用閹宦，不待混一天下已然矣。《史記·年表》書繆公學於寧人。寧人，守門之人，即寺人也。史書之，醜之也。三代之君，必學於耆德以為師保。而繆公乃學於寧人，以刑餘為周、召，以法律為《詩》《書》，又不待始皇、胡

亥已然矣。則景監得以薦商鞅，趙高得以殺扶蘇，終於亡秦，寺人之禍也。聖人錄此，以冠《秦風》，未必無意也。

按：錄自楊慎《升菴集》卷四十二《寺人之令》、《丹鉛總錄》卷十二《寺人之令》。

（第 33 頁）秦霸不由孟明

孟明始為晉虜，不自懲艾，再敗於殽陵彭衙，幸晉師不出，封殽尸而還。左氏美之過矣。繆公襲鄭，蹇叔苦諫。使繆公能用其言，則秦師不東也，三軍不暴骨也，《秦誓》亦不必作也。左氏不稱先見知幾之蹇叔，而贊喪師辱國之孟明，何其謬哉！且其言曰：「遂用西戎，用孟明也。」夫秦之所以霸西戎者，累世富強，形勝岩險，雄心於戈矛戰鬥，技養於射獵獫驕，非一日也，孟明何力焉？

按：錄自楊慎《升菴集》卷五十一《孟明》。

（第 33 頁）秦三良之殉不由繆公

穆公秦之賢君也，三良殉而《黃鳥》興哀，識者以為公之遺命，非也。穆公不忍殺敗軍之三大夫，豈以無罪之三良，而命之從死？按魏人《哀三良》云：「功名不可為，忠義我所安。秦穆先下世，三臣皆自殘。生時等榮樂，既歿同憂患。誰言捐軀易，殺身誠獨難。」味詩人之旨，則知三良下從穆公，實出其感恩徇主之誼，初非有遣之者。然後知東坡之論，所謂三子之徇君，亦猶齊二客之從田橫，其說固有所本也。獨其子若康公者，遂坐視而不之止，何哉！

按：前一節出自金履祥《通鑒前編》卷十二，曰：

> 子王子曰：當時稱賢君，固未有出穆公之右者。而其卒也，三良殉而黃鳥之詩哀。或以為此穆公之遺命也，其言過矣。穆公之於晉也，怨其君而矜其民，不忍其飢而死也。穆公之於秦也，自悔其過，不忍殺敗軍之三大夫，豈以無罪之三良而命之從死？必不然也。以人殉葬，蓋出於戎狄之俗。責穆公不察其非禮，無遺命以變其俗，則可也。責穆公有遺命，迫其從死，則不可也。惟孫泰山止責康公，而不及其他，此為得其情者。

後一節見明・陳霆《兩山墨談》卷一（明嘉靖十八年李檗刻本）：

> 魏人哀三良云：「功名不可為，忠義我所安。秦穆先下世，三臣皆自殘。生時等榮樂，既歿同憂患。誰言捐軀易，殺身誠獨難。」味詩人之旨，則知三良下從穆公，實出其感恩狥主之誼，初非有遺之者。然後知東坡之論，所謂三子之狥君，亦猶齊二客之從田橫，其立意固有所本也。

另，所引詩見《曹子建集》卷五（四部叢刊景明活字本），題為《三良》。蘇軾之論見《蘇文忠公全集》東坡集卷一（明成化本）《鳳翔八觀》之八《秦穆公墓》，文曰：

> 橐泉在城東，墓在城中無百步，乃知昔未有此城，秦人以泉識公墓。昔公生不誅孟明，豈有死之日而忍用其良？乃知三子狥公意，亦如齊之二子從田橫。古人感一飯，尚能殺其身，今人不復見此等，乃以所見疑古人。古人不可望，今人益可傷。

（第34頁）趙盾弒君報

宋人弒昭公，趙宣子請於靈公以伐之，乃發令於太廟，召軍令而戒樂正，令三軍之鍾鼓必備，聲其罪也。宣子其不謬於君臣之際矣！異時得罪出奔，而其宗人穿，弒其君靈公，而宣子反也，無一言焉。夫有君之弗恤，內賊之弗討，而鄰是師乎？其曖昧極矣。故吾以為桃園之逆，穿之手，盾之心也。三傳述其事，《春秋》誅其心也。盾得保首領以歿，已是天幸，而後之論者，猶或疑其事而重惜之。甚矣，其謀之狡也！於是乎下宮之役，大夫屠岸賈曰：「靈公之賊，盾雖不知，猶為賊首。」糾然興一國之師，而污其宮、瀦其室，趙氏之宗幾亡炊火焉。天報之巧，與聖筆之嚴，固並行而不悖矣，何必假手於軍吏，乞靈於鍾鼓也。

按：前一節出明・陳絳《金罍子》上篇卷二（明萬曆三十四年陳昱刻本）：

> 宋人殺昭公，趙宣子請師於靈公以伐之。公曰：非晉國之急也。對曰：大者天地，其次君臣，所以為明訓也。今宋人殺其君，是反天地而違民則也。公許之，乃發令於太廟，召軍吏而戒樂正，令三軍之鍾鼓必備，聲其罪也。趙宣子於是能奉天討矣。其不謬沒於君臣之際矣！故此一宣子也。異時，得辠出奔，而其宗人穿殺其君靈

公。而宣子反也，無一言焉。夫可以不煩軍吏之力也而尼，何哉？有君之弗恤，內賊之弗討，而隣是師乎？且宋之伐誅有罪也，聲之鍾鼓，正其名也。索賂而還，又與立其罪人而成之。人之稱斯師也，則謂之何？……然則桃園之逆，固不得委之穿矣。穿之手，盾之心與？直哉！太史氏不鍾不鼓，乃以筆伐盾也，誅其心，懸之簡冊，無容庾焉。

後一節出崔銑《趙盾論》，見明·賀復徵《文章辨體彙選》卷四百二（清文淵閣四庫全書本），曰：

> 余以靈公之弒，穿之手，盾之心也。《三傳》述其事，《春秋》誅其心。論者猶或疑其事而重惜之。甚矣，其謀之狡也！董狐，良史也，當時亦曰「亡不越境」，則凡弒君者逃千里之外，皆可曰吾義已絕，雖弒無罪，可乎？當時董狐祗合舉某事某事，以直證其弒君，不當以此為疑詞，故孔子曰：「惜也。越境乃免。」惜者，惜董狐之言也，非惜宣子之不能免也。宣子得免首領之誅，幸矣。於是乎下宮之役，大夫屠岸賈以靈公之弒盾為賊首，遂興師污其宮，瀦其室，趙氏之宗幾亡炊火焉。天報之巧，與聖筆之嚴，固並行而不悖矣。今宣子往矣，吾固著之，以警夫後之為宣子者。

（第34頁）董狐疑詞

晉靈公之弒，董狐直筆，洵哉其良史也！乃曰「亡不越境」，則凡弒君者，逃於千里之外，皆可曰「吾義已絕，雖弒無罪也」，可乎？當時董狐只合舉某事某事，以證其弒君，不當以此為疑詞，故孔子曰：「惜也，越境乃免。」惜者，惜董狐之言也，非惜宣子之不能免也。

按：出《金罍子》上篇卷二。見上一則所引。

（第35頁）楚子問鼎

楚子問鼎，羅泌以為妄，謂楚莊賢君，孫叔敖賢相，滅陳且復於申叔之對，入鄭且舍於鄭伯之服，非復前日之頑獷也。周為共主，彼豈遽然而窺之？又謂鼎非傳國之物，問之何益？亦似有見。第左氏所載王孫滿之言，未必皆妄。按九鼎在周，乃上代所寶者，故周公卜洛，亦以安九鼎為首稱。楚居漢南，嘗聞鼎之名，欲一見之而不可得，故過周之疆，問周之鼎，亦嚮慕之私

耳。王孫滿惡其強梗，遂切責之，謂其窺伺神器。而楚子問鼎，初心未必遽至是也。若謂楚實未嘗問鼎，而以左氏為罔，則又不盡信書之過矣。

按：錄自張萱《疑耀》卷二《楚子問鼎》。

羅泌之說見《路史》卷四十餘論三《鍾鼎》，曰：

> 鼎者，所以起樂者也。可以正律呂，可以調氣節，可以協風聲，可以和滋味，可以抑虛浮。垂則為鍾，仰則為鼎，故為國之重器。……夫楚莊者，春秋之賢君，而輔之以孫叔敖，顧非前日之夷蠻頑俗也。如其滅陳，感申叔時之一言而復之；其入鄭也，則又哀鄭伯之自卑而許之平。比其勝晉，乃至不喜而懼，則誦武之詩，曰所違民欲猶多，民何安焉無德而爭諸侯何以和眾夫無德而爭諸侯，且猶不肯，況逼周而取之鼎乎？包茅不入，齊且致伐，而況欲遷周鼎，諸侯能舍之乎？吾固曰問鼎之事，左氏之罔，無信可也。……是故起樂之具，非傳國之用也。

（第36頁）楚之不競

楚之為國也，恭、莊以前，雖僻在荊蠻，而其國實趨於強；康、靈以後，雖屢抗中華，而其國實趨於弱。齊桓不與楚角，諸侯雖一向一背，而其患止於猾夏；晉文親與楚敵，後世狃於或勝或負，而其勢遂駸駸於抗衡。然自州來奔命，楚始患吳；鍾離潛師，吳始易楚。數十年間，楚日不競，則其抗中華也，亦豈楚之利哉！

按：錄自宋・李琪《春秋王霸列國世紀編》卷三《十夷狄世紀・楚》（清文淵閣四庫全書本）：

> 序楚世紀曰：楚為外域，前乎春秋，已慮之矣。……自天下大勢言之，則楚之患，其初止於猾夏，其後至於抗衡，又其後遂至於用中夏之柄。由楚一國之勢言之，則共、莊以前，雖僻在荊蠻，而其國實趨於強；康、靈以後，雖屢抗中華，而其國實趨於弱。究一經之始末，而楚之盛衰槩可考也。……顧自齊桓不與楚角，諸侯雖一向一背，而其患猶止於猾夏；晉文親與楚敵，後世狃於或勝或負，而其勢遂駸駸抗衡。……靈、康以後，楚雖專令於諸侯，而自州來奔命，楚始患吳；鍾離燔師，吳始易楚。數十年間，楚始不競。

（第36頁）季子之賢有定論

古今兄弟讓國之事，若太伯、伯夷、叔齊、季札，寥寥數人，可謂宇宙間希曠。宋儒獨病季札，謂讓以基禍。此語似是而非，蓋不度當時事勢，而妄為之說者也。夫季子在齊，知齊政將有歸；在晉，知晉國必有難。聞樂知衛之後亡，檜之早滅，豈獨不知闔閭之為人乎？彼闔閭者，陰狠而忌，日夜謀所以刃僚取吳。散財養客，數十年而幸就。就而一旦致之乎季子，豈賢季子而甘為之下乎？畏忌季子也。季子於此掩然而受之，吾恐刃僚之血未乾，季子且以次及矣。故季子曰：「爾殺僚，吾殺爾，是父子兄弟相殺無已也。」斯言也，蓋亦無可奈何矣。躬耕延陵，終身不入吳國，季子寧得已乎？賢者不欲逆揣異日之變，而能為今日之所為，故不為福先，不為禍始，欣欣去之，如解重負，非苟為名而已也。若季子者，可謂遠不愧夷、齊，內不愧乃祖矣。宋儒拘攣，一倡而雷同至今，特為洗之。

坡公作《季子贊》曰：「泰伯之德，鍾於先生。棄國如遺，委蛻而行。坐閱《春秋》，幾五之二，古之真人，有化無死。」可謂季子知己矣。

按：出處不詳。其後清・陸次雲《尚論持平》卷二《延陵季子》（清刻芙蓉城四種書本）引之，曰：

> 說者謂古今兄弟讓國之事，若泰伯、伯夷、叔齊、季札，可謂宇宙間希曠之人。宋儒獨病季子，謂讓以基禍。夫季子在齊，知齊政將有歸；在晉，知晉國必有難。豈獨不知闔閭之為人乎？彼闔閭陰謀刺僚，幸而得，就一旦致之季子，豈賢季子而甘遜之乎？忌季子也。使季子受之，刺僚之刃且以次及之矣。故季子躬耕延陵，終身不入吳國。若季子者，可為不愧乃祖矣。故夫子題其碑曰：嗚呼，有吳延陵君子之墓。若讓以基禍，焉得謂之君子乎？

蘇軾《延州來季子贊》見《蘇文忠公全集》東坡後集卷九。

（第37頁）《論語》出閔子門人手

《論語》所記孔子與人問答，比及門弟子，皆斥其名，未有稱字者。雖顏、冉高弟，亦曰回、雍，至閔子獨云子騫，終此書無指名。然則謂《論語》出於曾子、有子之門人，又安知不出於閔子之門人耶？觀所言閔子侍側之詞，與冉有、子貢、子路不同，亦可見矣。

按：出洪邁《容齋隨筆》容齋三筆卷第十二《閔子不名》：

> 《論語》所記孔子與人語及門弟子並對其人問答，皆斥其名，
> 未有稱字者。雖顏、冉高第，亦曰回、曰雍。唯至閔子，獨云子騫，
> 終此書無損名。昔賢謂《論語》出於曾子、有子之門人，予意亦出
> 於閔氏。觀所言閔子侍側之辭，與冉有、子貢、子路不同，則可見
> 矣。

（第 37 頁）老彭即老聃

老彭，王輔嗣、楊中立，皆以為老聃也。《三教論》云：「五千文，容成所
說，老為尹談述而不作。」則老彭之為老子，其說古矣。

按：錄自焦竑《焦氏筆乘》續集卷一《讀論語》。

（第 37 頁）左氏非丘明

宗《左氏》者，以為丘明受經於仲尼，所謂「好惡與聖人同」乎，觀孔
子所謂「左丘明恥之，丘亦恥之」，乃「竊比老彭」之意，則其人當在孔子
之前。而左氏傳《春秋》者，非丘明，蓋有證矣。或以為六國時人，或以為
左史倚相之後。蓋以所載「虞不臘」等語，秦人始以十二月為臘月，又左氏
所述楚事極詳，有無經之傳，而無無傳之經，亦一證也。又左氏中紀韓、魏、
智伯事，舉趙襄子之諡，則是書之作，必在襄子既卒之後。若以為丘明，則
自獲麟至襄子卒，已八十年矣，即使孔子與丘明同時，不應孔子既沒七十有
八年，而丘明猶能著書也。今左氏引之，其為六國人無疑。

按：前一節見呂大圭《論三傳所長所短》，載唐順之《荊川稗編》卷十
三，曰：

> 宗左氏者，以為丘明受經於仲尼，所謂「好惡於聖人同」乎。
> 觀孔子所謂「左丘明恥之，丘亦恥之」，乃「竊比老彭」之意，則其
> 人當在孔子之前。……或以為六國時人，或以為左史倚相之後。蓋
> 以所載「虞不臘」等語，秦人以十二月為臘月，而左氏所述楚事極
> 詳，蓋有無經之傳，而未有無傳之經，亦一證也。

後一節見鄭樵《六經奧論》卷四《春秋經》，曰：

> 左氏終紀韓、魏、智伯之事，又舉趙襄子之諡，則是書之作，
> 必在趙襄子既卒之後。若以為丘明，自獲麟至襄子卒，已八十年矣。

使丘明與孔子同時，不應孔子既沒七十有八年之後，丘明猶能著書。

今左氏引之，此左氏為六國人，在於趙襄子既卒之，後明驗一也。

（第 38 頁）子羽貌武

夫子云：「以貌取人，失之子羽。」意謂其貌寢也。及觀李龍眠所畫七十二弟子像，其猛毅比季路更甚，則所謂「行不由徑，非公事，未嘗至於偃室」。及夫子所謂「失之子羽」者，正以其貌武而行儒耳。《博物志》《水經注》俱稱子羽渡河，齎千金之璧，河伯欲之，陽侯波起，兩蛟夾舟。子羽曰：「吾可以義求，不可以威劫。」左操璧，右操劍，擊蛟皆死，乃投璧於河。三投而輒躍出，竟棄璧而去。然則子羽之勇，誠不減季路矣。

按：錄自王世貞《弇州四部稿》卷一百五十九《說部·宛委餘編四》（明萬曆刻本）。

（第 38 頁）南子是南蒯

《史記》謂孔子見衛靈公之寵姬南子，非也。《家語》曰：「孔子適衛，子驕為僕。靈公與夫人南子同車出，令宦者雍梁驂乘，使孔子為次乘，遊於市。孔子恥之。」夫聖人方以季桓子受齊女樂，而去魯適衛，至衛而恥為靈公、南子之次乘，豈肯輕身往見之？南子者，蓋魯之南蒯耳。南蒯以費畔，昭公十四年，奔齊，侍飲於景公。公曰：「叛夫。」對曰：「臣欲張公室也。」南蒯欲弱季氏而張公室，夫子見之，將以興魯也。與見佛肸事，不約而合。佛肸之召，子路曾致疑矣，此又不悅。夫子以堅白匏瓜，微言不足醒之，故復有「天厭」之誓。比類以觀，則知其非見衛之南子，而見魯之南子，必矣。

按：出孫奕《履齋示兒編》卷五《南子》：

說者皆引《史記》，以謂孔子見衛靈公之寵姬南子，仲尼弟子侍。以愚觀之，必非衛之南子。蓋嘗考《家語》曰：「孔子適衛，子驕為僕。顏刻字子驕，《史記》作顏高。衛靈公與夫人南子同車出，而令宦者雍梁驂乘，使孔子為次乘，遊過市。孔子恥之。」且聖人方以季桓子受齊女樂，而去魯適衛，至衛而又恥為靈公、南子次乘，豈肯輕身以先於匹婦哉？又且《六經》以至《魯論》、《家語》，皆無見衛南子之文，不知子長何所本而云。然則南子者為誰？是必魯之南蒯也。何以知之？以佛肸召，子欲往而知之也。佛肸以中牟畔，

子路不欲之往，而夫子有吾豈匏瓜之喻。南蒯以費畔，子路亦不悅其見。昭公十二年，南蒯以費畔隨奔齊。十二年，費人畔南氏，即南蒯也。蓋昭公十四年，南蒯之奔齊也，侍飲於景公。公曰：「叛夫。」對曰：「臣欲張公室也。」杜預曰：「張，強也。」南蒯欲弱季氏而強公室，此夫子所以見之，將以興魯也。與佛肸事不約而同，故知其必非見衛之南子，而見魯之南子也，昭昭矣。

（第 39 頁）匏瓜

匏瓜，星名，繫即「日月星辰繫焉」之「繫」，見應柳之《天文圖》。蓋星有「匏瓜」之名，徒繫於天而不可食。正與「維南有箕，不可以簸揚；維北有斗，不可挹酒漿」同義。

按：出宋·黃震《黃氏日鈔》卷二《讀論語·陽貨篇·匏瓜》（元後至元刻本）：

> 黃勉齋宰臨川，刊臨川人應抑之《天文圖》，有匏瓜星。其下注云：「《論語》：『吾豈匏瓜也哉？焉能繫而不食？』正指星而言。」蓋星有匏瓜之名，徒繫於天而不可食，正與「維南有箕，不可簸揚；維北有斗，不可挹酒漿」同義。又建昌吳觀附此於《四書疑義》，未知然否。

又，焦竑《焦氏筆乘》卷一《匏瓜》曰：

> 臨川人應柳之《天文圖》有匏瓜星，其下注云：「《論語》：『吾豈匏瓜也哉？焉能繫而不食？正指星而言。』」蓋星有匏瓜之名，徒繫於天而不可食，正與「維南有箕，不可以簸揚；維北有斗，不可以挹酒漿」同義。

（第 39 頁）執禮之執當作埶

子所雅言「詩書執禮」，「執」字當是「埶」字之誤。隸書埶、執字相類。埶，樂也，是即「春秋教以禮樂，冬夏教以詩書」。與四教亦是四事（埶即藝字）。

按：出明·陸深《儼山外集》卷一《傳疑錄上》（清文淵閣四庫全書本）：

> 「子所雅言，詩書執禮。」「執」字當是「埶」即藝字。字之誤。隸書埶、執字相類。埶，樂也，是即「春秋教以禮樂，冬夏教以詩

書」，與四教亦是四事。

（第39頁）孔子無所不佩

王逸曰：「行清潔者佩芳，德光明者佩玉，能解結者佩觿，能決疑者佩玦，故孔子無所不佩也。」卓吾子曰：古者男子出行，不離劍佩，遠行不離弓矢，日逐不離觿、玦、佩、玉。名為隨身之用，事親之物，其實思患預防，文武兼設，可使由而不可使知之道也，與丘田寓兵同括矣，意不在文飾，特假名為飾耳。後之人昧其實也，以是為美飾而矜之，務內者從而生厭心，曰：「是皆欲為侈觀者，何益之有！」故於今並不設備，而文武遂判，非但文士不知武備，至於武人居常走謁，亦較〔註15〕文裝矣。寬衣博帶，雍雍如也，肅肅如也，一旦有警，豈特文人束手，武人亦寧可用耶！

按：錄自明‧李贄《焚書》卷五《無所不佩》。（明刻本）

（第40頁）季文子三思

季文子相三君，其卒也無衣帛之妾、食粟之馬，無藏金玉，無重器，可謂善矣。然怨歸父之謀，去三家至掃四大夫之兵以攻齊，方公子遂弒君立宣公，行父不能討，反為之再如齊納賂焉，又率師城莒之諸、鄆二邑，以自封植。其為妾、馬、金、玉也多矣！是亦公孫弘之布被，王莽之謙恭也。時人皆信之，故曰「季文子三思而後行」。夫子不然之，則曰：「再斯可矣。」若曰：再尚未能，何以云三思也？使能再思，不黨篡而納賂，專權而興兵，封殖以肥己也。文公不得其辭，乃云思至於三，則私意起而反惑。誠如其言，則《中庸》所謂「思之弗得弗措也」，《管子》所謂「思之思之，又重思之，思之不通，鬼神將通之」，吳臣勸諸葛恪十思者，皆非矣。

按：出楊慎《升菴集》卷四十五《季文子三思》和李贄《焚書》卷五《季文子三思》。楊慎曰：

> 季文子相三君，其卒也，無衣帛之妾、食粟之馬、無藏金玉，
> 無重器備，左氏侈然稱之。黃東發曰：行父怨歸父之謀，去三家，
> 至掃四大夫之兵以攻齊，方公子遂弒君立宣公，行父不能討，反為
> 之再如齊納賂焉，又帥師城莒之諸、鄆二邑，以自封植。其為妾、

〔註15〕《校釋》有腳注，稱「黃岡市圖書館本、1987年版作『效』」。《焚書》原作「效」。

馬、金、玉也多矣！是亦公孫弘之布被，王莽之謙恭也。然則小廉
乃大不忠之節乎？時人皆信之，故曰「季文子三思而後行」。夫子不
然之，曰：「再斯可矣。」此言微婉，蓋曰再尚未能，何以云三思也？
使能再思，不黨篡而納賂，專權而興兵，封植以肥己矣。不得其解
者乃云思至於三，則私意起而反惑。誠如其言，則《中庸》所謂「思
之不得弗措也」，《管子》所云「思之思之，又重思之，思之不通，
鬼神將通之」，吳臣勸諸葛恪十思者，皆非矣。然則以三思稱季文子
者，亦左氏之流也夫。

李贄曰：

文子相三君，其卒也，無衣帛之妾、食粟之馬，無重器備，左
氏侈然稱之。黃東發曰：行父怨歸父之謀，去三家，至掃四大夫之
兵以攻齊，方公子遂弒君立宣公，行父不能討，反為之再如齊納賂
焉，又帥師城莒之諸、鄆二邑，以自封殖。其為妾、馬、金、玉也多
矣！是即王莽之謙恭也。時人皆信之，故曰「季文子三思而後行」。
夫子不然之，則曰：「再思可矣。」若曰再尚未能，何以云三思也？
使能再思，不黨篡而納賂，專權而興兵，封殖以肥己矣。文公不得
其辭，乃云思至於三，則私意起而反惑。誠如其言，則《中庸》所
謂「思之不得弗措也」，《管子》所謂「思之思之，又重思之，思之
不通，鬼神將通之」，吳臣勸諸葛恪十思者，皆非矣。

另，黃震《黃氏日鈔》卷十《讀春秋》曰：

行父相三君，其卒也，無衣帛之妾、無食粟之馬，無藏金玉無
重器備，左氏稱其忠於公室。然行父怨歸父之謀，去三家，至掃四
大夫之兵以攻齊，方公子遂弒君立宣，行父實再為之如齊納賂，又
帥師城莒之諸、鄆二邑以自封植，其為妾、馬、金、玉也多矣！柄
及其子，益專且叛。然則小廉者乃其大不忠之飾歟？向使滔侈如齊
慶封，適足以殺其身，烏能成其私也哉？

（第41頁）孔子請討陳恒

孔子沐浴而朝，於義盡矣。胡氏乃有「先發後聞」之說。卓吾子曰：「世
固有有激而為者，不必問其為人果當也；有激而言者，不必問其能踐言否也。
哀其志可也，原其心可也，留之以為天下後世之亂臣賊子懼可也。何必說盡

道理，以長養亂賊之心乎？若說非義，則孔子沐浴之請，亦非義矣，何也？齊人弒君，與魯何與也？魯人尚無與，又何與於家居不得與聞政事之孔子乎？不得與而與，是出位之僭也。明知哀公三子皆不可與言而言，是多言之窮也。總之為非義矣。總之為非義，然總之為出於義之有所激也。總之為能使亂臣賊子懼也，即孔子當日一大部《春秋》也，何待他日筆削魯史而後謂之《春秋》哉！先正蔡虛齋有岳飛班師一論，至今讀之，猶令人髮指冠、目裂眥，欲代岳侯殺秦檜、滅金虜而後快也。何可無此議論也？明知是做不得、說不得，然安可無此議論乎？」張和仲曰：至言至言！先正有云：三桓之無君，與晉之三大夫、齊之田氏一也。孔子雖去位，而三桓終不敢篡魯，孔子之功也。則夫請討之舉，未必全無關係，而聖人亦何嘗枉卻沐浴之勞也？拈出與識者辨之。

按：前一節出李贄《焚書》卷五《陳恒弒君》：

升菴先生曰：孔子沐浴而朝，於義盡矣。胡氏乃云：仲尼此舉，先發後聞可也。是病聖人之未盡也果。如胡氏之言，則不告於君而擅興甲兵，是孔子先叛矣，何以討人哉？胡氏釋之於《春秋》，朱子引之於《論語》，皆未知此理也。岳飛金牌之召，或勸飛勿班師，飛曰：「此乃飛反，非檜反也。始為當於義矣。」李卓吾曰：「世固有有激而為者，不必問其為之果當也；有有激而言者，不必問其能踐言與否也。哀其志可也，原其心可也，留之以為天下後世之亂臣賊子懼可也。何必說盡道理，以長養亂賊之心乎？若說非義，則孔子沐浴之請亦非義矣。何也？齊人弒君，與魯何與也？魯人尚無與，又何與於家居不得與聞政事之孔子也？不得與而與，是出位之僭也。明知哀公三子皆不可與言而言，是多言之窮也。總之，為非義矣。總之為非義然，總之為出於義之有所激也，總之為能使亂臣賊子懼也。即孔子當日一大部《春秋》也，何待他日筆削魯史而後謂之《春秋》哉？先正蔡虛齋有岳飛班師一論，至今讀之，猶令人髮指冠，目裂眥，欲代岳侯殺秦檜，滅金虜而後快也。何可無此議論也？明知是做不得，說不得，然安可無此議論乎？安得無此議論乎？」

文末先正之言出宋・王應麟《通鑒答問》卷一《簡子使尹鐸為晉陽》（清文淵閣四庫全書本）：

然三桓之無君，與晉之三大夫、齊之田氏一也。三桓終不敢篡魯，夫子之功也。

（第42頁）陽虎之奸

陽虎將殺季孫，不克。說甲如公宮，取寶玉大弓，入讙陽關以叛。明年乃得之堤下。《穀梁》曰：「陽虎必解眾也。」得其情矣。黃東發曰：「陽虎竊之無所用，故復歸之也。」此豈知巨猾之深奸耶？虎初竊時，亦已知無用，特以魯寶之。我竊之，魯必追我，我與之，則魯釋我已。西方有狗國，中華人入之，竊其箸而逃，狗追齧之，人以箸投之，必銜而反，數反則追無及矣。陽虎蓋欲狗國魯也乎？晉明帝覘王敦逃歸湖陰，以七寶鞭獲免，蓋祖虎之故智云爾。

按：錄自楊慎《升菴集》卷四十三《盜竊寶玉大弓八年得寶玉大弓九年》，文首有「升菴曰」。

其後，明・胡應麟《少室山房筆叢》甲部《丹鉛新錄三・陽虎》（明萬曆刻本）云：

陽虎將殺季孫，不克，取寶玉大弓以叛。明年乃得之堤下。晉明帝覘王敦遁歸湖陰，以七寶鞭獲免。

《晉書・明帝紀》云：「王敦將謀篡，下屯於湖，帝乃乘駿馬微行，至於湖，陰察敦營壘而出。」「陰」字當屬「察」字為句，以上又「湖」下元無「陰」字，而下句「陰察」與「微行」相應也。自溫庭筠作《湖陰曲》，後人往往承訛，惟王懋《叢書》得之，因錄諸右。又，明帝自湖遁歸，遇旅嫗與七寶鞭，此云「遁歸湖」者尤非。敦既屯兵於湖，帝自湖歸，則歸於石頭耳。

又，明・周嬰《巵林》卷八《諗胡・湖陰》（清文淵閣四庫全書本）曰：

《丹鉛新錄》曰：「用修云：『陽虎將殺季孫，不克，取寶玉大弓以叛。明年乃得之堤下。晉明帝覘王敦遁歸湖陰，以七寶鞭獲免。』」按：《晉書・明帝紀》云：『王敦將謀篡，下屯於湖，帝乃乘駿馬微行，至於湖，陰察敦營壘而出。』『陰』字當屬『察』為句，以上文『湖』下原無『陰』字，而下句『陰察』與『微行』相應也。自溫庭筠作《湖陰曲》，後人往往承訛，惟王懋《叢書》得之。又，明帝自湖遁歸，遇旅嫗與七寶鞭，此云『遁歸湖』者尤非。敦既屯兵於湖，

帝自湖歸,則歸於石頭耳。」

　　謐曰:《升菴集》云:「『王敦屯於湖,陰察營壘而去。』此《晉紀》本文。於湖,今之歷陽也。『帝至於湖』為一句,『陰察營壘』為一句。溫庭筠作《湖陰曲》,誤以『陰』字屬上句也。張耒作《於湖曲》以正之。」案:此則湖陰之解,發自用修矣。元瑞拾用修牙慧,以反譏用修。而又云「自湖遁歸」,又云「遁歸湖」,則以於湖「於」字為於此於彼之於,而不知其為縣名也。且單舉湖字,符瑞抑何所指?《晉書‧地理志》丹陽郡有於湖、蕪湖、姑熟諸縣,接壤聯疆。觀《王敦傳》云:「敦移鎮姑熟,明帝將討敦,微服至蕪湖,察其營壘」;又《世說新語》云「王大將軍頓軍姑熟,明帝以英武之才,著戎服,騎巴賨馬,齎一金馬鞭,陰察軍形勢」,則湖陰之訛,自湖之謬,已可知矣。然於湖屬丹陽郡,在江南歷陽,屬淮南郡,在江北。楊云於湖,今之歷陽,則非也。

　　其中,《卮林》所引「《升菴集》云」,見《丹鉛總錄》卷十四《訂訛類‧〈湖陰曲〉題誤》。

(第42頁)魯公室與戰國相終始

　　魯自隱至昭,而逐於季氏,凡十世;自宣至定,而制於陽虎,凡五世。虎不逾世而敗,自是三桓微,散沒不復見,而魯公室雖微不絕,遂與戰國相終始。蓋以臣僭君不義,而得民要以其力自斃。君雖失眾,而其實無罪,久則民將哀之,其勢固當然哉。

　　按:錄自蘇轍《古史》十《魯周公世家第三》。

(第43頁)四科不列曾子

　　四科者,夫子言陳蔡一時所從之徒,非謂七十二弟子之中,止有此十人而已。後人錯認夫子之意,遂以十科之人目為十哲。而學宮之中,塑坐於夫子殿上,其餘弟子,則繪立於兩廡之下。雖曾參之賢,亦不預殿上之列,謂參非十哲之數也。至州縣每歲春秋釋奠,亦以此為升降之等,失夫子之意甚矣。考其制,蓋承襲已久。觀東漢末徐幹《中論》,有曰:「人之行莫大於孝,莫顯於清。曾參之孝,原憲之清,不得與游、夏列在四行之科者,以其才不如也。」則知此說自漢已然。

按：錄自宋・王楙《野客叢書》卷十八《孔門十哲》（明刻本），曰：

四科者，夫子言陳蔡一時所從之徒，非謂七十二弟子之中，止有此十人而已。後人錯認夫子之意，遂以四科之人目為十哲。而學宮之中，壤坐於夫子殿上，其餘弟子則繪立於兩廡之下。雖曾參之賢，亦不預殿上之列，謂參非十哲之數也。至於州縣每歲春秋釋奠，亦以此為升降之等，失夫子之意甚矣。考其制，自唐已然。承襲至今，而莫之革也。僕又推而上之，觀東漢末徐幹《中論》有曰：「人之行，莫大於孝，莫顯於清。曾參之孝，原憲之清，不得與游、夏列四行之科者，以其才不如也。」則知此說，自漢已然，不止於唐也。

（第43頁）子貢不如儀封人

林時譽問羅近溪曰：「昔人謂子貢晚年進德，如謂仲尼日月也，如天之不可階而升也，真是尊信孔子到至處。」先生曰：「此是子貢到老不信夫子處，如何為進德？孔子一生之學，只是求仁，只是行恕。夫子此仁恕，即一時將天下萬世都貫徹了。子貢不知，卻只望夫子得邦家。至其後，仲尼以萬世為土，為萬世立命矣。子貢猶不知，且追恨夫子未得邦家，未見綏來動和之化。與夫生榮死哀之報，想其築室於場，六年不去，猶是此念耿耿也。當時儀封人一見夫子，便說夫子不曾失位，只其位與人不同，正木鐸天下萬世之位也。朱子以『將』字解作『將來』之將，不知當作『將無』之將，所以把封人獨得之見，與子貢一般看了。此是學問大關鍵，吾人學聖大眼目，此處放過，他皆無足論矣。」張和仲曰：近溪此說，可謂前無古人矣。然子貢亦有說得著處，如仲尼焉學之問是也。蓋學賢是常事，學不賢，非孔子不能。舜之好問好察，殆是千載同調，非深於道者，不易識也。

劉司中曰：「將」字當與《孟子》「幣之未將」同解，蓋天奉夫子以為木鐸也。若作「將無」之將，尚有毫釐之隔。

按：「張和仲曰」之前文字錄自焦竑《焦氏筆乘》卷四《夫子得邦家》。

（第44頁）曾點二事俱不類

季武子卒時，孔子生才十七年，則曾點或未生，生亦甚少也，安得倚其門而歌乎？又可怪者，曾子芸瓜小過，而曾點暴怒如此，絕與鼓琴浴沂氣象

不類。豈所謂狂者之過耶，抑紀載失實也？

按：前一節錄自明·陳師《禪寄筆談》卷六（明萬曆二十一年自刻本）、明·金澔《讀禮日知》卷上（明萬曆二年馮氏刻本）曰：

> 季武子卒時，孔子生纔十七年，則曾點或未生，生亦尚少也，安得倚其門而歌乎？況觀浴沂詠歸之志，點蓋見其大者。若歌於有喪者之門，是病狂喪心也，而謂賢者為之乎？記《禮》者之文，失其實矣。

卷 三

（第 45 頁）子夏《易》說

《易》：「鳴鶴在陰，其子和之。我有好爵，吾與爾靡之。」相觀而善之謂摩，鳴鶴以相和成聲，好爵以相摩成德，子夏《易》說如此。今本作靡。靡，牛纏也，取繫戀之義，然不如摩厲之說為長，以韻讀之又叶也。

按：錄自《焦氏筆乘》卷一《子夏易說》。

（第 45 頁）儒者說《春秋》之失

儒者之說《春秋》，其失有三：尊經之過也，信傳之篤也，不以《詩》《書》視《春秋》也。其尊之過，則曰聖人之作也；其信之篤，則曰其必有所受也。無惑乎其求之益詳，而傅會之益鑿也。其視之異乎《春秋》，則曰此刑書也。無惑乎其言之益刻，而鍛鍊之益深也。己以為美，則強求諸辭，曰：此予也，此褒也，聖人之微辭也；己以為惡，則強求諸辭，曰：此奪也，此貶也，聖人之特筆也。或曰：聖人之變也。一說弗通焉，又為一說以護之；一論少窒焉，又為一論以飾之。使聖人者，若後世之法吏深文而巧詆，蔑乎寬厚之意，此其失非細故也。

按：錄自明·劉永之《劉仲修先生詩文集》卷八《答梁孟敬書》〔註16〕。（清鈔本）

〔註16〕又見唐順之《荊川稗編》卷十二。

（第46頁）孔子不言樂

夏、殷之禮，孔子能言之，而不及樂。鯉趨過庭，訊以學禮，亦不及樂。豈以禮具而樂即存耶？夫古樂之亡久矣，即孔子亦無得而聞也。若告顏子為邦，而終之以韶舞，則於齊嘗聞韶，惟顏子或足以知之耳。

按：錄自張萱《疑耀》卷七《孔子不言樂》。

此前，羅泌《路史》卷八《禪通紀》曰：

> 夏、殷之禮，吾能言之，而樂不及，禮具而樂存也。鯉趨過庭，訊以學禮，而樂不告。樂必夫自得也。顏子為邦，終之韶舞，虞帝教胄，先之典樂。非無詩禮也，立於禮則成於樂矣。樂需禮而立，禮非樂不成，是故興世則禮樂之形實，而人因器以達本。世不足以明道，則禮樂之用為虛文，而人不足以化其上。偏禮恃樂，傷天地，損人民，所以悖理而害政者至矣。

（第45頁）三禮之乖異

七十二子之在孔門，問道均矣，夫子沒而其說不同。曾子襲裘而弔，子游裼裘而弔。小斂而奠，曾子曰：於西方；子游曰：於東方；異父之道，子游曰：為之大功；子夏曰：為之齊衰。曾子、子游，同師於夫子，而異說如此，況復傳之群弟子之門人，則其失又遠也。從而信之，則矛盾可疑；從而疑之，則其說有師承。此三禮文義，不能無乖異也。迨其後也，呂不韋作《月令》，蓋欲為秦典，故祭祀官名不純於周。漢博士欲為漢制，故封爵不純於古。後世明知二書出於秦、漢，猶且目《月令》為周禮，《王制》為商禮。至於今則以其傳遠而不敢辨矣，惜哉！

按：《校釋》校勘文字，有腳注，稱「據鄭樵之文」。除末一句，錄自鄭樵《三禮總辨》，見唐順之《荊川稗編》卷十九，曰：

> 昔者七十二子之在孔門，問道均矣，夫子沒而其說不同。曾子襲裘而弔，子游裼裘而弔。小斂而奠，曾子曰於西方，子游曰於東方。異父之道，子游曰為之大功，子夏曰為之齊衰。曾子、子游同師於夫子，而異說如此，況復傳之群弟子之門人，則其失又遠也。從而信之，則矛盾可疑。從而疑之，則其說有師承。此三禮文義不能無垂異也。……迨夫秦、漢儒生學士，亦欲倣之。呂不韋作《月

令》，蓋欲為秦典，故祭祀官名不純於周。漢博士欲為漢制，故封爵不純於古。後世明知二書出於秦、漢，猶且曰《月令》為周禮，《王制》為商禮，況三代之書，所成非一人，所作非一時。

（第46頁）魯郊禘不出成王之賜

魯郊禘之僭，天下後世所共議也。至以為成王之賜，則厚誣矣。《春秋》書禘於莊公，見禘之僭，始於閔公也。書四卜郊，見郊之僭，始於僖公也。由是觀之，則郊禘不出成王之賜也，明矣。且史者載事之書也，以天子禮樂賜諸侯，豈細事哉？《左氏》未嘗言之，《公羊》《穀梁》及《國語》，皆未嘗言之。《公羊》之言曰：「卜郊非禮也，卜郊何以非禮？魯郊非禮也。」其言即《春秋》意也。隱公嘗問羽數於眾仲，眾仲曰：「天子用八，諸侯用六，大夫用四，士用二。」公從之，於是初獻六羽。若八佾之賜果出成王，則眾仲胡不舉以對？皋鼬之盟，萇弘欲先蔡，祝鮀述魯、衛初封之寵命賜物。其說魯之寵錫，大輅、大旗，夏后氏之璜，封父之繁弱，土田陪敦，祝、宗、卜、史，官司、彝器，纖悉畢舉。使有天子禮樂之賜，鮀也正宜藉口以張大於此時，而反無一言及之乎？昭公曰：「吾何僭矣哉？」子家駒曰：「設兩觀，乘大路，朱干玉戚，以舞大夏，八佾以舞大武，此皆天子之禮也。」賜果出於成王，子家敢面斥昭公以僭而不諱耶？由是觀之，魯之僭，非特郊禘而已。天子之禮樂，大小皆悉用之。周公閱來聘魯，饗有昌歜形鹽，而辭不敢受。甯武子聘魯，魯饗之。賦《湛露》《彤弓》，而曰「其敢干大禮？」二子之辭，蓋惡魯之僭也。以是觀之，可見魯之僭尚未久，故上自天子之宰，下至鄰國之卿，苟有識者，皆疑怪遜謝。而魯人並無一言及成王之賜以自解，以此知其誣也。按《呂氏春秋》云：魯惠公使宰讓請郊廟之禮於王，王使史角止之。夫知之而有郊禘，是魯自僭也。然惠公雖請之，而魯郊猶未率為常，僖公始作頌以郊為誇焉。記禮者以為魯禮，皆成王賜之，以康周公，而疑似之說，遂至於今，不可以不解。

按：《校釋》校勘文字，有腳注，稱「據楊慎《升菴集》卷五《魯之郊禘辯》」。其文曰：

《春秋》書禘於莊公，見禘之僭，始於閔公也。書四卜郊，見郊之僭，始於僖公也。……此以《春秋》、《魯頌》考之，而知郊禘不出於成王之賜也。且史者，載事之書也，以天子禮樂賜諸侯，豈

細事哉？《左氏》未嘗言之，《公羊》未嘗言之，《穀梁》未嘗言之，
《國語》未嘗言之。《公羊》之言曰：「卜郊非禮也，卜郊何以非禮？
魯郊非禮也。」其言即孔子之意也。隱公嘗問羽數於眾仲，眾仲曰：
「天子用八，諸侯用六，大夫用四，士用二。」公從之，於是初獻
六羽。若如八佾之賜果出成王，則眾仲胡不舉以對？……臯鼬之盟，
萇弘欲先蔡，祝鮀述魯、衛初封之寵命賜物。其說魯之寵錫，大輅、
大旂，夏后氏之璜，封父之繁弱，土田陪敦，祝、宗、卜、史、官
司、彝器，纖悉畢舉。使有天子禮樂之賜，鮀也正宜藉口以張大於
此時，而反無一言及之乎？昭公曰：「吾何僭矣哉？」子家駒曰：「設
兩觀，乘大路，朱干玉戚以舞大夏，八佾以舞大武，此皆天子之禮
也。」賜果出於成王，子家敢面斥昭公以僭而不諱邪？由是觀之，
魯之僭，非特郊禘而已。天子之禮樂，大小皆悉用之矣。周公閱來
聘魯，饗有昌歜形鹽，而辭不敢受。甯武子聘魯，魯饗之，賦《湛
露》《彤弓》，而曰其敢干大禮？」二子之辭，蓋惡魯之僭也。以是
觀之，可見魯之僭尚未久，故上自天子之宰，下至鄰國之卿，苟有
識者，皆疑怪遜謝。而魯人並無一語及於成王之賜以自解，以此知
其誣矣。予考《呂氏春秋》云：魯惠公使宰讓請郊廟之禮於天子，
天子使史角往報，蓋未允也。此豈非明證大案哉？

（第47頁）春秋葬不擇時

《傳》曰：諸侯之葬五月，大夫經時，士則逾月。故先期而葬，謂之不
懷；後期不葬，譏之殆禮。此則葬之不擇年、月、日可考也。今檢葬書，以
己亥之日用葬取凶。謹按春秋之際，此日葬者，凡一十餘人，此則葬不擇日
可考也。《左傳》子太叔曰：「若待日中，恐久勞諸侯來會葬者。國之大事，
無過喪葬，乃不問時之早晚，唯論人事可否。」此則葬不擇時可考也。

按：錄自明‧羅虞臣《羅司勛集》文集卷七《辯惑論下》〔註17〕（清康熙
五十年羅氏刻本）：

> 《傳》曰：「諸侯之塟五月，大夫經時，士則踰月。」……故先
> 期而塟，謂之不懷；後期不塟，譏之殆禮。此則塟之不擇年月日可
> 考也。……今檢《塟書》，以己亥之日用塟最凶。謹按春秋之際，此

〔註17〕又見唐順之《荊川稗編》卷五十八。

日葬者凡一十餘人，此則葬不擇日可考也。……鄭子產葬簡公，於
時司墓大夫室當葬路。壞其室，平明而棚；不壞，則日中而棚。子
產不欲壞室，子大叔曰：「若待日中，恐久勞諸侯來會葬者。」國之
大事，無過喪葬，乃不問時之早晚，唯論人事可否。此則葬不擇時
可攷也。

（第47頁）莊周未能忘情

莊周妻亡，鼓盆而歌，世以為達。此殆不然。未能忘情，故歌以遣之耳。
情若能忘，又何必歌？

夏君憲曰：婦人好干家做功名，婦人之情也。莊周一生曠達，欲效曳尾之
龜。必是被妻子逼挷不過，到此方得脫然，不覺手舞足蹈。《逍遙遊》之作，
或者其鼓盆之後乎？

按：前一節錄自張萱《疑耀》卷二《莊周鼓盆》。

（第47頁）孟子非受業子思

《史記》載：孟子受業子思之門。人不察者，遂以為親受業於子思，非也。
考之孔子二十生伯魚，伯魚先孔子五年卒。孔子之卒，敬王四十一年，子思實
為喪主，四方來觀禮焉。子思生年雖不可知，然孔子之卒，子思則既長矣。孟
子以顯王二十三年，至魏㐲王元年去齊，其書論儀、秦，當是五年後事，距孔
子之卒，百七十餘年。孟子即已耆艾，何得及子思之門，相為授受乎哉？《孔
叢子》稱孟子師子思，論牧民之道，蓋依仿之言，不足多信。

按：錄自焦竑《焦氏筆乘》卷三《孟子非受業子思》。又見明‧顧起元《說
略》卷八。（清文淵閣四庫全書本）

此前，明‧陳士元《孟子雜記》卷一（清文淵閣四庫全書本）亦有類似說
法：

元又按：何孟春《餘冬序錄》云：司馬《史記》載孟子受業子
思之門人。而後來著述家，直云孟子親受業於子思。注《史記》者
遂以人為衍字。謹考諸家書傳，孔子生魯襄公二十一年，或云二十
二年。襄公二十二年為周靈王二十一年庚戌，論者謂生是年為是。
敬王四十一年，孔子卒。孔子年二十生伯魚，伯魚先孔子五年卒。
子思之母死，孔子令其哭於廟。子思逮事孔子，所與孔子問答語為

多。孔子之卒子，思寔喪主，四方士來觀禮焉。子思生卒，今不可知。可知者，孔子卒之年，子思則既長矣。孟子以顯王三十三年乙酉至魏，慎靚王二年壬寅去魏適齊，赧王元年丁未去齊。其書論及張儀，當是五年辛亥後事。自敬王壬戌至赧王辛亥，百七十年。辛亥去伯魚之卒，百七十有四年。以百八九十二百年間所生人物，而謂其前後相待，共處函文，傳道受業，何子思孟子之俱壽考而至是也？

（51頁）孟子不行三年喪

許竹崖曰：孟子勸人行三年之喪，而於其身則不能無疑焉。其書曰：「孟子自齊葬於魯，反於齊，止於嬴。充虞請曰：『前日不知虞之不肖，使虞敦匠，事嚴，虞不敢請，今願竊有請也。木若以美然。』」夫以葬魯未幾，而即反於齊，止嬴，方暇而始可以問，則其未嘗終喪於家也可知。否則，何自齊以至於葬魯之後，更無餘罅，乃至在途止嬴而可問耶？余謂此說誠獨見也。

按：出郎瑛《七修類稿》卷二十六《辯證類・孟子不行三年喪》：

> 吾師許竹厓仁曰：「孟子勸人行三年之喪，而於其身則不能無疑焉。其書曰：孟子自齊葬於魯，反於齊，止於嬴。充虞請曰：『前日不知虞之不肖，使虞敦匠。事嚴，虞不敢請，今願竊有請也，木若以美然。』夫以葬魯未幾而即反於齊，止嬴方暇而始可以問，則其未嘗終喪於家也可知。否則，何自齊以至於葬魯，更無餘罅，乃至在途止嬴而可問耶？」余謂此說誠獨見也。然亦萬章之徒文有未善，故為孟子之病耳。不然，何足以為孟子？李泰伯聞之，當又作一非也。

（56頁）子胥、種、蠡皆人傑

揚子雲以三諫不去，鞭屍藉館，為子胥之罪；以不強諫句踐而棲之會稽，為種、蠡之過。夫三諫而去，為人臣交淺者言也。如宮之奇、泄冶，乃可耳。至如子胥，吳之宗臣，與國存亡者也，去將安往哉？百諫不聽，繼之以死，可也。孔子去魯，未嘗一諫，又安用三？父受誅，子復仇，禮也。生則斬首，死則鞭屍，發其至痛，無所擇也。是以昔之君子，皆哀而恕之，雄獨非人子乎？至於藉館，闔閭與群臣之罪，非子胥意也。句踐困於會稽，乃能用二子。

若先戰而強諫以死之，不過一強項之臣耳，於國家成敗何益哉！

　　唐盧元甫有《胥山銘序》略云：「伍公絕楚出疆，在平為未宦臣，在奢為既壯子，坎壈仗節，乞師於吳，五戰入郢。先王有言：『撫則後，虐則仇。』成湯用為大義，孔子立為大經，子胥修為大仇，騷人賦為大怨。」語意豁達，足為子胥吐氣。

　　按：《校釋》於「無所擇也」之「擇」字有腳注：「據蘇軾《東坡全集》卷一百五《志林十三條・論古》」云云。檢蘇軾《論范蠡伍子胥大夫種》，曰：

　　　蘇子曰：子胥、種、蠡皆人傑，而楊雄曲士也，欲以區區之學，疵瑕此三人者。以三諫不去，鞭屍藉館，為子胥之罪。以不強諫句踐，而棲之會稽，為種、蠡之過。雄聞古有三諫當去之說，即欲以律天下士，豈不陋哉！

　　　三諫而去，為人臣交淺者言之，如宮之奇、泄冶乃可耳。至如子胥，吳之宗臣，與國存亡者也，去將安往哉？百諫不聽，繼之以死可也。孔子去魯，未嘗一諫，又安用三。父不受誅，子復仇，禮也。生則斬首，死則鞭屍，發其至痛，無所擇也。是以昔之君子，皆哀而恕之，雄獨非人子乎。至於藉館，闔閭與群臣之罪，非子胥意也。句踐困於會稽，乃能用二子，若先戰而強諫以死之，則雄又當以子胥之罪罪之矣。此皆兒童之見，無足論者。不忍三子之見誣，故為一言。

（57頁）西施不隨范蠡

　　自杜牧有「西子下姑蘇，一舸逐鴟夷「之句，世皆傳范蠡載西施以逃。及觀《修文御覽》引《吳越春秋》逸篇云：吳亡後，浮西施於江，令隨鴟夷以終浮沉也。子胥之被讒，西施有力焉。子胥死，盛以鴟夷，浮之江，今沉西施於江，所以謝子胥也。范蠡去越，亦號鴟夷子，杜牧遂誤以胥為蠡耳。《墨子》曰：「吳起之裂，其功也；西施之沉，其美也。「豈非明證哉！文士一時趁筆，遂墮後人於疑網。

　　余按唐《景龍文館記》，宋之問分題得《浣紗篇》云：「越女顏如花，越王聞浣紗。國微不自寵，獻作吳宮娃。一行霸句踐，再笑傾夫差。一朝還舊都，靚妝尋若耶。鳥驚入松蘿，魚畏入荷花。「觀此則西施後還會稽矣。要之沉江之說為信。

夏君寵曰：作隨蠡去更好，更有趣。沉江何益也？吳宮歷年之寵幸，介然必成所事，豈兒女柔腸所可辨耶？譖子胥，為主吠也，何足誅？

按：第一節出自錢曉《庭幃雜錄》卷上〔註18〕：

（上略）自杜牧有「西子下姑蘇，一舫逐鴟夷「之句，世皆傳范蠡載西施以逃。及觀《修文御覽》引《吳越春秋》逸篇云：吳亡後，浮西施於江，令隨鴟夷以終也。蓋當時子胥死，盛以鴟夷，浮之江，今沉西施於江，所以謝子胥也。范蠡去越，亦號鴟夷子，杜牧遂悞以胥為蠡耳。《墨子》曰：「吳起之裂，其功也；西施之沉，其美也。」豈非明證哉！

（58頁）大赦始於春秋

後世乃有大赦之法，不問情之淺深，罪之輕重，凡有犯在赦前，則殺人者不死，傷人者不刑，盜賊及作奸犯科者不詰，於是赦為偏枯之物、長奸之門。然觀管仲所言及陶朱公之事，則知春秋、戰國時已有大赦之法矣。

按：錄自馬端臨《文獻通考》卷一百七十一下《刑考十下·赦宥》。

（58頁）樂毅、田單兩賢相厄

樂毅為燕合諸侯破齊，殺愍王，舉全齊之富而歸之燕，徇齊五年，下齊七十餘城，唯莒、即墨未服。兵久於外，而燕人無怨心，諸侯無異議。其所以鎮撫內外，必有道矣。愍王之暴，神人之所共棄，而伐齊之利，諸侯之所共有，此固毅之本計歟？至於莒、即墨相持，田單拒之五年而不決，此非戰之罪，勇智相敵，勢固然耳。廉頗拒王齕於長平，司馬懿拒諸葛亮於祁山，智均力敵，雖有小負，莫肯先決而要之以久。使毅不遭惠王之隙，以燕、齊之眾而臨二城，磨以歲月，雖田單之智，將何能為乎？其勢如燕將之守聊，愈久而愈困耳。至夏侯玄不達兵勢，以為毅不下二城，將以成王者之業，此書生之論，非其實也。

古今用兵，攻守之勢甚懸，有善守則無善攻。是故王莽以百萬圍昆一陽一也而殲，隋煬以百十三萬圍平壤也而潰，此其兵莫眾矣，則曰將非才也。孔明以十萬圍陳倉而不拔，孫權以十萬圍合肥而幾擒，此其將莫才矣，則曰

兵非眾也。光武悉漢將之良以圍天水而折北，神武悉齊兵之銳以圍金墉而殞身，此將非弗才、兵非弗眾矣，則猶曰敵堅也。拓拔英、楊大眼以四十萬圍鍾離而只輪不返，郭子儀、李光弼以六十萬圍相州而九師盡奔，此將非不才、兵非不眾、敵非不脆矣，則猶曰救至也。至魏太武屯百萬於宋，唐太宗聚天下於遼，則不惟將之才絕古今，而且帝矣；不惟兵之眾極海宇，而且一精一矣，加以盱眙小城、安市夷帥，敵非勍也；義隆破膽，延壽望風，救已絕矣；然而卒自解者，何以故也？故曰：攻守之勢，懸絕甚也，有善守則無善攻也。而況乎樂毅之將燕昭之兵，而攻乎田單之守，又有騎劫之代也，若之何二城之可拔也？

按：第二節出胡應麟《少室山房筆叢·史書佔畢三》：

> 甚矣，攻守之勢之相懸絕也！故守者，將有不必才，兵有不必眾；而攻者，將之才有無所用，而兵之眾有無所施。夫王莽以百萬圍昆陽也而殲，隋煬以百十三萬圍平壤也而潰，此其兵莫眾矣，則曰將非才也。孔明以十萬圍陳倉而不拔，孫權以十萬圍合肥而幾擒，此其將莫才矣，則曰兵非眾也。光武悉漢將之良以圖天水而折北，神武悉齊兵之銳以圍金墉而殞身，此將非弗才，兵非弗眾矣，則猶曰敵堅也。拓跋英、楊大眼以四十萬圍鍾離而只輪不返，郭子儀、李光弼以六十萬圍相州而九帥盡奔，此將非不才，兵非不眾，敵非不脆矣，則猶曰救至也。至魏太武屯百萬於宋，唐太宗聚天下於遼，則不惟將之才絕古今而且帝矣，不惟兵之眾極海宇而且精矣，王莽、隋煬兵未必精。加以盱眙小城，安市夷帥，敵非勍也。義隆破膽，延壽望風，救已絕也，然而卒自解者，何以故也？故曰攻守之勢懸絕甚也。有善守則無善攻也，而況乎樂毅之將，燕昭之兵，而攻乎田單之守，若之何二城之可拔也？而夏侯氏以庶幾湯、武，然乎？否哉？

（59頁）田單用疑

田單之保即墨也，使人食必祭，以致烏鳶，又設為神師，皆近兒戲，無益於事。蓋先以疑似置人心腹中，則夜見火牛龍文，足以駭動，取一時之勝，此其本意也。

按：出蘇軾《東坡志林》卷五（文淵閣四庫全書本）。

（59頁）商鞅善託其君

商君之初見孝公也，說之以帝道，不悅；復說之以王道，又不悅；最後乃復進公以霸道。若此者，豈真望其君以帝王之道哉？蓋先以迂闊久遠之事嘗焉，使孝公之心厭，再嘗之，而知其心之必在於富強也，故一語而輒合，商君所以內託其身而外託其君者審矣。說者曰：「圖王不成，其弊猶可以霸。「嗚呼！使齊桓、晉文而行湯、武之事，將求亡之不暇，雖欲霸可得乎？第此難與拘儒道耳。

按：邵寶《學史》卷三所載，與此頗為相近，且部分文句相同。其文曰：

孝公既見衛鞅，語事良久，孝公時時睡，弗聽。罷景監，以讓鞅，鞅曰：「吾說公以帝道，其志不開悟矣。」後五日復見，未中旨罷。景監亦讓鞅，鞅曰：「吾說公以王道而未入也。」鞅復見，孝公善之而未用，謂景監曰：「汝客善，可與語矣。」鞅曰：「吾說公以霸道，其意欲用之矣。」鞅復見，與語，不自知都之前於席也，語數日不厭。（《史記‧商君傳》）

日格子曰：商君豈真知帝王道者哉？知帝道者不屑於王，知王道者不屑於伯，而況於富強乎？古之遺人，物者必有所先。商君之言帝王也，其亦若將以為先者耳。不然，則將固孝公之心而以是嘗焉，再嘗之而知其心之必在於富強也，故一語而輒合。蓋商君於富強之術深矣。

（60頁）商鞅徙言令便者

商鞅徙木之後，秦民初言令不便者有來言令便者，商鞅曰：「此皆亂化之民。「盡遷之於邊城。夫立法之時，不難徙言不便者，而難徙言便者，鞅一切不顧，直是有豪傑胸膽，要亦厭其變遷不情耳。

按：錄自陳繼儒《讀書鏡》卷二，曰：

東坡在嘉祐立論，務在更變；在熙寧立論，務在安靜。在熙寧力排募役，在元祐乃主免役。蓋惟是之從，而不徇時之好惡，此其所以為君子。楊畏在熙寧則從熙寧，在元祐則從元祐，在紹聖、元符則從紹聖、元符，時人目之曰「楊三變」。不顧是非而惟時是徇，此其所以為小人。昔衛鞅徙木之後，秦民初言令不便者，有來言令便者，衛鞅曰：「此皆亂化之民。」盡遷之於邊城。夫立法之時，不

難徙言不便者，而難徙言便者。鞅一切不顧，直是有豪傑胸膽，要亦厭其變邊不情耳。若使楊畏當之，其在首斥之列必矣。故君子寧為獨立鶴，毋為兩端鼠；寧昂昂若千里之駒，毋泛泛若水中之鳧。

（60頁）虞卿復相趙

游說之士，皆歷詆諸侯，以左右罔其利。獨虞卿始終事趙，專持從說，其言前後可考，無翻覆之病，觀其赴魏齊之急，捐相印、棄萬戶侯而不顧，此固義俠之士，非說客也哉！然太史公記虞卿與趙謀事，皆秦破長平後，而卿為魏齊棄相印、走大梁，則前此矣。意者魏齊死，卿自梁還復相趙，太史公敘次偶倒耳。

按：出自蘇轍《古史》卷五十四：

> 蘇子曰：游說之士，皆歷抵諸侯，以左右網其利，獨虞卿始終事趙，專持從說，其言前後可考，無翻覆之病。觀其赴魏齊之急，捐相印，棄萬戶侯而不顧，此固義俠之士，非說客也哉！然太史公記虞卿與趙謀事，皆秦破長平後，而卿為魏齊棄相印走大梁，則前此矣。意者魏齊死，卿自梁還，復相趙，而太史公失不言之耳。

（61頁）仲連使秦不終帝

魯仲連辯過秦、儀，氣凌髡、衍，而從橫之利不入於口，因事放言，切中機會，排難解紛，如決潰堤，不終日而成功，逃避爵賞，脫屣而去，戰國以來一人而已。仲連死，秦人帝，不旋踵而亡，若天下共守其言不背也。

按：除最後一句外，錄自蘇轍《古史》卷五十四。

（61頁）救閼與非奢不可

閼與之地，秦、韓、趙三國之交。秦攻韓而移兵閼與，蓋出趙之不意也。趙議發兵救之，廉頗不肯輕用其名，鬥成敗於鼠穴。趙奢出自細微，一戰而勝。然則頗遂不若奢與？不知頗，秦所忌也；奢，秦所易也。奢將則敵信而不疑，頗將則敵畏而備堅矣。故奢之事，頗雖勇不能行；頗之言，奢雖勝不能奪也。尚論者，其可以一勝之功，妄置褒彈乎？

按：除最後一句外，錄自胡應麟《少室山房筆叢‧史書佔畢三》：

自山東遭秦禍，諸侯之得志者三，而蘇氏之合從弗與焉。孟嘗之臨函谷也，信陵之存大梁也，趙奢之救閼與也。孟嘗、信陵俱貴公子，率列國以攻秦，獨奢起小吏提孤軍，大破秦師。其事甚偉，功甚奇，乃讀史者忽焉，第知奢之勝而已，而所以勝弗知也。當秦之圍閼與也。惠文以問廉頗，頗以為難救，何哉？閼與之地，秦韓、趙三國之交，秦攻韓而移兵閼與，蓋出趙之不意也，而趙始發兵救之，令秦也據險以拒趙。若魏太祖之屯柴壁，則趙師阻令秦也。扼險以要趙，若唐太宗之襲，美良則趙師殲。二者皆曉兵所忌，而頗位趙上將，聲聞諸侯，固不肯輕用其名，鬥成敗於鼠穴也。奢則未嘗有戰伐之勳，一旦欲翹然自樹，勢不容不出死力以見其奇，而奢方拔自細微，又易以愚秦耳目。於是頓兵邯鄲，增壘以示吾弱，而弛敵之防；堅壁以蓄吾威而俟敵之間。至於二十八日之久，彼師已老，而我師方壯，然後乘秦諜之往，而卷甲以趨之。秦欲拒吾於險之外，而吾已入；欲邀吾於險之內，而吾已出。比秦人悉甲來攻，而吾壁壘已成，士有必死之志。以久蓄之鋒，乘初至之說，勵必死之勇，以馳乎疲勞暴露之師。此其廟勝之勢，在趙在秦，不待智者而決矣。或曰：奢之勝，歷之謀也。歷所謂厚集其陣，先據北山，皆兵家之常，偶合於奢，而奢用之。蓋奢之勝，而非所以勝也。奢受命出師勝秦，固燭鑒焉，而待歷乎哉？然則廉頗之議失與？頗，秦所忌；奢，秦所易也。奢將則敵信而弗疑，頗將則敵疑而弗信。故奢之事，頗雖勇，有弗能行；頗之言奢，雖勝，有弗能奪也。夫道遠險狹，頗之言誠未為失，而長平之役亦奢也。有以狃之，悲夫。

（61頁）平原君所失不獨毛遂

《戰國策》：秦圍邯鄲急，且降，平原君用傳舍吏子李同之說，得敢死士三千，卻秦軍三十里。所謂李同者，非平原客也，則其所失不獨一毛遂已。

按：錄自何孟春《餘冬錄》卷十五《人品》：

《戰國策》：秦圍邯鄲急，且降，平原君甚患之。邯鄲傳舍吏子李同說平原君，令家之所有盡散以饗士。平原君從之，得敢死之士三千。李同與三千人赴，秦軍為之卻三十里。所謂李同者，非平原君平日所養之客也，然則其所失者，不獨一毛遂也。

（62 頁）應侯用蔡澤

蔡澤以唐舉一言之激，袖手而入秦，乘應侯之自危，出不窮之辯，杜其口，伏其意，安然而據其相位，若承蜩然。智者以為蔡澤之用應侯，不知應侯之用蔡譯也。夫自武安戮，鄭安平叛，王稽見法，人主之大欲不盡酬，而應侯且無以自解，蓋嘗彷徨而左右顧，求其人以託稅駕之地而不可得，得一蔡澤為之代，應侯其免矣，是故幡然而薦之。天下皆以應侯能用賢，而應侯之過，自是無以聞於昭王者，非以蔡澤故耶？

按：錄自王世貞《讀書後》卷一《書蔡澤傳後》：

> 蔡澤以唐舉一言之激，袖手而入秦，乘應侯之自危，出不窮之辯，杜其口，伏其意，安然而據其相位，若承蜩然。智者以為蔡澤之用應侯，然不知應侯之用蔡澤也。夫穰侯者，秦太后之懿戚，而四十年之信臣也。應侯以一亡命，扼掔而奪之。此非特乘穰侯之瑕，其材必有以大勝之者。夫應侯相而穰侯日見短，則應侯之相日益固。應侯之相日益固，則穰侯終不振。當應侯之為相也，竊君以行威福，專意以酬恩怨，人主非不知之，特欲伸其所大欲耳。武安戮，鄭安平叛，王稽見法，人主之大欲不盡酬，而應侯且無以自解。蓋嘗彷皇而左右，顧求其人，以託稅駕之地而不可得。既而微知有蔡澤者，遊學干諸侯小大甚眾而不遇，其困甚矣。澤之與應侯，又非有相知之素也，其曷鼻、魋顏、蹙齃、膝攣，非能長富貴者也。與之語，頗明消息盈縮之理，而非有捭闔操縱取天下之深計者也。夫困極則易為德，非知素則深見恩，不能長富貴，則無與謀傾人之計。筴者，明消息盈虛之理，則必不忍蹈前轍。無捭闔操縱之深計，則必無以見其長而形吾短，故幡然而薦之。天下皆以應侯能用賢，而應侯之過，自是無以聞於昭王者。蔡澤而稱邪？昭王固賢應侯其不稱邪？則益以賢。應侯謂亡有能及之者，自是而據金印，擁高貲，而老死於東第，無患矣。彼荀卿之於黃歇、韓非之於李斯，一以師，一以同學，而材皆勝之，固歇與斯之所畏而不欲用者也，宜其困且累死也。

（62 頁）秦先時自有張祿

《史記》謂睢入秦，變姓名為張祿。學者蓋不知秦先時自有張祿也。初，孟嘗君相齊，悅張祿先生之教，奉之黃金百斤、文織百純，祿辭而不受。他

日謂孟嘗君：「夫秦，四塞國也，遊宦者不不得入焉。願君為丈尺之書，寄我於秦王。我往而遇乎，固君之人也；往而不遇乎，雖人求謀，固不遇矣。」孟嘗君曰：「敬聞命。」因為之書，寄之秦王，往而大遇。考之田文之卒，在范睢未入秦之先，則張祿之入秦，居范睢之前久矣。睢入秦而踵名張祿，豈祿嘗有聞於諸侯，秦特令睢冒其名以誆鄰國耶？

按：錄自焦竑《焦氏筆乘》卷二《張祿》、顧起元《說略》卷八《史別中》，曰：

> 《范睢傳》：睢入秦，變姓名為張祿，學者蓋不知秦先時自有張祿也。初，孟嘗君柄齊，悅張祿先生之教，奉之黃金百斤，文織百純。祿辭而不受。他日，謂孟嘗君曰：夫秦，西塞國也，遊宦者不得入焉。願君為吾為丈尺之書寄我於秦王。我往而遇乎，固君之入也；往而不遇乎，雖人求間，謀固不遇矣。孟嘗君曰：敬聞命。因為之書，寄之秦王，往而大遇。考之田文之卒，在范睢未入秦之先，則張祿之入秦，居范睢之前久矣。睢入秦而踵名張祿，豈祿嘗有聞於諸侯，秦特令睢冒其名以誆鄰國邪？

另，方以智《通雅》卷二十一《兩張祿》載：

> 范睢入秦為張祿學者，蓋不知秦先時自有張祿也。初，孟嘗君悅張祿先生，奉之黃金文織，祿辭不受，謂孟嘗君曰：秦，四塞國也，遊宦者不得入焉。願為吾為丈尺之書，寄我於秦王。往而遇乎，固君之人也；往而不遇乎，雖人求閒謀，固不遇矣。孟嘗君因為之書，寄之秦王，往而大遇。考田文之卒，在范睢未入秦之先，則張祿入秦，居睢前久矣。睢入秦，踵名張祿，豈祿嘗有聞於諸侯，秦特令睢冒其名以誆鄰國耶？此《筆乘》抄之《南山墨談》者。

據此，則此材料最早出於《南山墨談》。

（63頁）黃歇之禍不在李園

黃歇之為奸，大類不韋，而行之於為相之後，尤不義。雖使聽朱英，殺李園，終擅楚國，亦將不免大咎。何以言之？楚之立國僅千歲，無功於民而獲罪於天，天以歇陰亂其嗣，而與之俱斃，豈區區朱英所能為哉？不然，以黃歇之智，而朱英之言獨無慨於中乎！

按：王世貞《讀書後》卷一《書呂不韋黃歇傳後》：

（上略）黃歇之為奸，大類不韋，而行之於為相之後，尤不義。
（下略）

又，蘇轍《古史》卷四十八：

蘇子曰：黃歇相楚王，患王無子，而以己子盜其後，雖使聽朱英殺李園，終擅楚國，亦將不免大咎。何以言之？秦楚立國僅千歲矣，無功於民而獲罪於天，天以不韋歇陰亂其嗣，而與之俱斃，豈區區朱英所能為哉！不然，以黃歇之智，而朱英之言，獨無槩於中乎？

（63頁）燕、吳之所以亡

燕國於蠻貊之間，春秋之際，未嘗與諸侯會盟。至於戰國，亦以耕戰自守，安樂無事，未嘗被兵。文公二十八年，蘇秦入燕，始以縱橫之事說之。自是兵一交一中國，無復寧歲，六世而亡。吳自太伯至壽夢十七世，不通諸侯，自巫臣入吳，教之乘車戰射，與晉、楚力爭，七世而亡。興亡之跡，大略相似。彼說客策士，借人之國以自快於一時可矣，而為燕若吳者，亦何利此二子哉！

按：錄自蘇轍《古史》卷十一，曰：

蘇子曰：燕，召公之後，然國於蠻貊之間，禮樂微矣。春秋之際，未嘗出與諸侯會盟。至於戰國，亦以耕戰自守，安樂無事，未嘗被兵。文公二十八年，蘇秦入燕，始以縱橫之事說之。自是兵交，中國無復寧歲，六世而亡。吳自大伯至壽夢十七世，不通諸侯，自巫臣入吳，教吳乘車戰射，與晉、楚力爭，七世而亡。燕、吳雖南北絕遠，而興亡之跡，大略相似。彼說客策士，借人之國，以自快於一時，可矣，而為國者因而徇之，猖狂恣行，以速滅亡，何哉？夫起於辟陋之中，而奮於諸侯之上，如商、周先王以德服人則可，不然，皆禍也。至太子丹不聽鞠武而用田光，欲以一匕首斃秦。雖使荊軻能害秦王，亦何救秦之滅燕而況不能哉！此又蘇秦之所不取也。

（64頁）客非負齊

「松耶柏耶「之歌，悼王建以客亡國也。然是時有即墨大夫，亦客也，

知齊亡在旦夕，見王而說之曰：「齊地方數千里，帶甲百萬，今三晉大夫不便秦，而在阿、鄄之間者百數。王收而與之數萬之眾，使收晉故地，即臨晉之間可復矣。鄢、郢大夫不欲為秦，而在城南下者百數。王收而與之數萬之眾，使收楚故地，即武關可入矣。如此而齊威可立，豈特保國家而已哉！」建不聽，而竟餓死其邑松柏之間。為此謀者非客耶？然則非客負於齊，固王聽之不聰耳。

按：錄自張大齡《玄羽外編》卷十八《說史雋言·史謠》〔註19〕：

　　松耶？柏耶？住建共者客耶？

　　玄羽逸史曰：此齊人哀其王建而作也。齊客多受秦金，勸王不修戰備，而朝秦。又不出兵助五國，故秦得以間滅五國。時有即墨大夫，亦客也，知齊亡在旦夕，見王而說之曰：「齊地方數千里，帶甲數百萬。今三晉大夫不使秦，而在阿、鄄之間者百數，王收而與之數萬之眾，使收晉故地，即臨晉之間可入矣。鄢、郢大夫不欲為秦，而在城南下者百數，王收而與之數萬之眾，使收楚故地，即武關可入矣。此則齊威可立，豈特保國家而已哉？」建不聽，而竟餓死共邑松、柏之間。夫秦以用客王，齊以用客亡。非客負於齊，王聽之不聰耳。如即墨大夫之謀齊、秦角立，以海內所怨疾之秦，而當五國所共推之齊，勝負必有辨也。為此謀者非客乎？然則松、柏之餓，建自取矣。自古亡國之主，常以忽佳謀，不獨一建也。予為首揭而致誠焉。

〔註19〕《四庫全書存目叢書》史部第 287 冊，齊魯書社 1996 年版，第 729 頁。

附錄　陳開林論著目錄

2014 年

論文（4篇）

1. 《〈左傳〉賢相群體述略》，《華中師範大學研究生學報》，2014 年第 1 期。

2. 《劉咸炘〈呂氏春秋〉研究述要》，《西華師範大學學報》，2014 年第 6 期。

3. 《劉咸炘〈詩經〉學成就述評》，《攀枝花學院學報》，2014 年第 6 期。

4. 《劉咸炘賦論思想初探》，《商丘師範學院學報》，2014 年第 11 期。

2015 年

論文（17 篇）

1. 《劉咸炘〈文心雕龍〉研究述略》，《江漢大學學報》，2015 年第 1 期。

2. 《試析李坤〈齊風說〉的詩經學價值》，《楚雄師範學院學報》，2015 年第 2 期。

3. 《〈經義考·通說〉疏證補正》，《圖書館研究與工作》，2015 年第 2 期。

4. 《包鷺賓〈文心雕龍講疏〉述略》，《瀋陽大學學報》，2015 年第 3 期。

5. 《平江九老考述及作品校補》，《常熟理工學院學報》，2015 年第 3 期。

6. 《〈經義考·通說〉引文考辨十二則》，《貴州師範大學學報》，2015 年第 3 期。

7. 《〈全元文〉失收汪澤民佚文八篇輯補》，《皖西學院學報》，2015 年第 4 期。

8. 《〈皕宋樓藏書志〉考辨十一則》，《湖州師範學院學報》，2015 年第 9 期。

9. 《〈清詩話考〉待訪書目撰者事蹟補正》,《瀋陽大學學報》,2015 年第 5 期。

10. 《〈詞綜補遺〉闕文考補》,《聊城大學學報》,2015 年第 5 期。

11. 《劉咸炘韓愈研究價值述評》,《重慶工商大學學報》,2015 年第 5 期。

12. 《〈全遼金文〉補遺十三篇》,《常熟理工學院學報》,2015 年第 5 期。

13. 《〈全宋文〉佚文輯補九篇》,《淮南師範學院學報》,2015 年第 5 期。

14. 《簡議馬振理〈詩經本事〉的得與失》,《重慶第二師範學院學報》,2015 年第 6 期。

15. 《〈明人詩品〉考論》,《西華師範大學學報》,2015 年第 6 期。

16. 《試析劉咸炘的書錄解題思想及實踐》,《西華大學學報》2015 年第 6 期。

17. 《李壁荊公詩注引詩正訛補考》,《古典文獻研究》第 18 輯(cssci 輯刊)。

2016 年

論文(30 篇)

1. 《〈全宋文〉補遺十一篇》,《唐山學院學報》,2016 年第 1 期。

2. 《〈皕宋樓藏書志〉的輯佚價值——〈全元文〉佚文補目 166 篇》,《湖州師範學院學報》,2016 年第 1 期。

3. 《劉壽曾集外佚作輯釋》,《楚雄師範學院學報》,2016 年第 1 期。

4. 《林則徐佚文三篇》,《閩江學院學報》,2016 年第 1 期。

5. 《〈晚清簃詩話〉考辨七則》,《保定學院學報》,2016 年第 1 期。

6. 《曾鞏〈本朝政要策·水利〉闕文考辨》,《寧夏大學學報》,2016 年第 1 期。

7. 《〈列朝詩集小傳〉傳文補正》,《常熟理工學院學報》,2016 年第 1 期。

8. 《〈全元文〉誤收作家考甄》,《圖書館理論與實踐》,2016 年第 1 期(cssci 擴展版)。

9. 《〈全元文〉誤題作者考辨》,《唐山學院學報》,2016 年第 2 期。

10. 《〈全元文〉失收鄭東佚文二十篇輯補》,《重慶第二師範學院學報》,2016 年第 2 期。

11. 《〈全元文〉補遺十一篇》,《興義民族師範學院學報》,2016 年第 2 期。

12. 《〈列朝詩集小傳〉訂補》,《忻州師範學院學報》,2016 年第 3 期。

13. 《〈全元文〉補遺十篇》,《江蘇大學學報》,2016 年第 3 期。

14. 《四庫本〈牧庵集〉所收〈唐詩鼓吹注序〉辨誤》，《中國典籍與文化》，2016 年第 4 期（北大核心）。

15. 《劉咸炘〈文選〉評點述論》，《鹽城師範學院學報》，2016 年第 4 期。

16. 《謝肇淛〈北河紀〉的輯佚校勘價值──基於〈全元文〉的考察》，《徐州工程學院學報》，2016 年第 4 期。

17. 《〈全元文〉漏收盧熊佚文十八篇輯補》，《楚雄師範學院學報》，2016 年第 4 期。

18. 《錢穆佚文〈荀子篇節考〉》，《臨沂大學學報》，2016 年第 4 期。

19. 《〈經義考・通說〉引文續考》，《圖書情報研究》，2016 年第 5 期。

20. 《七部清人詩話考辨》，《西華師範大學學報》，2016 年第 5 期。

21. 《〈全元文〉佚文輯補十六篇》，《重慶第二師範學院學報》，2016 年第 6 期。

22. 《葉適佚文〈古今水利總論〉考校》，《保定學院學報》，2016 年第 6 期。

23. 《〈全宋文〉輯佚補闕十篇》，《忻州師範學院學報》，2016 年第 6 期。

24. 《〈桐城文學淵源考〉補闕考誤》，《重慶工商大學學報》，2016 年第 6 期。

輯刊

1. 《汪仲魯詩文輯存──補〈全元詩〉〈全元文〉之闕》，《古籍研究》第 64 輯。

2. 《擬卦續補》，《周易文化研究》第 8 輯。

3. 《〈歷代賦話校證〉勘誤》，《中國賦學》第三輯（和何新文老師合作）。

內刊

1. 《錢穆佚文〈我國的邊疆與國防〉》，《圖書館工作》，2016 年第 2 期。

2. 《錢穆佚文〈對於章太炎學術的一個看法〉──兼論錢穆對章太炎評價之轉變》，《圖書館工作》，2016 年第 3 期。

3. 《錢穆佚文〈廢除學校記分考試議〉》，《圖書館工作》，2016 年第 4 期。

2017 年

論文（17 篇）

1. 《錢穆佚文〈秦人焚書坑儒本諸荀韓為先秦學術中絕之關捩論〉》，《臨沂大學學報》，2017 年第 1 期。

2.《〈杜集敘錄〉明代編作家傳記補正》，《寧夏大學學報》，2017 年第 1 期。

3.《〈愛日精廬藏書志〉的輯佚價值——〈全元文〉佚文補目 50 篇》，《常熟理工學院學報》，2017 年第 1 期。

4.《〈全宋文〉失收陳公輔佚文十一篇輯補》，《濱州學院學報》，2017 年第 1 期。

5.《錢穆佚文輯補四篇》，《湖州師範學院學報》，2017 年第 2 期。

6.《清代名家佚文輯考——以周亮工、陳維崧、戴名世、程廷祚、袁枚、趙翼、張惠言為中心》，《重慶第二師範學院學報》，2017 年第 2 期。

7.《〈全元文〉補遺十二篇——基於陳櫟〈定宇集〉的考察》，《宜賓學院學報》，2017 年第 3 期。

8.《〈全宋文〉輯佚補闕十四篇——基於〈抱經樓藏書志〉集部的考察》，《忻州師範學院學報》，2017 年第 3 期。

9.《〈明人小傳〉辨偽》，《文獻》，2017 年第 3 期（cssci）（江蘇省哲學社會科學界第十一屆學術大會一等獎）。

10.《錢謙益集外佚文二篇輯釋》，《常熟理工學院學報》，2017 年第 4 期。

11.《〈童書業著作集〉佚文輯補四篇》，《廈門理工學院學報》，2017 年第 4 期。

12.《仇兆鰲詩文輯補》，《保定學院學報》，2017 年第 6 期。

13.《〈讀書敏求記〉條辨》，《蘇州教育學院學報》，2017 年第 6 期。

輯刊

1.《擬卦再續》，《周易文化研究》第 9 輯。

2.《張廷玉集外佚文續補》，《傳統中國研究集刊》第 17 輯。

3.《〈全元文〉鄭淵佚文輯補五十四篇》，《古典文獻學術論叢》第 6 輯。

內刊

1.《〈半樹齋文〉錢大昕評語輯存》，《圖書館工作》，2017 年第 1 期。

2018 年

論文（23 篇）

1.《〈余紹宋集〉佚文輯補》，《常熟理工學院學報》，2018 年第 1 期。

2.《錢穆佚文〈墨辯與邏輯〉》，《棗莊學院學報》，2018 年第 1 期。

3. 《張舜徽佚作輯補》，《唐山師範學院學報》，2018 年第 1 期。

4. 《成儁〈詩說考略〉述評》，《鹽城師範學院學報》，2018 年第 2 期。

5. 《焦竑集外詩文輯補》，《保定學院學報》，2018 年第 3 期。

6. 《朱國禎佚文輯補》，《湖州師範學院學報》，2018 年第 3 期。

7. 《浙籍作家佚文拾零——以楊大雅、章如愚、瞿佑、王思任、譚獻為中心》，《紹興文理學院學報》，2018 年第 3 期。

8. 《清代名家佚文續輯——以黃宗羲、顧炎武、周亮工、張之洞、李鴻章為中心》，《重慶第二師範學院學報》，2018 年第 3 期。

9. 《〈童書業著作集〉失收書評兩篇輯考》，《忻州師範學院學報》，2018 年第 3 期。

10. 《〈陳垣全集〉輯佚補闕》，《濱州學院學報》，2018 年第 3 期。

11. 《〈全宋文〉佚文輯補十一篇》，《徐州工程學院學報》，2018 年第 4 期。

12. 《黃侃佚文十二篇輯考》，《唐山學院學報》，2018 年第 4 期。

13. 《錢穆佚文〈指導中等學生課外讀書問題之討論〉及現實意義》，《圖書情報研究》，2018 年第 4 期。

14. 《林則徐、林昌彝佚文摭拾》，《閩江學院學報》，2018 年第 4 期。

15. 《〈桐城文學淵源考〉闕誤續補》，《重慶工商大學學報》，2018 年第 6 期。

16. 《〈柳亭詩話〉的詩學價值——基於〈江文通集校注〉的考察》，《西華師範大學學報》，2018 年第 6 期。

輯刊

1. 《章太炎佚序輯補七篇》，《傳統中國研究集刊》第 18 輯。

2. 《擬卦三續》，《傳統中國研究集刊》第 19 輯。

3. 《〈經義考〉卷六三著錄易類典籍辯證》，《中華易學》第 2 卷。

4. 《皖籍作家佚文摭遺——以吳應箕、方文、錢澄之、程瑤田、凌廷堪為例》，《古籍研究》第 66 輯（與金媛合作，第二作者）。

5. 《〈杜集敘錄〉清代編作家傳記補正》，《中國詩學》（2018 年）第 26 輯（cssci 輯刊）。

內刊

1. 《〈全宋文〉補遺四篇》，《圖書館工作》，2018 年第 2 期。

2. 《〈儲遁庵文集〉評語輯存》，《圖書館工作》，2018 年第 2 期。

專著（1部）

1. 《〈全元文〉補正》，花木蘭文化事業有限公司，2018 年 9 月（72 萬字）。

2019 年

論文（14篇）

1. 《錢穆佚文〈儒家哲學——〈孟子〉〈大學〉〈中庸〉會通研究〉》，《鹽城師範學院學報》，2019 年第 3 期。

2. 《黃與堅〈願學齋文集〉「書序」類文獻價值舉隅》，《蘇州教育學院學報》，2019 年第 2 期。

3. 《〈全元文〉已收作家佚文補目 354 篇》，《圖書情報研究》，2019 年第 1 期。

4. 《〈李鴻章佚文輯補十一篇——兼辨李鴻章集中的誤收之〉作，《重慶第二師範學院學報》，2019 年第 1 期。

5. 《林則徐佚文三輯》，《保定學院學報》，2019 年第 1 期。

6. 《元代作家考述七題——補正〈全元文〉〈全元詩〉之缺誤》，《圖書館雜誌》，2019 年第 3 期（cssci）。

7. 《〈錢牧齋全集〉所收《〈春秋胡傳翼序〉辨誤——兼輯錢謙益佚文〈周易玩辭困學記序〉》，《圖書館雜誌》，2019 年第 6 期（cssci）。

8. 錢穆佚箚九通考釋，《常熟理工學院學報》，2019 年第 4 期。

輯刊

1. 《〈經義考〉卷六二著錄易類典籍辯證》，《華中國學》2019 年秋之卷。

2. 《〈全元文〉已收作家佚文補目 326 篇》，《古典文獻學術論叢》第 6 輯。

3. 《錢謙益佚文輯考》，《明清文獻與文學》2019 年第 8 輯。

4. 《〈經義考〉卷六五著錄易類典籍辯證》，《傳統中國研究集刊》第 21 輯。

內刊

1. 《〈全宋文〉補遺十七篇》，《圖書館工作》，2019 年第 1 期。

2. 《清代名家佚文三輯——以吳偉業、魏裔介、周亮工、洪亮吉為例》，《圖書館工作》，2019 年第 2 期。

專著（1部）

1. 《劉毓崧文集校證》，花木蘭文化事業有限公司，2019 年 9 月（80 萬字）。

2020 年

論文（4 篇）

1. 《魏裔介佚作輯存九篇——兼談《兼濟堂文集》的校勘問題》，《常熟理工學院學報》2020 年第 1 期。

輯刊

1. 《〈經義考〉卷六四著錄易類典籍辯證》，《中華易學》第 5 卷。
2. 《〈經義考〉卷六十七著補證》，《朱彝尊研究》第八輯。
3. 《〈經義考〉卷六六著錄易類典籍辯證》，《華中國學》2020 年春之卷。

2021 年

論文（2 篇）

1. 《〈經義考〉卷五七著錄補證》，《嘉興學院學報》，2021 年第 2 期。
2. 《〈經義考〉卷五十九著錄易籍辯證》，《重慶第二師範學院學報》，2021 年第 3 期。

專著（2 部）

1. 《〈周易玩辭困學記〉校證》，花木蘭文化事業有限公司，2021 年 3 月（54 萬字）。
2. 《〈純常子枝語〉校證》，花木蘭文化事業有限公司，2021 年 9 月（104 萬字）。

2022 年

論文（2 篇）

1. 《〈經義考〉卷六十著錄補證》，《嘉興學院學報》，2022 年第 1 期。

輯刊

1. 《湘籍作家佚文輯補——以王文清、嚴如煜、周壽昌、瞿鴻禨為中心》，《湘學研究》2022 年第 2 輯。

專著（3 部）

1. 《杜詩闡》，花木蘭文化事業有限公司，2021 年 3 月（75 萬字）。
2. 《詩經世本古義》，花木蘭文化事業有限公司，2021 年 9 月（160 萬字）。

3.《陳玉澍詩文集箋證》，花木蘭文化事業有限公司，2021 年 3 月（76 萬字）。

2023 年

論文（4 篇）

1.《真積力久則入——評張宗友教授的〈經義考研究〉》，《嘉興學院學報》，2023 第 2 期。

2.《查慎行〈周易玩辭集解〉諸失舉例——兼論史源學對易籍整理之重要性》，《保定學院學報》，2023 年第 3 期。

3.《錢謙益研究五題》，《圖書情報研究》，2023 年第 3 期。

輯刊

1.《潘士藻〈讀易述〉史源之考察》，《中華易學》第 11 輯。

專著（8 部）

1.《〈曝書亭集詩注〉校證》，花木蘭文化事業有限公司，2021 年 3 月（103 萬字）。

2.《〈讀易述〉校證》，花木蘭文化事業有限公司，2021 年 3 月（62 萬字）。

3.《陸繼輅集》，花木蘭文化事業有限公司，2021 年 3 月（50 萬字）。

4.《〈青學齋集〉校證》，花木蘭文化事業有限公司，2021 年 3 月（54 萬字）。

5.《辟疆園杜詩注解》，花木蘭文化事業有限公司，2021 年 9 月。

6.《葉八百易傳疏證》，花木蘭文化事業有限公司，2021 年 9 月。

7.《莊子通》（外三種），花木蘭文化事業有限公司，2021 年 9 月。

8.《曝書亭詩錄箋注》，花木蘭文化事業有限公司，2021 年 9 月。

後記──可能一切的可能　相信才有可能

可能南方的陽光　照著北方的風
可能時光被吹走　從此無影無蹤
可能故事只剩下　一個難忘的人
可能在昨夜夢裏　依然笑得純真
可能北京的後海　許多漂泊的魂
可能成都小酒館　有群孤獨的人
可能枕邊有微笑　才能暖你清晨
可能夜空有流星　才能照你前行
可能西安城牆上　有人誓言不分
可能要去到大理　才算愛得認真
可能誰說要陪你　牽手走完一生
可能笑著流出淚　某天在某時辰
可能桂林有漁船　為你迷茫點燈
可能在呼倫草原　牛羊流成風景
可能再也找不到　願意相信的人
可能穿越了彷徨　腳步才能堅定
可能武當山道上　有人虔誠攀登
可能周莊小巷裏　忽然忘掉年輪
可能要多年以後　才能看清曾經

可能在當時身邊　　有雙溫柔眼睛
可能西安城牆上　　有人誓言不分
可能要去到大理　　才算愛得認真
可能誰說要陪你　　牽手走完一生
可能笑著流出淚
可能終於有一天　　剛好遇見愛情
可能永遠在路上　　有人奮鬥前行
可能一切的可能　　相信才有可能
可能擁有過夢想　　才能叫做青春

——程響《可能》

一

　　我出生的那一年，是乙丑牛年。按照村裏的風俗，生日過的農曆，是五月十八，公曆則為七月五日。今年碰巧，陰曆和陽曆恰好是同一天。據命相書，五月的牛沒什麼大運，一生平淡無奇，這也的確是我這近四十年的現實寫照。

　　不知不覺，年近四十。子曰：「吾十有五而志於學，三十而立，四十而不惑，五十而知天命，六十而耳順，七十而從心所欲，不逾矩。」似乎這些個人生的關節點特別引人關注。三十歲、四十歲作為轉捩點，更容易引起心理上的焦慮。清代詩人許傳霈曾有七律《三十自述》。其後，梁任公稱「吾死友譚瀏陽曾作《三十自述》，吾毋寧效顰焉。作《三十自述》」，文首曰：

　　　其風雲入世多，日月擲人急。如何一少年，忽忽已三十。

　　　此余今年正月二十六日在日本東海道汽車中所作《三十初度·

　　口占十首》之一也。人海奔走，年光蹉跎，所志所事，百未一就，

　　攬鏡據鞍，能無悲慚？

　　少年得志的任公說自己「百未一就」，自是因天才所懸鵠的甚高之感慨。胡適則有《四十自述》。適之先生亦是早年暴得大名。吾輩凡庸，恐怕八輩子都不可能望其項背。但是，這也無需沮喪，畢竟平凡人占大多數，平凡人也有自己的平凡之路。

二

　　麻城市位於鄂豫皖三省交界的地方，乘馬崗鎮則位於麻城北部，緊挨著河南的新縣。其中，新縣南部的一部分是建國後從麻城劃分出去的。乘馬崗鎮董家畈村（董家畈村於前幾年已併入落衣山村）就是我出生、成長的地方，丘陵起伏，綿綿不絕，算是大別山的餘脈。

　　父親起初是一位民辦教師，十幾歲就參加了工作，2004 年轉為公辦。母親大字不識，則是一個地道的農民。奶奶一個人養育了八個孩子，四男四女，父親後面還有兩個妹妹、一個弟弟。爺爺一輩子沒幹出個名堂，我兩歲的時候他便因病出世。多年後，我才知道那個病叫哮喘，在今天其實算不得什麼大病。但當時的經濟條件實在太差，完全沒有治療的條件。雖然我和爺爺的交集不多，但我腦海裏一直殘留著爺爺讓我吃花生米、還有奶奶讓我去喊爺爺吃油鹽飯、以及爺爺出世時門口一堆人跪拜的情景。所以我一直覺得我是一個記事特別早的人。但是隨著時間的推移，這些記憶也已逐漸模糊。比爺爺晚一年出世的四爹，他死後供奉用的紙屋，是由鄰居用鋤頭把扛回來的，那天我家正在門口吃早飯，還下著小雨；以及後來火化紙屋的情景，我則記憶猶新，歷歷在目。那一年，我也不過三歲。

　　家裏孩子多，這家庭的重擔我想應該是奶奶在承擔。我高三的上學期，也就是 2003 年的秋天，奶奶走了。走的很突然。因為上一個月我回家的時候，她還在我家裏幫忙摘花生。在我的記憶力，奶奶是一個堅強的女人。父親在和別人聊天時，也曾反覆講過奶奶的偉大。我想，他一定是以奶奶為榮的。奶奶不曾讀過書，但她卻非常重視讀書。老家本來在順河鎮的陳家岡，後來由於修建浮橋河水庫，田地被淹，遂於 1963 年搬遷至董家畈村。「大集體」時期的經濟本來就不好，百姓的生活水平極低。作為一個外來的搬遷戶，在當地更是不受待見。但就在如此惡劣的條件下，奶奶想方設法地供子女上學。最後，父親成了村裏小學的校長，排行第七的四叔成了師範高中的語文教師，最小的姑姑則是在審計局任副局長一職。所以，小時候的我，總是覺得我奶奶頗有能耐，在那樣艱難的條件下，竟然培養出了三個吃鐵飯碗的人。

　　父親年輕的時候和現在不一樣。那個時候的他愛打麻將，這似乎是湖北人的通病。網上有人說湖北人有兩大愛好：打麻將、釣魚。實在是總結到位。四個人打著麻將，加上旁邊圍觀的，麻將敲擊桌子的聲音，加上和牌的喜悅聲、放銃的歎息聲以及上家、下家的抱怨聲，簡直是聲振屋瓦。再加上打麻

將的標配——抽煙,整個房間實在是薰人。但是,沉醉其中的何嘗在乎這些呢,畢竟這是一個誰參與誰享受的過程。就像酷暑寒冬一樣,在釣魚人眼中,又算得了什麼呢,照樣有水就忍不住要下杆。

父親的另一特色就是嗜睡。早上起床對他來說是一件極困難的事情。小時候,似乎每天母親做好早飯之後,都是哥哥、姐姐、我去喊他起來吃飯。

但現在不一樣了。不知道從什麼時候開始,他不再迷戀麻將,而是喜歡釣魚;不再嗜睡,而是早起散步。而且變得非常的勤快。曾經是煙槍的他,在思宇出生之後,竟然發奮戒煙,並成功上岸,這又是一種什麼樣的意志。

我平素和父親說話不多,這可能是中國版父與子的縮影。但父親對我的影響是極大的。在我很小的時候,大概是上小學時,父親多次跟我講:你好好讀書,先上小學,再上初中,再上高中,再上大學,然後讀研究生,讀博士,再出國留洋。年幼的我,那個時候只知道小學、初中,因為灣里的人有上小學的,也有上初中的,至於高中,就不大清楚。而大學以上的東西,於我而言,實在不知道是什麼。但是多年以後,我竟然真的讀完了博士,不知道是不是幼年那個語境的刺激。另外,兩件小事雖然時隔多年,我也記得非常清楚。一是上初中時,有一次放假後去曉峰家打牌,到了傍晚,父親去喊我回家吃完飯,說:「努力考上高中,將來才可以好好打牌。」另一次是高中時,有一天和父親同睡,早上他催我早起,說:「考上大學,想睡再睡。」然後自己繼續熟睡。那時的我頗不以為然。

應該來講,父親對我最大的影響就是包容。子夏曰:「大德不逾閑,小德出入可也。」只要不違反原則,父親給予了我最大的選擇權。所以上高中是讀文科還是讀理科,上大學選擇什麼學校、什麼專業……父親從不干預,從不把他的意願強加給我。他所做的,只是在背後提供後勤保障。

至於母親,則和勤勞堅韌的農村婦女、中國農民一樣,一輩子面朝黃土背朝天的勞作。聽母親說,外婆生了幾個兒子,但都夭折了,只有三個女兒長大成人。母親排行第二。在母親很小的時候,外公就因食道癌去世,只有四十多歲。外婆帶著三個女兒生活,孤兒寡母的,著實不容易。我小的時候,外婆因為中風,在三個女兒家輪流著住。在我上五年級的時候,外婆去世了。所以我對她印象不是很深。但從母親口中,可以知道她是一個很厲害的人。母親說外婆能夠一人主廚操辦十幾桌的酒席,這恐怕很多男人也沒這個能力。從小在困難中長大的母親,可謂艱苦備嘗。也正是這苦難,也造就了母

親的勤勞與堅韌。

母親幹農活是把好手，除了責任制分的田地之外，母親還在山上開荒了幾塊地。農作物主要是小麥、花生、油菜、芝麻、黃豆、紅薯，田裏則是水稻。大暑天的，她要去地裏薅草，要去田裏打藥。當然還要種菜園，還要上山砍柴，還要洗衣做飯，還要養豬放牛……每天，她都有做不完的事。多少年過去了，母親的身體大不如從前，再也不能肩挑背扛了，但她曾經絕對是個偉大的農民！

母親給我的影響就是堅韌。作為農民，靠天吃飯。風調雨順的年份畢竟是少數。大部分的年份，不是旱就是澇。乾旱的季節，我和母親一起去山嶺塘裏用盆望下潑水；梅雨季節，堤岸被沖毀（麻城話叫「打破」），母親要去挑土修補……這一切，都讓我看到了堅強的母親對於生活的不屈。

值得一提的是，我上初中的時候，有一次，母親讓我背著一袋麥子去陳家窪磨麵粉。走到五斗榜兒，過二斗丘兒（老家田畈、田都有名字，多數以產量命名。）旁的一個排水溝時，我不小心摔了一跤，袋子掉到地上，麥子灑了出來。我繼續往前走。回來時，發現落到溝裏的麥子少了很多。回到家，才發現母親的草帽裏有麥子，還夾雜著很多碎石子。原來我經過二斗丘兒時，母親恰好在園頭庵的菜園裏種菜，看到我摔倒了，於是過來把灑落的麥子收拾了。那一刻，我才明白農民對於糧食的感情，正所謂「粒粒皆辛苦」。

感謝父親、母親，他們養育了我，還在潛移默化中，教會了我很多東西。

三

小學是在董家畈村小上的。每天早上步行幾里路到學校，上完課回家吃飯，又去學校，上完課再回來。每天往返兩次。有時候小夥伴們結伴而行，一路上你追我趕，好不熱鬧。有時候和小夥伴鬧了矛盾，就只能獨自行動了。

從張家垸到來家咀，西邊是山，山半腰有一帶地，山腳有一條傍山路，路東則是田。田地裏種的要麼是小麥、要麼是油菜，或是水稻。每當油菜、小麥長起來了的時候，那一段路很是怕人，特別有霧的日子。長長的一段路，沒有村莊，時長會有狼出沒。我清楚地記得，某天我一個人上學，快到那棵木子樹（學名烏桕）的時候，就看到桑樹地上面的草叢後面蹲著一條類似狗的東西，我確信那就是狼，——因為我小時候，狼出沒於村莊，叼走頭小豬什麼的實在是太平常不過了。我當時怕的屬害，可是前後都沒有人，完全不

知道該怎麼辦。想快走又怕狼追，想慢走又怕被叼走。恐懼的我時快時慢的走著，好在狼一直沒動。感謝那匹狼，是你的口下留情，給了我生存的機會。

　　十歲那一年的秋天，父親挑個箱子，四叔挑著竹鋪（用繩子將竹子串在一起，鋪在兩根橫木上，以作床用。），把我送進了董家畈高小，這裡彙集董家畈管理區八個村的五、六年學生。我隨之開始了住校生活。其實，四年級已經開始住校，中午回家，晚上住校。現在不一樣了。每週日下午去學校，用蛇皮袋裝著米、罐頭瓶子裝上幾罐醃菜（常見的醃豇豆、醃蘿蔔等），然後週六上午上完課放假。週日晚上的飯是沒有著落的。一般就是自己從家裏帶點吃的。我帶的最多的就是芝麻餅。（多年以後，才知道那叫港餅。）一周的時間內，自己一日三餐淘米蒸飯（那個時候水稻是在稻場用牛拉石碾子碾的，後來有了脫粒機。但土質的稻場上有土塊、石子，這些會隨同稻穀一同裝袋。在加工成大米時，由於技術原因，大米裏面會有小沙粒。），就著醃菜吃。夏天天熱的時候，醃菜會長出「白毛」，甚或生蛆。學校的水塔經常會壞，導致無法用水。於是洗衣淘米都是到校外的一個池塘。那裏面有人養魚，有人放鴨子，還有人蕩馬桶。但是也顧不了那麼多。不能不說，那個時候的水質是真好。讀村小的時候，每天上學的路上，渴了就俯身在陳家窪、來家咀的水井裏喝幾口。讀高小的時候，渴了就到教工食堂，用葫蘆瓢在水缸裏舀水喝，或是直接用嘴巴對著水龍頭喝。甘甜可口，豈是今天的水可以比擬的？由於負責蒸飯的丁師傅早上不願意早起，於是晚上把飯蒸熟，早上再起來蒸一下，他自己倒是舒服了，但飯會發餿。於是只能倒掉，餓著肚子，或是擠破腦袋用米到教工食堂兌點粥。那個時候沒有什麼零花錢，很多人會拿米到學校的小賣部去兌零食，最有名就是北京方便麵、北京鍋巴、小浣熊方便麵。我曾經嘴饞，用漱口的缸子裝了一缸子米，大概是 9 兩，兌回來兩個冰袋，自己吃一個，給一個姐姐。姐姐回家後告訴了父親，父親說：「怎麼能夠賣米呢？」從此我就再沒有這麼幹過。

　　當時住的是危房，牆體已經開裂。幾十個人住在一起，就是將各自的竹鋪鋪在兩根橫木之上，床下放著各自的箱子等。每個人所能睡到的空間其實很少，非常擁擠。宿舍裏面沒有電燈，晚上只能自己點蠟燭。時隔多年，我讀到高中、大學，班主任、輔導員反覆要講學生手冊，其中一條就是宿舍裏面禁止燃燒蠟燭，說太危險。那一刻，我不禁恍然。講真的，那麼小的孩子住在擁擠的房間裏，但真的沒有發生過火災什麼的。

由於學校只有一個廁所，為了解決晚上上廁所的問題，每個宿舍還配備了一個馬桶，當然是學生平攤出錢的。冬天還好，夏天頗有些薰人。最恐怖的是，老鼠非常猖獗，正所謂白日鼠行。它們明目張膽的在宿舍裏面招搖過市，還會銜走開水瓶蓋子等。由於水源匱乏，洗頭的機會不多，於是頭髮裏會長蝨子（麻城話與麻城話的「色」「澀」同音。）。一人長了，於是會帶到一個宿舍的人都會長。上課的時候，一邊聽課，一邊用手在頭上捉蝨子，有時候會捉下來很多。

一排排的教室，每兩間教室之間的小房子就是教師宿舍。教師宿舍的門和教室門剛好垂直。教師有教工食堂，有粥，有白饅頭，有炒菜，著實在令人羨慕。後來，學校給教師配備了煤氣灶，那濃鬱的煙火氣味沁人心脾，讓人垂涎三尺。在高小的日子，我萌生了一個理想，就是長大後回到高小當老師，每天有粥，有白饅頭，有炒菜，生活就是這麼美好。

就這樣過了兩年，1997 年秋，我進入乘馬中學上初中。生活和董家畈高小一模一樣，只是每兩周放一次假，中間家裏會送一次醃菜和米；同時宿舍有電燈，下晚自習時開一會兒。學校的教師更多，教工食堂更大，還有很多的夫妻教師。於是我的理想發生了升級。我決定將來回乘馬中學當老師，然後找一個老師作老婆，這日子簡直不要太好。

初中由於英語不好，復讀了一年。中考不夠麻城一中分數線，我於 2001 秋進入麻城師範學校高中部（今麻城實驗高中）讀高中。開學前的那個暑假，姐姐帶我進了一次城，買了《李白全集》、《辛棄疾全集》、《唐五代詞選》，在今天看來都是很 low 的版本，但在當年，那是非常貴重的，——畢竟，這是人生中第一次購書。（讀初中時，父親給我買過幾本教輔。）同樣是住校，一個月放一次假，但條件好了不少。宿舍不是通鋪，六張鐵床，上下層，環境乾淨衛生。門口就是水龍頭，旁邊就是小賣部。吃飯的話，不用自己蒸飯，不用吃醃菜，每天刷卡購買即可。最開心的是，學校的圖書館很大，而且對學生開放。校外還有很多書店，可以買書，也可以租書。每月的生活費不是很多，但省吃儉用，也買了不少書。課上課下，只要不是特別嚴的老師，都是在看課外書，主要是武俠小說、言情小說、外國文學。多年以後，我對這些事完全不感興趣。記憶中，課上看書只被劉言茶老師（英語課）逮到過一次（書名是《說岳全傳》）。

麻城雖然是個縣級市，經濟條件也不很好，但比起董家畈、乘馬崗，不啻天壤之別。在高中的日子，我的理想又發生了改變，我覺得我可以讀完大學，

然後回到麻城。乘馬崗那地方，我是不願意回去了。

　　進高中的時候，我在高一（1）班，第二學期，一（2）班、一（3）班、一（4）班變成了實驗班，我進入了一（2）班，這是根據成績選定的。由於關係好的同學都在一（1）班，於是我在一（2）班待了不到一個月，又回到了一（1）班。而當時，很多人都是找關係進實驗班。從實驗班到平行班的，好像只有我一個。到了高二，分了文理科，我選擇了理科，還在二（1）班。每次考試，會繼續選拔成績相對好得進入實驗班，此前我拒絕過一次，後來領導說，最後一次問你，如果再拒絕的話，以後就直接不選你了，於是我進了二（3）班。在那裏大概過了二個月，由於好朋友都去了文科二（8）班，作業相對較少，於是我蠢蠢欲動，又申請去了文科班。

　　在新的一（1）班，我認識了一個女孩，名叫梁媛，當時約定一起考華中師範大學。然而第一次高考失利，我只考了三本。到春蕾學校復讀，第二次高考只過二本一的分數線，與華師無緣。

四

　　柔弱的我想當然的覺得東部的節奏太快，於是報考大學時選擇了西部的重慶，稀裏糊塗地報了重慶工商大學的市場營銷專業（屬管理學大類）。高中的我喜歡搞點小創作，比如寫點詩歌、散文什麼的，進校之後，我才發現，這個專業需要極高的情商，特別需要富有動感的人。而我恰恰好靜，每天沒課的時候喜歡待在圖書館看書。隨著時間的推進，我越來越覺得自己的能力不能勝任這個專業的要求，於是我準備考研。原因是我發現大學老師每週課務不多，可自我支配的時間相對比較充裕，而高中教師每天要坐班，實在太苦。於是我的理想又不限於回麻城，而是要當一名高校教師了。事實上，我選擇市場營銷這個專業，基本已經無法回去做高中教師了。一則沒有對口的學科，二則沒有教師資格證，三則普通話估計也過不了。而那年頭，要進高校，怎麼也得是個博士。

　　起初還是準備考本專業，也就是管理學。於是複習專業課，重點是高等數學。到後來，越複習，越無趣。恰好那時候對佛教感興趣，大概是因為大一時選修了《佛教與中國傳統文化》課的影響，多佛教比較感興趣，讀過一些相關的書籍，於是就準備考四川大學的宗教學。於是又開始了新的複習。宗教學的書沒少看，後來複習到黑格爾的《小邏輯》（考試指定書目）時，看的雲裏霧裏，索然無味，也跟著就放棄了。再接著就是備考湖北大學的古

代文學專業了。文學本就是高中的最愛，有沒有數學、哲學等難以理解，複習起來還算是輕鬆。

2009 年 9 月，我順利來到湖北大學讀研，選的是先秦文學。書看的很雜，但一直不曾作文。後來為了所謂的評獎，和楊葵葵合作發表了兩篇論文，非常稀爛。三年很快就過去了，我沒有找工作，直接考博了，因為研究生這個學歷多少有點尷尬。2012 年 9 月，我又到華中師範大學讀博士。高中時的夙願，到此方才夢圓。由於畢業的需要，此一時期才開始大量發表論文，慢慢的有了一些寫論文的體會。寫完了一本博士論文，發表規定的兩篇 CSSCI 論文，還有一堆其他論文，終於在 2015 年 12 月順利通過論文答辯，也算是延期了半年。（三年順利畢業的即為稀少。長的有七八年尚不能畢業的。）學生時代至此徹底結束。有了博士文憑，進高校已經不再是一個問題。

2016 年 8 月，我來到了鹽城師範學院，開啟了新的生活。每週的課確實不多，但平時不上班的日子，也有很多隱性的時間在上班，或是因為教學，或是因為科研。所以網上有人說：「大學老師從來不加班，是因為大學老師從來不下班。」身處其中，現身說法，其實還是有幾分道理。當然，比起小學、初中、高中老師每天坐班、批改作業、考試、比賽、評估等等，幸福還真不止一點點。

當然，各行各業都有自己的難處。就學術環境而言，卷的非常厲害，有的時候也有不規範甚至是黑暗的地方。比如花錢買論文、發論文，花錢當主編，花錢評獎……有道是：「地獄空蕩蕩，惡鬼在人間。」很多事情，想想就覺得難受，覺得噁心。不過，還是那句老話，習慣就好。文人無行，自古已然，又有什麼值得大驚小怪的呢！一路數來，我出版了十幾部書，發表了一百多篇論文，但我沒有交過所謂的出版費、版面費。這是我感到心安的地方。

可能是兒時的那段艱苦的求學經歷，讓我立志成為一名教師，而不是別的職業。經過二十幾年的讀書，我終於實現了自己的理想，從山旮旯來到了城市。我兒時的那些夥伴，有的小學沒有畢業，有的初中沒有畢業，上高中的很少，上大學的微乎其微。他們有的學習成績不比我差，但由於家庭經濟條件的限制，被迫輟學，在我讀書的時候，就南下廣州、深圳等地打工，至今依然如此。感謝我的父親、母親，雖然經濟條件也不好，但他們一直在供我往上讀，才有了今天這個樣子。雖然就是一個普通的老師，但相比我的兒時夥伴，已經算是很不錯的了。

當然，後來九年義務教育的全面普及，上學不用交學費；農業稅的取消，農民種田不用繳稅，還可以得到補貼；（我小時候，農業稅非常恐怖。收稅的人會牽走牲畜、拿走對象等抵稅，甚或拆房。）農民的條件就和以往完全不一樣。所以，讀完初中不再是難事。進入高中、大學的人也越來越多。從朱家窪走出去的人也不少。

去城裏工作的，去城裏打工的，山裏的人越來越少，基本都是老年人。朱家窪如此，其他村落也是如此。父親一輩的人慢慢都老了，田地大多荒廢，無人耕種，到處長滿了青草。小時候家家有牛，每天放牛，最愁的是無處可去，田地裏都是莊稼。沒有莊稼的地方，你家也去放牛，我家也去放牛，地上的草都與地齊平了。如今這滿野的草，多麼好放牛啊！可是，大家都不種莊稼了，又哪來的牛呢！多年以後，故鄉不知道會變成什麼樣子。

自 2020 年 4 月離開麻城之後，迄今未能回去一趟。曾經的故鄉似乎變得有些陌生了。聽家姊說，又有幾個老人去世了。再過十年，二十年，故鄉在我心裏、在我眼裏又會是怎樣的體驗、怎樣的呈現呢？這一切留待將來再說。

五

在二十多年的求學生涯中，我有很多位老師，有些記憶非常深刻，有些則連姓名都不記得了。有些對我影響頗大，有些則毫無好感，令我生厭，抑或鄙視。畢竟芸芸眾生，奇正相生。

就好的方面講，有些老師對學生循循善誘，諄諄教導，比如高中班主任余紅霞、高秀娟老師；有的老師講課非常厲害，讓我羨慕不已，比如師範高中的地理教師王兆倫，應該是我遇到的講課最厲害的人；有的老師非常開明，不死板，比如高中語文教師劉曉琴老師，總是允許我們多看課外書，包括小說……

就所謂的學術而言，對我影響最大的有四位老師。就像我在《〈周易玩辭困學記〉校證》的《後記》裏所寫：

> 在網站、微信朋友圈等地方經常看到推薦書目，或者是「對我影響最大的一本書」之類的帖子。盤點下自己買過的、讀過的書也不算少了，如果要推一個對我影響最大的學者、一本對我影響最大的書，我想毫無疑問應該是陳垣先生和他的《史源學雜文》。
>
> 讀博期間，購置了《史源學雜文》，前後讀過四遍。剛開始的時候覺得枯燥，甚至有些不大懂。後來慢慢揣摩，才發現真是言簡意

賅，字字珠璣，抽絲剝繭，鞭辟入裡。此後，又拜讀了《陳垣學術論文集》。學習他的方法，鍛鍊自己的文獻考辨能力。之後，我寫過一些文史辯證的論文，追本溯源，這離不開《史源學雜文》的指引。

王鳴盛說:「目錄之學，學中第一緊要事。必從此問途，方能得其門而入。」這樣的門徑之學，今天的高校卻在有意無意的忽略。本科生不用說，即便是很多學校的研究生課程裏，都沒有目錄學這門課。慶幸的是，碩士入學的那一年秋天，何新文老師便給我們開設了「中國文學目錄學通論」，這是引領我進入目錄、進入文獻的鑰匙。本來看書就是興趣面廣，雜亂無章，有點像陳家洛的「百花錯拳」一樣，中看不中用。有了何老師的這門課，雜亂的東西感覺有了系統，分門別類，雖然我還做不到井井有條，起碼比之前要整齊多了。

明確為我指明方向，讓我從事文獻研究，則要歸功於戴建業老師。博士入學之後，他多次告誡我看書不能太雜，要集中力量在一個領域進行深耕細作，而不能東邊一榔頭，西邊一棒子。但後來發現我對文獻比較敏感之後，就明確地讓我專心進行文獻的考辨工作，不要去搞不擅長的文學研究。博士論文《〈全元文〉編纂考索》（出版時，書名改為《〈全元文〉補正》）便是一本純文獻（辨誤、補缺、繫年、輯佚）的論文，這和時下有固定格式的博士論文是不大一樣的。

如果說何老師把我領進了門，戴老師為我指明了方向的話，那麼，文獻考辨究竟該如何進行這一具體的操作層面的問題，則不得不說是《史源學雜文》的影響。至於為什麼會研究《經義考》，繼而出現《周易玩辭困學記校證》、《古周易訂詁校證》（還有計劃中的《易筌疏證》、《讀易述校證》、《沈一貫〈易學〉整理與研究》、《孔易校證》）的寫作，則受到了司馬朝軍老師的啟發。我在《劉毓崧文集校證·後記》裏面曾經回顧過和司馬老師交往的過程。司馬老師治學體大思精，涉及到四庫學、經學、辨偽學、清代學術等多個領域，這其中就有不少文獻探源的論著。我最早讀到的就是《國故新記》第二篇《〈經義考·通說〉疏證》，第三篇《〈經解入門〉辨偽十題》都是史源學研究的範例。正是在研讀《〈經義考·通說〉疏證》的過程中，我才藉以順藤摸瓜，走上了《經義考》研究這條路。可以說，《周易玩辭困學記校證》、《古周易訂詁校證》就是《經義考》研

究的副產品,並且沿襲了司馬老師《〈經義考・通說〉》疏證》的研究路數。

現在回過頭來看看,大學上周易課,研究生學目錄,博士搞文獻,讀司馬老師的書,現在開始從事易籍的整理……冥冥之中,似乎沒有什麼關聯,似乎又一脈相承。

工作之後,面對的人主要是領導和同事。領導任期三年,換了一波又一波。同事則是退的退,走的走,每年還有新人加盟。在鹽師,我很慶幸遇到了那麼多志同道合的兄弟,我們一起釣魚攪蛋,一起把酒言歡,一起疑義相析……

這裡特別需要感謝的是李堯院長。我曾在 2021 年 11 月的《陳玉澍詩文集箋證・後記》裏寫過李院長,那個時候,她才回文學院一年多的時間。如今,她已幹完一屆,三年任期已滿。三年來,我愈發的感到她作領導的魅力。

李院長剛回文學院的時候,在學院大會上說的最多的話就是:「我回文學院是成就大家」;「有什麼困難,隨時找我。」對我這個有個性的楚人,總是曉之以理,動之以情,而不是蠻橫無理的以權壓人,以勢逼人。我一直記得她說的「我不會放棄你」、「我看好你」、「我會見證你的每一步成長」。這些言語宛如春風化雨,讓我受益無窮。

如果沒有李院長的支持與鼓勵,我可能會錯過很多東西。比如課題我不會申報,職稱我可能不會申報,人才稱號我也不會申報,我就每天隨心所欲的做著自己的事情。正所謂「上班摸魚,下班釣魚」,如此而已。但現在呢,起碼有些這些東西,不論是釣魚還有摸魚,比以前更有感覺。

六

17 號隨同圖書館的曹書記、程主任赴武漢採購圖書。昨天和黃冠見了個面,一別又是七年了。追懷往昔的點滴,那些年,那些人,那些事,歷歷在目。黃冠說現在搞不動半斤半了。半斤半,這應該是我們當年在湖大的發明。食堂的套餐含有六毛錢的飯,就是三兩,但是菜的油水不夠,很快就會餓,彌補的辦法就是多吃飯。當時,黃冠、張大師、初大師、浩哥、舉哥、我,每天中午十一點、下午五點結伴奔赴食堂,趕個早,在套餐的基礎上,再另外刷五毛錢買二兩半的飯。這就是半斤半的來歷。從此之後,我們去食堂買飯的時候,就直接喊半斤半,窗口的阿姨就知道什麼意思了。再後來,半斤半這個口號就不

止發生在我們幾個人身上，而是傳播於湖大各個食堂了。至於現在是否還有後繼者在延續半斤半，是否成為了湖大食堂的「文化」，抑或它已經隨著我們得離校而消失，這已經無人知曉。畢竟時過境遷，也沒人去湖大食堂再行考究。但它確實我們曾經的湖大記憶。

是啊，黃冠搞不動半斤半，其實我也搞不動。以前一直覺得自己很能吃，而且還不胖。以前總不明白母親為什麼每次都吃那麼一小碗飯，難道不餓嗎？現在呢，自己也吃的很少，很多時候餓一頓似乎也沒有什麼感覺。以前條件很差，拼命吃飯；如今條件好了，卻吃不動了，「努力加餐飯」恐怕也很難落實。

7 月 15 日晚八時，柏俊才師兄（陝西師範大學文學院教授、博士生導師）病逝，年五十三。16 日早晨在戴門群看到這個消息，覺得太突然了。近幾年，頻頻看到中青年科研工作者死亡的消息，多少還是有些感慨。讀博時，王齊洲老師有個說法叫：「不拼命，不放棄。」畢竟，生命才是根本，活著才有機會做別的事兒。

往後餘生，努力吃飯，努力幹活，但不拼命！

2023 年 7 月 13 日下午寫 1～4 節

2023 年 7 月 14 日早上寫 5 節

2023 年 7 月 23 日早上寫 6 節

麻城陳開林寫於鹽城翡翠國際